本书编委会

主　编：攸佳宁　王增建

副 主 编：黄籍毅　郑小玲

编　委：周　昀　张雁双　王盈双　黄佳铃　许梓彦　沈云红

普通高等学校"十四五"规划应用**心理学**类

一流本科专业建设示范教材　总主编／何先友 刘学兰

心理健康教育课程设计与组织

（第二版）

…主编◎ 攸佳宁　王增建

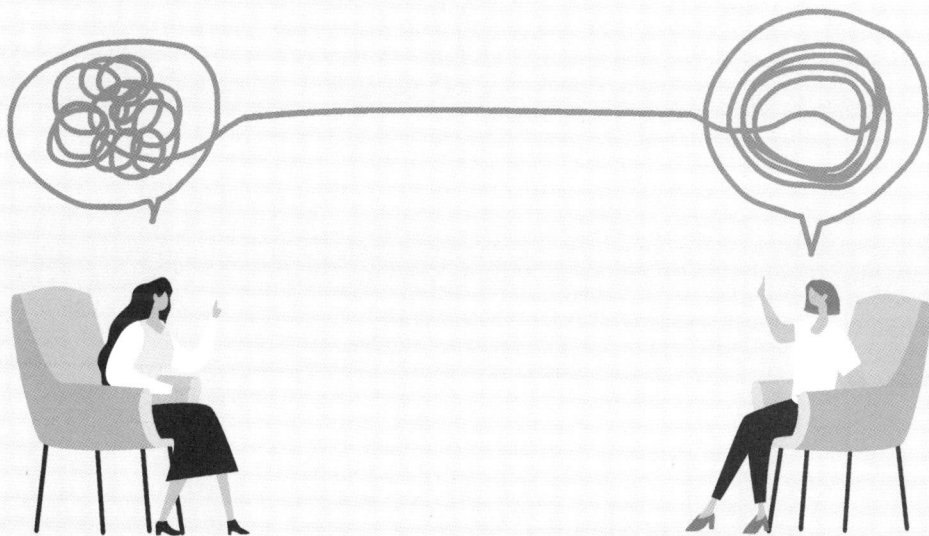

华中科技大学出版社
http://press.hust.edu.cn
中国·武汉

作者简介

攸佳宁 华南师范大学心理学院教授，博士生导师。全国青联委员，广东省青联委员；中宣部高层次人才，广东省高层次人才，教育部霍英东基金会第十七届青年教师奖一等奖获得者。主要研究领域为青少年心理健康。主持多项国家级课题，已在国际知名学术期刊中发表论文80余篇，曾获得第七届广东省哲学社会科学优秀成果奖一等奖、第六届广东省哲学社会科学优秀成果奖二等奖、第30届国际心理学大会"新兴心理学家"称号。

王增建 华南师范大学心理学院特聘副研究员。2017年在哈佛医学院麻省总院完成国家联合培养博士，主要从事心理健康与教育、孤独症和抑郁症个体认知加工神经机制、创造性思维和形象记忆等领域的研究工作，并担任多门心理学课程的授课教师。主持或参加过多项科研项目，包括国家自然科学基金项目和广东省科技创新战略专项资金项目等。获得过多项教学方面的荣誉和奖励，如2022年第十届广东省本科高校师范生教学技能大赛（心理组）一等奖指导老师奖。担任*Scientific Report*和*Brain Science*的审稿人。

　　"心理健康教育课程设计与组织"是心理学师范专业的一门必修课。作为未来的中小学心理教师,心理学师范专业的学生需要掌握中小学心理健康教育课程的设计原则与组织技巧。不同于学科类课程,心理健康教育课程的侧重点不在于教中小学生心理学知识,而在于运用心理学知识,帮助中小学生克服日常生活中的心理困扰,培养良好的心理素质,发展健全人格,提升心理健康水平。也就是说,心理健康教育课程更注重实用性,强调理论联系实际。这就需要教师能够调动学生的积极性,使学生全身心地投入课堂活动中。因此,心理课教师既需要具备扎实的心理学专业基础知识,也需要掌握心理健康教育课程设计的方法。

　　本书作为教材,向读者全面介绍了心理健康教育课程范畴内的相关理论知识,并辅以大量实践案例。读者能够从中了解到心理健康教育课程是如何将心理学理论、课程设计理念与学生的生活实际相结合的,以及活动是如何贯穿在课程设计中并起到活跃课堂气氛、带动学生参与和让学生有所感悟的。

　　全书的设计框架为:第一章,介绍心理健康教育课程概况,包括课程定位、相应的理论支撑、授课教师的自我定位等;第二章,介绍心理健康教育课程设计的基本要素,包括课程的选题与内容拟定、素材的选择与情景的创设、常规教学法等;第三章,侧重分析课程的组织与评价的细节;第四、五、六章,分别介绍小学、初中和高中心理健康教育课程的设计案例。

　　作为中小学心理课程教学法领域少有的教材,本书具有以下几方面的特色。

　　第一,系统性。本书系统介绍了心理健康教育课程从选题、内容拟定,到素材选择、情景创设、活动设计,再到课堂组织与评价的全过程。通过本书,读者能够对中小学心理健康教育课程的设计与组织有全面的了解。

　　第二,操作性。本书提供了大量可操作、可模仿的"心理训练"模块以及案例分享,同时配以部分案例的电子资源,包括课件、视频等,读者可以直观地看到心理健康教育课程的实施过程,更可以根据实际情况对课程资源进行修改,举一反三,在实践中应用。

　　第三,可读性。本书以通俗易懂的语言介绍心理健康教育课程的相关理论,同时在编排上也力求创新。比如,用"案例分享"作为每一节的开端,将读者带入情景中,使读者边思考边阅读;用"知识链接"对部分内容进行补充叙述,使行文更具趣味性。

第四，前沿性。本书在初版的基础上，更新了大量课程案例，同时在每章均设有"课外拓展"模块，其中的"学科前沿"专栏向读者展示每个主题下的发展趋势或新进展，增进读者对于学科前沿的了解。

本书第一、三章由周昀在初版内容的基础上进行修改并更新了案例，第二章由王增建进行修改，第四章由郑小玲、沈云红组稿及撰写，第五章由黄佳铃、张雁双、王盈双、许梓彦组稿及撰写，第六章由黄籍毅组稿及撰写。全书由攸佳宁负责统稿。由于水平与经验的限制，书中难免有疏漏、不妥之处，敬请读者与同行批评指正。

编　者

2023 年 5 月

Contents

目录

第一章
绪论

本章结构

```
心理健康教育课程概论
    ├── 心理健康教育课程的定位
    └── 课程教学设计的基本流程

授课教师的自我定位
    ├── 做个"用心"的教育者
    └── 科研视角下的教学设计
        ——以"洞察力"为例
```

第一节　心理健康教育课程概论

案例分享

关于小学心理健康课教学设计的几点思考①

　　心理健康教育课作为学校全面实施心理健康教育的重要途径之一,有其独特的功能和优势,是其他心理健康教育途径所不能替代的,且事实证明是切实可行、富有成效的。心理

---

① 资料来源:蒋秋斌.关于小学心理健康课教学设计的几点思考[J].读书文摘,2015(4).

健康教育课要实现其特定的目标和任务，就需要对课程本身进行科学、有效的设计，以充分发挥课程的功能。但目前，我们常常看到很多老师忽视心理健康教育课的教学设计：一方面，无视学生的差异和学生的心理需求，完全照本宣科，这样不仅使学生课堂参与的积极性受到打击，而且课堂效果也很差；另一方面，忽视学生的整体发展和学生的个体心理发展，教学设计随意性强，最直观的体现是同一个教学目标出现在不同年龄段的课堂活动里。这样的心理健康教育课不仅起不到促进学生心理发展的作用，而且适得其反，浪费时间。根据多年的心理健康教学体会，笔者觉得，要设计好一节心理健康教育课，有以下几方面的问题需要注意。

一、心理健康课的教学设计应有相应的理论基础

心理健康教育课不同于其他的课程，它是运用有关心理教育的方法和手段，培养学生良好的心理素质，促进学生身心全面和谐发展和素质全面提高的课程教育，因此它的活动设计应有坚实的与心理教育相关的理论基础和实施考虑。活动设计除了各自有所侧重的理论取向外，还必须遵循一些明确的理论依据。具体而言，在设计活动内容时，应考虑的重点有以下几个方面。

首先是学生的心理发展需求。在设计心理健康教育课的活动时，应该充分考虑学生的年龄发展特点，以及该年龄段学生的心理发展需求，如学生在某一阶段普遍的发展特征、发展任务和典型行为，特定阶段的学生在发展过程中可能遇到的阻力、可能出现的具有代表性的问题等。心理健康教育课的设计目标就在于能满足学生在各发展维度上的阶段性需求，并协助学生在各维度上顺利地完成阶段性发展任务。

其次是如何促成学生的顺利发展。考虑到学生的身心发展程度与可能遇到的困难，心理健康教育课要在学生已有的发展经验的基础上，提供新的社会互动经验，以帮助学生完成发展任务，如在活动设计上，能提供一系列的角色扮演活动，在安全的情景中让学生尝试新的经验与行为等。

再次是团体动力。心理健康教育课在活动选择和设计上必须要考虑到班级的团体动力。团体动力是指团体成员之间的相互关系，包括班级领导者、团体目标、班级成员的个别化、环境、班级结构等。在开展心理健康活动时，团体动力是团体的能源，是团体成员发展的重要影响力量，在选择和设计活动时要考虑以下因素：所选择活动的目标要符合班级团体的整体目标；团体目标至少要有一项符合团体成员的要求；所选的活动是参与者能胜任的；活动场合要恰当。

最后是方案主题的相关理论。在设计特定主题的心理健康教育课时，首先要考虑特定主题的相关理论，特定问题有特定的辅导策略，这样才能切合学生的心理需要。相关理论主要包括两部分：①针对特定主题的成因分析；②针对特定问题的辅导策略。

二、心理健康教育课的目标要明确、具体

心理健康教育课要想达到预期的目标，就必须对目标有一个清晰的界定。确立活动的目标就是确立活动所欲达成的最后结果。为了上好心理健康教育课，除要考虑到学生的身心发展规律外，还要分析他们在适应社会的过程中可能出现的问题。一般来说，设置心理健康教育课的目标时，应注意以下两点。

第一，要侧重于发展性目标，促使学生健康成长。心理健康教育课的目的在于预防学生的心理疾病,使学生学会正确地看待自我、调整情绪、形成良好的人际关系,培养良好的个性,创造性地解决学习方面的问题,促使学生健康成长。因此,心理健康教育课目标的设置应帮助学生解决在成长中出现的问题,如自我意识问题、情绪困扰、人际关系问题、学习问题等,从个体问题出发,要具有矫治性。另一方面,课程设计应更多地着眼于发展性目标,如如何完善自我,如何调控情绪,怎样增强记忆力、学会沟通与合作,等等。

第二,目标要具体化。心理辅导活动一般应有总目标、中间目标和具体目标。心理健康教育课的总目标是帮助学生培养健康的心理及健全人格。中间目标是根据学生存在的问题或要发展的品质而设置的,它可以包括多个方面,例如使学生正确认识自我等。在每一个单元里,又有具体目标。

三、心理健康教育课的教学内容要注意贴近学生生活实际

教师在设计教学方案时,首先要了解学生的真实想法,如他们现在在想什么? 谈论什么? 做什么活动? 关心什么? 喜欢什么? 其次,在此基础上,与学生一起提出并讨论辅导的内容。最后,由教师从中提炼出具体目标,从而保证学生心理发展的方向正确。对于内容的选择,应始终把握好一个原则,就是要从生活逻辑和问题逻辑出发,选择与学生的实际生活联系最密切的话题,找到他们最渴望解决的问题。

四、心理健康教育课的实施流程要有妥善的规划和精心的设计

教学设计的执行过程能否达到预期效果,有赖于教师在实施流程中是否有妥善的规划与精心的设计。在设计教学的活动流程时,要注意以下两点。

(1)教师在进行教学设计时必须完整考虑以下几项内容,这样才能保证教学方案的可行性:①主题的选择;②目标的设定;③流程的推演;④媒体的准备;⑤场地的规划;⑥资源的协调;⑦效果的评估。

(2)一般来说,教学实施流程包括以下十二个步骤:引导情绪(暖身运动)、创设情景、建立辅导关系、鼓励自我开放、催化互动与分享、促进自我探索、引发领悟、整合经验、促成行动、彼此回馈、活动延伸以及评估效果。

五、心理健康教育课的效果评估要合理、规范、科学

及时、科学的教学评价,能为教师提供诸多教学反馈信息,从而有利于教师改进教学设计。因此,有效的教学评价能促进心理健康教育课的发展。如何对教学效果进行评价? 一般认为,应包括以下五个方面的评价指标:教学目标、教学内容、教学组织形式和方法、教学过程和教学效果。在操作时,需注意以下问题。

(1)在评价的总体思路上坚持目标达成评价与过程评价相结合。虽然我们可以为心理健康教育课制定具体的目标,并根据目标来实施辅导过程,按目标达成情况来评价辅导活动课,但是,仅用目标达成评价是远远不够的,还需重视过程评价。由于心理健康教育课强调学生的自我探索,强调以个体发展取向为主,强调以活动为中心,强调体验性学习,因此,可以说重视过程评价也是心理健康教育课的本质要求。总之,对心理健康教育课的评价应关注整个辅导过程,而不能只看课程的目标是否达到,辅导的过程就是评价的过程。

(2)评价时要综合运用各种评价方法。心理健康教育课不同于其他普通课程,不能通过学生的考试成绩或学习效果等单一的评价方法来评价学生。要综合运用各种评价方法,例如学生自评、小组互评、教师评议、家长评议相结合,学校评价、家庭评价、社区评价相结合。

以便得出科学的综合性的评价结果。

由案例可知，一节心理健康教育课包括理论依据、课程目标、内容选材、规划与组织、实践与评价等多方面的元素。对于该案例中的观点，你是否认同？在哪些板块上有不同的看法？在哪些方面还可以再细化？在哪些方面可以注入新的视角？本部分内容拟就心理健康教育课程的定位、相应的理论支撑等多项内容逐一展开论述。

✦ **学习导航**

一、心理健康教育课程的定位

（一）心理健康教育课程的内涵

1. 教育部《中小学心理健康教育指导纲要（2012 年修订）》的相关内容

根据教育部印发的《中小学心理健康教育指导纲要（2012 年修订）》可知，心理健康教育的总目标是：提高全体学生的心理素质，培养他们积极乐观、健康向上的心理品质，充分开发他们的心理潜能，促进学生身心和谐可持续发展，为他们健康成长和幸福生活奠定基础。

心理健康教育的具体目标是：使学生学会学习和生活，正确认识自我，提高自主自助和自我教育能力，增强调控情绪、承受挫折、适应环境的能力，培养学生健全的人格和良好的个性心理品质；对有心理困扰或心理问题的学生，进行科学有效的心理辅导，及时给予必要的危机干预，提高其心理健康水平。

2. 心理健康教育课程的含义

心理健康教育课程（简称"心育课程"）是以培养学生良好的心理素质、发展健康的人格、提高心理健康水平为目的的专门教育活动。对该课程理念的理解，应注意以下几点。

第一，心理健康教育课程以学生活动为主，不同于以普及知识为主的心理学课程。

第二，心理健康教育课程是专门为心理健康教育而设置的，其目的不同于一般的班级和团队活动。

第三，心理健康教育课程由教师指导，不同于学生自发性的游戏。心理健康教育课程需要教师系统设计、用心组织和全程指导。尽管以学生活动为主，但这些活动都是教师为了实现教学目标而精心设计的，不是学生自发性的游戏。

（二）心理健康教育课程的特点

1. 辅导性

相对于以知识与技能的传授为主要教学目的的常规学科课程，以及以明确的导向性为特点的传统德育课程而言，心育课程最突出的特点就是辅导性。该课程往往强调学生在教师的协助下，自行领悟、构建符合自身特点的知、情、意、行的适当模式。而所谓教师的协助，一方面体现为教师要努力创设合适的学习情景，营造良好气氛，以促进学生健康成长；另一方面则体现为,教师应侧重于引导、启发学生自己发现问题、找出最适合自己的解决方法,并在解决问题的过程中构建起既符合自身知、情、意、行的特点,又与外界相适应的反应模式,而不是直接地指出问题所在及相应的解决方法。

2. 发展性

心育课程往往依照学生心理的"最近发展区理论",以积极的人性观为指导,通过各种途径创造出学生新的心理发展基础,促进学生心理发展不断达到最佳水平。其中包含了课程的可持续发展、全面发展以及潜能拓展三方面的具体内容。课程的可持续发展是指,心育课程的初衷在于帮助学生解决成长中遇到的各种发展性的问题,预防心理疾病,调整好心态,增强社会适应能力,充分开发学生的潜能,促进学生在原有基础上得到进一步发展。课程的全面发展,一方面指课程的教学对象是全体学生,另一方面指课程的内容涉及学生生活、学习、成长的方方面面。课程的潜能拓展,指的是我们坚信每一个学生都有多种潜能,而这些潜能可以被文化环境激活以解决实际问题和创造该文化所珍惜的产品,因此,我们建议挖掘与拓展每一个学生的潜能。

3. 体验性

既"活"又"动",这往往是心育课程的显著标志。而"活"与"动"的最终目的是借助活动这一载体来丰富学生的心理体验。而体验根植于学生主体的精神世界,是着眼于自我、文化、社会、自然、教育之整体有机统一的人的"超越经验"。因此,心育课程的意义就在于,通过教师创设的情景以及活动的开展,让学生去探究、琢磨、体会、感悟,使其在情感的交流和思维的碰撞中产生深刻的情绪和情感体验,从而触动其内心的精神世界,促进其心理的反思和意义的建构。因此,从某种意义上来说,该课程是否能成功实施,很大程度上取决于学生获得心理体验和感悟的程度。

4. 生活性

心育课程教学相对于其他学科教学而言,更关注学生的现实生活,它以学生当前的生活状态,包括情绪生活和情绪体验等作为课程的资源,并具体地体现在该课程的内容设置之中。例如,该课程关注学生的学习动机、学习策略、学习能力、考试心理;关注学生的自我意识、情绪、人际交往、休闲及性心理;关注学生的生涯规划和生涯决策能力,等等。这些都源于学生的生活、源于学生的实际需要。

5. 自助性

心育课程的教学过程是教师为培养学生的良好品格或增进学生的心理适应能力乃至为改变个体意识行为倾向而实施的操作过程。从教学的内在规律来看,这个过程是一个以"他助—互助—自助"为机制的教育过程。在这个过程中,学生首先将他们在"他助"与"互助"中学到的经验内化成自己的人生技能,从而实现"自助",进而获得自我完善和发展。换而言之,心育课程是一个"助人自助"的个体成长过程。

(三)心理健康教育课程与其他课程的区别

1. 与常规课程的区别

心育课程与学科课程都是课程,都有着相似的原理与方法,然而,两者之间也存在着明显的差异,主要表现在以下方面。

5

第一，内容不同。学科课程主要侧重于人类积累的学科知识的传授,注重知识的内在逻辑性及其相应的技能培养,在此过程中,注重学生的记忆、思维等心理过程的参与。而心育课程既不是单纯的心理学知识传授,也不是单项心理品质的训练,而是以学生个人的直接经验为中心,通过活动的展开,让学生从中得到体验、分享和感悟,从而重新审视自我、认识自我、接纳自我,它更侧重于情感态度和价值观层面。

第二,教学形式不同。常规学科教育一般以讲授为主要的教学形式。虽然现在许多课程也有活动式教学,如学生自学、进行动手操作等,但是总体而言仍以老师的"教"为主。而心育课程的标志就是既"活"又"动",它根据学生年龄和心理特点,常以小组为单位,以情景创设、角色扮演、辩论等多种活动形式为载体来实现教学目标。

第三,评价方法不同。学科课程的评价以集中考试为主要形式,对学生掌握知识的状况做出量化评价。而心育课程的成效往往侧重于课程目标是否达成,包括学生是否:①树立了健康正确的自我形象,能够自尊、自爱、自信;②能够调控不良情绪,增强挫折承受力,与环境保持平衡;③能够在生活上自理、在行动上自律;④有良好的人际关系。在具体操作中,心育课程往往结合了学生自评、小组互评、教师评定等多种评价方式。

2. 与传统德育课程的区别

在此,传统德育课程是指传统的主题班会、政治学科课程。心育课程与传统德育课程在三个方面存在共性。第一,主题选择。两者均为在"德育"范畴下开展的活动,因此,两者所涵盖的话题很容易出现交叉和重叠现象。比如,它们关注以下问题:分析自我问题、探讨情绪的管理、钻研学习中的种种现象、引领人际交往的导向等。第二,教学方法。传统德育课程与心育课程所选用的方法几乎一致,比如认知法、操作法、讨论法、角色扮演法、行为训练法等方法,均可应用于这些主题活动的设计之中。第三,操作形式。传统德育课程与心育课程均以一位老师为核心,在其组织下,在教室里面向全班同学进行授课。

两种课程虽然有较多的接近性,但是二者之间仍有区别。传统德育课程侧重于培养学生正确的人生观、价值观,促使学生形成符合社会要求的道德品质,即最终是为了形成一种共识,得到一个统一的结论。而心育课程的实施往往侧重于促进学生心理素质的提高,培养学生形成有利于个体生存发展的心理品质,因此,它更多地关注让学生自己去做结论,而且尊重学生基于不同的体验而有不一样的结论。

（四）心理健康教育课程的理论支撑

1. 团体动力学理论

20世纪30年代末,社会心理学家库尔特·勒温(Kurt Lewin)首次提出团体动力学理论,运用心理学理论来解释社会问题。勒温认为,团体动力是所有作用于团体之力,并认为这些作用力应包括内在和外在对团体产生影响的力量。经过几十年的不断发展,其内涵也在不断变化,卡特怀特(Cartwright)和桑德尔(Zander)认为,团体动力旨在探索团体与个体、团体与其他团体及团体与整个社会的相互关系。我国台湾学者何长珠将团体动力定义为:团体一旦开始运作后,所产生并持续改变的一种影响力量。黄惠惠则认为,团体并非静止不动的,而是动态并有生命的组织,这个生命体由人及他们的互动(团体过程)所组成,而团体过程会产生影响团体成员及整个团体的力量,这就是团体动力。由以上定义可以总结出,团体动力是在人们互动过程中产生,对团体及个体的发展有促进作用,并将团体与个体、团体与团体联结起来的动态变化的内在、外在的力量。

2.情感教育理论

人本主义心理学家罗杰斯在心理治疗的实践中,提出了一种全新的心理治疗方法——"患者中心疗法",即把患者置于治疗的中心地位,治疗师要待之以真诚、友好、积极的态度,创造出一种良好的气氛,帮助患者客观地了解自我,从而依靠自己的力量来解决问题。罗杰斯把这种思想应用到教学中,主张教学也应该以学习者为中心,教师与学生应进行真诚的情感交流,创造出一种情感融洽、气氛适宜的学习情景,使学生成为学习的主人。罗杰斯认为,教师的作用主要体现在以下方面:创设真诚、温暖、相互信任的课堂气氛,鼓励学生表现真实的自我,让学生认清自己的价值,进而发掘自己的潜能;为学生提供丰富的学习资源,供学生自由使用;鼓励学生独立思考,帮助学生理清自己想解决的问题和想做的事情。

知识链接 1-1
情感教学模式

情感教学模式是指在一定的教学理论或实践基础上形成的、为预定的教学目标服务的、较为稳定的教学活动结构——要素(环节)和程序。它是教学理论和教学实践的中介,能为教师在实践中组织教学活动提供操作范式。情感教学模式就是在情感教学理念的指导下,在情感教学心理学理论基础上形成的,以最大限度地发挥情感因素在教学中的积极作用为导向的,并配有相应的情感教学策略和情感目标评价的,较为稳定的教学活动框架。具体说,它是在"以情优教"的教学理念下,在教学的情感系统观、教学的情感功能观、教学的情知矛盾观和教学的导乐观基础上,通过理论演绎和实践归纳相结合的途径,构建的由四个要素(环节)组成的结构及其相应的程序。这四个要素(环节)就是:诱发—陶冶—激励—调控。

情感教学模式构建了较为符合我国教学实际情况的"三维度四层次"的情感目标分类体系。"三维度"是指教学中的情感目标由乐情度(反映教学在促进学生对其喜欢方面所能发挥作用的程度)、冶情度(反映教学在促进学生获得积极情感体验方面所能发挥作用的程度)、融情度(反映教学在促进师生情感融洽方面所能发挥作用的程度)三个维度构成。"四层次"是指每个维度又分别包括逐级递进、逐步内化的四个层次:乐情度,包括接受、反应、兴趣和热爱;冶情度,包括感受、感动、感悟和感化;融情度,包括互动、互悦、互纳和互爱。这些使教师在实际教学中对教学的情感目标的把握更具应用性和操作性。

[资料来源:卢家楣.情感教学心理学研究[J].心理科学,2012,35(3).]

3.建构主义学习理论

建构主义学习理论主要包括以下内容。

(1)学习是学习者主动建构内部心理表征的过程。建构主义代表人物威特洛克提出的人类学习的生成模式,就认为学习过程是学习者利用原有知识经验与环境中接受的感觉信息相互作用,主动建构信息意义的生成过程。

（2）学习是一个主动的过程,学习不是知识由教师向学生的传递,学生也不是被动地学习和记录信息,而是主动地建构其对信息的解释,体现意识(元认知)的监控作用。

（3）学习中的建构是双向的,它包括同化与顺应两个方面。

根据上述观点,相关学者提出了新的教学思维模式:以学生为中心,在整个教学过程中由组织者、指导者、帮助者和促进者,利用情景、协作、会话、意义建构等学习环境要素,充分发挥学生的主动性、积极性和创造精神,最终达到使学生有效地实现对当前所学知识的意义建构的目的。

建构主义关于学习与教学的主要观点如表 1-1 所示。

表 1-1　建构主义关于学习与教学的主要观点

讨论的项目	建构主义者的主要观点
学习结果	推理,批判性思维,知识的理解与使用,自我调节,有意识的反思
学习者的作用	积极的知识建构者,建构其周围世界的意义
教师或教学设计者的作用	提供复杂而真实的、能挑战学习者识别和解决问题能力的学习环境,支持学生所做的努力并鼓励他们反思学习过程
学习的输入或先决条件	结构不良的问题,支持问题解决的信息和技术资源;自我导向的能力,或有助于这种能力形成的条件
学习过程	除了提到安排知识结构、重组知识和知识的动态性之外,建构主义者并没有阐明学习过程

4.体验式学习理论

教育界对体验式学习的定义为:所谓体验学习,就是通过精心设计的活动、游戏和情景,让参加者在参与过程中观察、反思和分享,从而对自己、他人和环境,获得新的感受和认识,并把它们运用到现实生活中。体验式学习理论强调以学生为中心的学习过程,认为知识并非由教师通过讲授的方式传递给学习者,强调学生在学习环境中通过"做中学"的方式来掌握和运用知识。学生要经历"探究—发现—反思—运用"等几个步骤,从而实现有意义的学习。学生所处的体验情景既是他们学习知识的场所,同时又是他们运用知识的场所。学习者学习知识并运用知识在同一个情景中展开。

大卫·库伯把学习定义为:学习是体验的转换并创造知识的过程。他认为学习并不是学习内容的获得和传递,而是在经验中去获得知识、转化知识、运用知识。在此基础上,大卫·库伯提出了体验式学习的基本过程,即体验式学习圈(见图 1-1)。

根据图 1-1,库伯把学习划分为以下四个相互独立但密切联系的环节。①具体体验:学习者在真实情景中,获得各种知识,产生相应感悟。②观察和反思:学习者回顾自己的经历,对体验进行分析、反思。③抽象概念和归纳的形成:学习者把感性认识上升为理性认识,建构概念和理论。④在新情景中测试概念的含义:学习者在新情景中对自己的理论假设进行检验。这四个环节相互作用、相互影响,具体体现为观察和反思提供基础,观察和反思又促进抽象概念的形成,抽象概念又会影响在新情景中的测试,新情景中的测试结

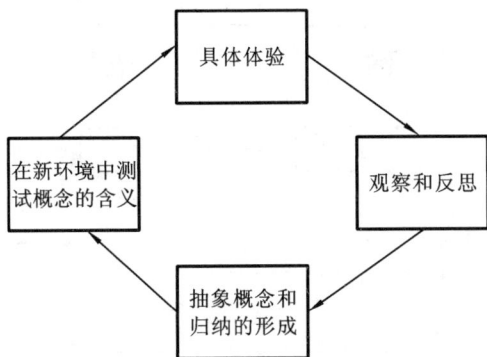

图 1-1 体验式学习圈

果又会产生新经验,然后产生新一轮的学习过程。这样的学习过程在横向上是从具体的体验到抽象的概念,在纵向上是循环往复、螺旋上升。

二、课程教学设计的基本流程

(一)教学设计的基本内涵

在学科层面,教学设计有广义和狭义之分。前者往往是指某一门课程的整体设置与规划,囊括了教学计划、教学资源(含教材、学生用书、教师用书、各式各类教学素材、配套课件等)、教学的具体实施等一系列过程。后者是指一节课的具体教学实施方案,往往包括教学学时、教学理念、教学内容、教学对象分析、教学目标及教学重点与难点的拟定、教法与学法、教学流程、板书设计以及教学反思等多个完整板块。根据这些界定,有人可能会认为,教学设计并不是一件复杂的事情,看起来很简单。事实是否如此?学者彼得森曾绘制了一幅"教学设计因素图"(见图 1-2),以此来阐明一份好的教学设计需要综合考虑众多的因素。

笔者颇为赞同彼得森的观点,也想借此强调一句经典的话:"教学无小事。"以笔者的经验,一节课的成败,首先取决于教学设计的优劣。在笔者眼中,一份教学设计若其自身存在着某些硬伤,就会直接影响课堂教学的有效性。

(二)课程教学设计的三阶段论

学者威廉·彼得森(William Peterson)曾提出教学设计的四阶段论,如图 1-3 所示。

彼得森的观点,基本以教学目标的达成为核心,由此形成教学设计的四个阶段。而根据长期教学实践经验,笔者认为,狭义的教学设计也可以从"如何上好一节课"这一角度进行策划。因此笔者提出教学设计的三阶段论,即教学设计一般包括以下三个阶段。

第一阶段:讨论选题并确定相应的教学内容。在该阶段中,教学设计者需要综合考虑几个细节问题:选题是否符合规范性?选题是否能体现前沿性?选题是否能体现时代性?该选题背景下,相应的学科知识体系如何?在此体系中,如何选择并建构本课程的教学

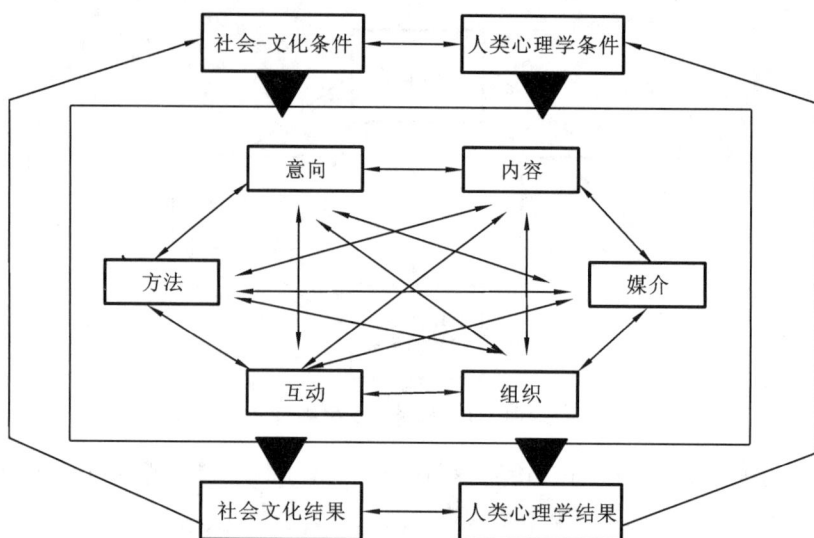

图 1-2　教学设计因素

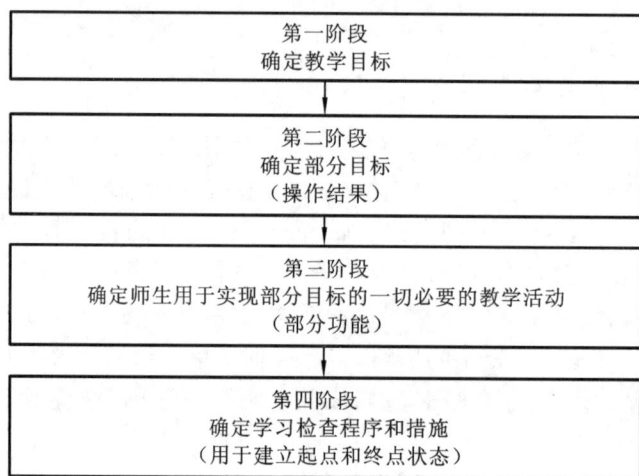

图 1-3　教学设计的四阶段论

体系？学生的需求是什么？

　　第二阶段：进行素材的选择并思考情景创设的问题。在该阶段中，教学设计者需要搜集合适的素材以创设更有效的教学情景，因此需要着重考虑几个细节问题：如何找到合适的素材？这些素材的时代性如何？与学生之间的共鸣性如何？什么是有价值的情景？当前的素材能否满足该情景的创设所需？

　　第三阶段：推敲教法与学法的最优配置。在该阶段中，教学设计者需要综合考虑以下问题：本课程设计中的教学理论支撑是什么？在该理论背景下，常规的教学法有哪些？其中对于本课程而言，何种方法更合适？这些方法的使用，与教学设计者本人的匹配度如何？教学设计者自身的教学风格如何？该节课最终希望体现怎样的课程特色？

　　上述三个阶段中提及的细节，将于第二章中展开详尽叙述。

课外拓展

学科前沿

心理课堂流程如何设计（节选）

深圳实验中学　刘蒙

一、心理课堂流程设计的基本规律

心理健康活动课，在我的理解里，是以一个心理话题为主题，以活动、视频等为载体，在40～45分钟的时间内，展开的一场师生体验式互动。

其实，这很像一部故事片，或是一篇记叙文、一部小说。在记叙文中，作者要讲清楚时间、地点、人物、起因、经过和结果，这是记叙文六要素。在小说中，作者要讲清楚故事的背景、人物、情节命运的主线、故事推进的逻辑衔接，行文笔法要流畅生动，人物塑造要丰满传神。心理活动课也不例外，在起承转合中也自有心理课堂的内在逻辑，课堂流程的"套路"中有五个环节的框架：导入、展开、深入、总结、升华。但我有自己的另一种思考方式——其实，每节心理活动课，都是在心理老师的引领下，尝试对某个心理话题的讨论；而心理话题，生活中一定原本就有对应的生活现象，对于类似现象，也一定有普通人的各种解读和看法。心理课堂需要做的，是对同一个人类现象，进行心理学视角下略微不一样的解释和分析，最后给出我们心理学视角的规律提炼和建议。从这个意义上来看，绝大多数心理课的内在逻辑都是：①描述人类各种现象（出谜面）；②以普通人的视角讨论分析（卖关子）；③换个（心理学）角度去看，发现新的可能性（引导靠近）；④提炼并概括心理学知识（揭谜底）；⑤用心理学视角，分享独特的领悟或观念（讲解解谜的过程）。

概括来说，就是"现象—问题—分析—知识—建议"的这样一条内在逻辑链条（我分享的每节心理课几乎都内含这样的脉络）。从日常生活现象出发，提出问题，分析深入，传授相应的心理学知识，最后给出（分享）建议，每个环节都不难，合格水准以上的心理学教师都能胜任，但要想把心理课设计得丰满而生动，富有趣味而深刻，其实只停留在这些基本的规律上是不够的。

二、心理课堂流程设计的"高阶技能"

如前文所说，想要按部就班设计出完整的一节心理课并不难，但想要将课堂设计得丰满而生动、深刻而有趣其实很难，每个环节都很难。例如，描述列举现象时，材料是否恰当、充分和丰富，这决定了能在多大程度上调动学生感官和情绪的投入，决定了能多大程度上引发学生参与的好奇心和兴趣；提出问题时，语言是否精准、自然、不刻意，决定了下一步分析讨论时，讨论方向能否不偏不倚、又水到渠成地聚焦问题的核心，逐渐靠近谜底；对现象和问题的分析讨论，能检验教师的心理学教学功底和对火候的拿捏，如果没有足够的铺垫就强行推进，会让学生感觉你在自说自话，此外，太有倾向性的提问（回应）方式，则会让学生提前知道你想说什么（谜底），因而学生难免会感觉索然无味；传授心理知识的环节，看起来不难，但教师往往会犯同一个错误——使用太学术化的定义，复杂生硬的语言，会让心理学知识成为"完整的骷髅"——骨头位置都对，但缺乏血肉，缺乏亲切感；最后给出建议的环节的效果如何，往往取决于前期铺垫得是否充分到位，分析引领时老师的思路是否自然流畅，能做到不强行总结，不生硬拔高，不居高临下地说话，用接地气的话给出建议，简直是难上加难。

　　每节中学心理活动课，其实都像是一部小说改编的舞台话剧，心理老师既是编剧、导演，也是演员和旁白，还要兼道具和场务的工作。故事情节的推进，既可以按照时间线正常叙述，也可以倒叙、插叙。人物主线情节的展开，可以是开门见山式的平铺直叙，但最好能曲折迂回地设置悬念，以引人入胜，因为好看的小说、话剧，很少有一开头就让观众猜到大概的情节走向或知道最后的结局。如果真有这样写的小说，读者估计会很快就"弃文"；如果真有这样演的话剧，估计观众大多半途就会退场；如果教师平铺直叙地去上心理活动课，学生估计也很难兴趣盎然地参与其中。

　　过去八年，我听过很多心理老师的各种课，包括观摩课、比赛课、示范课，他们都很注重课堂的设计，会精心挑选课堂的游戏活动，精心组织分享和讨论环节，注重心理知识的科学性和严谨性，但很少有老师会在意一节心理活动课的"悬念设置"。似乎对她们而言，课堂设计这个概念里不包括悬念设置。缺乏悬念设置的心理课，最大的缺点是四平八稳但无趣。很难想象一节四平八稳但无趣的心理课如何吸引学生喜欢参与、乐于投入，并收获思考。

　　古人说："文似看山不喜平"，写文章如此，观山水园林如此，上心理活动课亦如此。苏州的园林艺术，格外注重园林中视线的阻隔，追求"移步换景"式的曲径通幽，多数园林的入口不远或是假山，或是照壁，或是绿植，为的就是让我们不要一进来就将整个园林一览无余。园林内景色布置很考究，每当你以为已经看到全貌时，总会在下一个转弯处发现"别有洞天"。我们的心理活动课，为什么就不能借鉴一下古人的智慧呢？在课堂上"卖个关子"增加趣味，抖个"包袱"活跃氛围，藏个最后揭晓的"彩蛋"让人惊喜。不妨学习电影艺术，设置一些峰回路转的"情节反转"，让学生每每感觉"意料之外，情理之中"。在心理课堂设计中，教师不要总被学生猜中所思所想，要让课堂生动、有趣起来，如此往往能更有效地实现让学生在课堂上有所体验、有所领悟、有所思考的教学目标。

第二节　授课教师的自我定位

案例分享

学校心理教师职业发展面临的主要问题[①]

1. 角色定位不够明确

学校心理教育是心理学与学校教育相融合的一种专业性很强的教育工作。学校心理

---

① 资料来源：刘桂芬.运用积极心理学理念促进学校心理教师的自我成长[J].学术论坛，2010(5).

教师是指受过系统的心理学和教育学专业训练,具备专业素质,取得专业资格,并且从事心理学服务与研究的专业教师或人员。我们国家对专门从事学校心理健康教育人员的称呼并不明确,有心理辅导员、心理督导员、心理咨询员和心理老师等。直到2002年,教育部有关负责人就《中小学心理健康教育指导纲要》答记者问时才对从业人员的称呼做了规范,统称为"心理健康教育教师",简称"心理教师"。然而心理教师究竟是做什么?与学科教师、德育教师有何区别?许多人对这些问题并不十分明确。特别是在一些学校,心理教师同时扮演着心理咨询工作者、德育工作者、管理者等多重角色,时常面临角色冲突。

2. 职业标准不够规范

心理教师具有像医生、律师一样的专业不可替代性。它作为一种专业化的职业,需要有统一的职业标准来规范、指导从业人员的实践活动,但我国目前还没有这样的标准。

3. 工作心理压力过大

学校心理健康教育工作的主要任务是:根据学生的心理特点,有针对性地讲授心理健康知识,开展辅导或咨询活动,帮助学生树立心理健康意识,优化心理品质,增强心理调适能力和社会生活的适应能力,预防和缓解心理问题;帮助学生处理好环境适应、自我管理、学习成材、人际交往、求职择业、人格发展和情绪调节等方面的困惑,提高心理健康水平,促进学生德智体美全面发展。这项工作的顺利开展既要社会、学校重视,也需有规范的制度、完善的机构和必要的工作条件。但社会、学校往往把出色完成心理教育的高期望值都寄托在心理教师身上。在一些学校,心理教育在工作计划总结中、在接受上级的检查验收时,极受重视但在经费投入、场地安排、心理教师培训进修等方面往往被忽视,形成了一种工作环境上的心理压力。初级心理教师因从业时间不长,自身也有一个经验积累和能力提升的过程,加上他们对工作往往有较高的期望,每天教学、科研、管理、社会服务和辅导等事项交织在一起,工作压力超出负荷。心理教育无小事,工作中不断出现的新情况、新问题,也使心理教师时常处于应激、应急状态。

4. 支持系统不够完善

心理教师支持系统的不完善主要表现在进修培训、学校的人际支持、专业的组织督导等方面。各级教育行政部门对心理教师的培训进修、督导检查等制度都有明确规定,但在具体落实时或流于形式,或大打折扣。突出的表现是,成立了机构、配备了教师、通过了验收,后续工作就成了专职心理教师的独角戏了。

作为心理教师,我们可能面临着如案例中所提及的种种困境。那么,在困境中如何调整自己的心态,如何体现"适者生存",如何实现自己的职业理想?笔者认为,其中最关键的是我们作为从业者对自己内心的定位:这是选择,也是博弈;这是取舍,也是意义的寻求。

一、做个"用心"的教育者

（一）教学中成长的三个阶段

笔者认为，教师在教学中的成长，往往经历了以下三个阶段。

第一个是模仿阶段。在该阶段，教师本人往往是教学新手。此时的教师常常焦虑地思考如何把一节课完整地完成；对于课程自身是否有了准确的定位有些彷徨；担心课堂时间的把控；若学生的反应不符合预期，也会紧张万分；害怕课程各式各类的突发事件的发生，等等。这个阶段，教师往往没有"自我"，所以，开始有意识地观察身边的老教师，逐渐有意识地向他们取经、请教，开始模仿他们的教学语言、控场习惯等。这个阶段也可解释为心理学家班杜拉所说的观察学习期。

第二个是试验性探索阶段。在该阶段，教师往往积累了相对较丰富的教学经验，他们开始不满足于只是模仿某个人的练习状态，想寻求"变化"。于是，好学者开启了各种不同的尝试，从教学理论的支撑到教学方法的选择，从不同的角度进行属于教师本人的"同课异构"。每次尝试后，他们往往习惯性地思考其中的得失，在不断反思中迅速成长。在此阶段，最典型的特征是，教师的每次公开课都会尝试展现不一样的风采。这个阶段也可解释为个人成长的未定性期。

第三个是，形成个人风格阶段。在该阶段，教师往往已成为同行中的资深教师：他们逐渐形成了自己稳定的教学风格；他们拥有自身独特的语言特色；他们已经可以熟练地驾驭课堂中的种种生成资源；他们开始界定自己的教学模式，等等。

（二）成长新理念

作为教学新手，也许我们会产生快速成长的美好愿望。在此，笔者有这样的建议：做个"用心"的教育者，从科研的角度出发，设计我们的每一节课，在真实的课堂中检验我们的设计。这些年来，笔者带领自己的团队一直活跃在教育教学的第一线。我们尝试在中小学课堂中融入心理学前沿研究成果。比如，在小学训练积极行为，在初中培养积极情绪，在高中塑造积极人格。"学会分享""开启希望的金钥匙""Free Your Mind"等课例就是其中的代表作。我们希望借此开启从本土的视角研究上述前沿理论的探索之路，希望基于对本土资源的收集，形成对我国当代中小学生心理状况的了解，并最终将成果应用于中小学课堂。

二、科研视角下的教学设计——以"洞察力"为例

(一)文献综述

1.洞察力的内涵

随着社会的飞速发展,各种各样的信息蜂拥而至,然而生活在大千世界中的人们的注意力是有限的,无暇兼顾诸多信息。在这一形势下,洞察力显得尤为重要。目前,国内外专家对洞察力的解读甚多,但每个人对事物关注的方面都不一样,这自然会影响其对该事物的洞察力。例如,战国时期,成都盆地十年九灾。地方官李冰一上任便到岷江上游观察,弄清了灾因,修建了至今仍造福川民的都江堰,可见他的洞察力非常人可比。但若让他去观察战场上的形势变化,这就难为这位文官了,难道这就说明了李冰洞察力不够吗?当然不是。因此,洞察力并不是轻易就能辨别清楚的,不同人对洞察力有不同的理解。

在不同的情况下,洞察力会有不一样的表现。有人认为,能够为别人提供明智的参考意见,能够以多种方式看世界,认识自己和他人,就是洞察力;也有人认为,洞察力就是能将事物观察得清楚明白。传统理论认为洞察力是智慧的同义词,强调智慧的有用和可传递的世界观。克里斯托弗·彼德森认为洞察力是指能够为别人提供明智的参考意见,能够以多种方式看世界,认识自己和他人。洞察力被认为是聪明人的一个积极的特质。也有人认为,洞察力就是准确地把握事物的本质,准确地发现解决问题的关键步骤,分清轻重缓急、有条不紊地做事的能力,即对症下药的能力。还有学者指出,洞察力指的是深入了解事物的能力,是人们对个人认知、情感、行为的动机与相互关系的透彻分析;洞察力是一种从理性角度质疑和批判的能力,运用洞察力可在习以为常的观念和表述中找出问题,从而深化思考、揭露事实真相;在一定意义上说,洞察力是对现成答案和现有结论的质疑能力。

由于存在不同的理论和方法论,心理学中对洞察力没有一个单独的定义,但是由于洞察力对于生活的重要性,也有越来越多的学者深入思考洞察力、探究洞察力。日本学者大前研一在《洞察力的原点》一书中提到洞察力是指学会向自己提问,用自己的头脑进行思考,发现那些平时被忽视的细节以及不够严谨的行动计划,从而及时应对变化并加以调整的能力。美国学者克莱因在《洞察力的秘密》中提到洞察力可以改变世界,并举了例子:达尔文凭借洞察力提出进化论,沃森和克里克靠洞察力发现DNA(脱氧核糖核酸)。我们寻常人也需要用洞察力去解决那些让我们困惑的问题,从而使工作和生活效率更高。然而,关于洞察力的激发方式和阻碍洞察力得以发挥的因素,我们却知之甚少。

通俗地讲,洞察力就是透过现象看本质的能力,或者说洞察力是了解人或事物真相的能力。用弗洛伊德的话来讲,洞察力就是变无意识为有意识,从这个层面上看,洞察力即学会用心理学的原理和视角来归纳总结人的行为表现。

2.洞察力的来源

洞察力来源于我们在日常生活中的日积月累,它并不是与生俱来的,是可以不断地成长的。研究发现,3~4岁是洞察力发展的重要时间阶段,儿童的各种心理洞察能力都是

在这个年龄段得到显著的发展的。关于儿童洞察力的研究开始于 20 世纪 80 年代初期，西方心理学家将个体心理洞察力称为个体的"心态理论"模式，它指人用于认识自己和他人心理状态的一种系统性知识结构，人们可以借助这种结构监控自己的情绪和行为，对他人的行为做出判断、解释和预测。心理学家认为成熟的"心态理论"模式应具有三个特征：①各因素之间具有逻辑上的联系性；②该模式内部各个概念之间具有明确的分类；③该模式能为人的行为提供一种因果性的解释机制(陈英和，1999)。

3. 关于洞察力的研究

关于洞察力的研究，不同领域的不同学者持不同看法，企业管理领域的学者对洞察力的阐述较多。《愿景型领导：中国企业家的实证研究及其启示》一文将洞察力分为内部洞察力和外部洞察力，内部洞察力针对组织和管理问题，外部洞察力针对市场问题。《企业中层管理人员胜任特征初探》一文又提到组织洞察力，指基于对组织的认识，掌握组织中正式和非正式的沟通渠道和工作汇报关系，根据对组织文化的了解，制定相应策略以获得机会的能力；该文还提到了人际洞察力，指引出、察觉、理解和预测他人的情感状态和体会的能力。目前，学术界对洞察力研究最多的当属时间洞察力。时间洞察力是建构心理时间的基本维度之一，指个体对于时间的认知、体验和行动的一种人格特质，反映了人们在时间维度上的人格差异，一般分为过去时间洞察力、现在时间洞察力和未来时间洞察力。最近的研究指出，时间洞察力被定义为一个因人而异的认知和动机结构。

此外，也有研究发现，洞察力可以通过睡眠获得。睡眠可以巩固记忆，同时可以改变洞察力的表征结构，睡眠过后的洞察力会比不眠的好，但是睡眠不能增强缺乏初始训练的洞察力。洞察力与以下三个心理过程相关：选择性编码、选择性结合、选择性对比。洞察力是可训练的。

4. 洞察力的培养

洞察力是后天学习、磨砺的结晶；是动态的，无的可以有，低的可以高。促进洞察力发展，就需要运用大脑。大前研一指出，对每件事物都用批判的思维去看待，拒绝理所当然的思维模式，不要让自己的思维僵化，这样才能提升自己的洞察力。其次，对事物的兴趣也很容易影响洞察力。早年的牛顿洞察力超群，屡次发现各种物理层面的规律，但他在老年时沉迷宗教，便再也没有新的发现。无论多么厉害的人，他的洞察力都是在日常生活中慢慢积累、锻炼出来的。洞察力须终生强化。首先是学习，不忽视基本理论，又不拘泥于已有知识，要锐意探索新信息，为创新秣马厉兵。其次，要在实践中增强洞察力。

张霄等学者指出，在学习中，想要培养洞察力，就要做到三点：①进行整体性学习，对事物有准确的把握；②通过变式深刻把握事物的内核；③返璞归真，洞察本质。

5. 总结

洞察力在日常生活中有着不同的应用。每个人都有着不同的使用方式，既有用于引出、察觉、理解和预测他人的情感状态和体会的人际洞察力，又有基于对组织的认识，掌握组织中正式和非正式的沟通渠道和工作汇报关系，根据对组织文化的了解，制定相应策略以获得机会的组织洞察力，还有其在不同方面的使用。即使是儿童，也能通过洞察力来分辨真话与谎言。事实表明，想要在这个大千世界中获取更多信息，必须有一定的洞察力。信息洞察力是因人而异的，并非一成不变的，关键在于用什么态度对待信息(李丹，李瑞成,2002)。总体来说,洞察力是可培养、可增强、可改善的。

(二)同课异构

案例1:环境洞察力(设计者:林佩君、颜秀琳、林诗莹、努尔比亚、古丽尼沙、邱华桥)

※教学理念

有学者认为,洞察力应分为人际洞察力、环境洞察力和行业洞察力三种。人际洞察力主要运用于人际交往等社会活动当中;环境洞察力主要运用于对外部客观环境的观察活动当中;行业洞察力主要运用于个人所从事的职业活动当中。综合赵小鹏与某学者对洞察力的定义(洞察力是指一个人多方面观察事物,从多种问题中把握其核心的能力,抑或指个人深入事物或问题的能力),本组决定从环境洞察力的角度,就人们对事物本质差异的多方面观察的能力进行深入讨论。

环境洞察力是指对环境事物的敏感性,发现其潜在的本质,敏锐地发现别人尚未意识到的问题,使人能更有效地运用身边的资源。其中,归纳推理能力和批判性思维能力有助于环境洞察力的发展,即从不同的角度理解和判断事物的能力。

基于对环境洞察力的了解,本组将本教学内容分为两大部分。在第一部分,初探环境洞察力,让学生明白环境洞察力的定义及其一般应用。让学生明白,环境洞察力是指对环境事物的敏感性,发现其内在及潜在的本质,敏锐地发现别人尚未意识到的问题,使其更有效地运用身边的资源。在第二部分,让学生了解如何培养环境洞察力,通过"沙漠游戏"的情景模拟,主要讲解如何培养敏锐与客观的观察力,让学生体会应用环境洞察力需要观察力、知识和经验以及思维能力。

※教学目标

认知目标:让学生全面认识环境洞察力,了解环境洞察力的应用。

技能目标:让学生掌握培养环境洞察力的方法,培养敏锐与客观的观察力,积累知识和经验,提升思维能力。

情感目标:感悟地理学科与心理学科之间的微妙融合。

※教学时间:40分钟

※教学对象:高一学生

※教学重难点

教学重点:通过教学活动让学生在了解环境洞察力的基础上,具备一定的在生活和学习中运用环境洞察力的能力。

教学难点:让学生具备运用环境洞察力的意识并初步掌握提升自身环境洞察力的方法。

※教学流程

第一部分:课程导入

观看影片节选视频,激发学生兴趣,并产生对环境洞察力的初步印象。

师:今天我们课程的主题是"环境洞察力",大家一定会问:环境洞察力是什么呢?下面我将播放影片《金蝉脱壳》的片段,我们一起来看看什么是环境洞察力。

【影片介绍】视频中的主人公被关入秘密的非法监狱,他通过对监狱结构的观察、对身边物品的使用以及对地理环境的洞察，成功逃脱非法监狱，摆脱了不公平的遭遇。

师：好，大家可以看到，主人公在一个陌生的环境中，依旧保持对身边事物的敏感性，透过一些表面现象看到事物的本质，然后运用身边非常有限的资源从非法监狱中逃离。

第二部分：主题深化

1）环境洞察力的定义

师：我们可以总结出环境洞察力是指对环境事物的敏感性，发现其内在及潜在的本质，敏锐地发现别人尚未意识到的问题，使自身更有效地运用身边的资源。

2）小体验（游戏：看图猜地方）

师：知道环境洞察力是什么之后，我们一起来体验一下，下面我会给大家看几张图片，大家运用自己的洞察力仔细观察，然后我会请同学回答图片中的地方是哪里。

（1）内蒙古的蒙古包（房顶的形状＋木制的门），如图 1-4 所示。

（2）香港（繁体字＋车牌"A"），如图 1-5 所示。

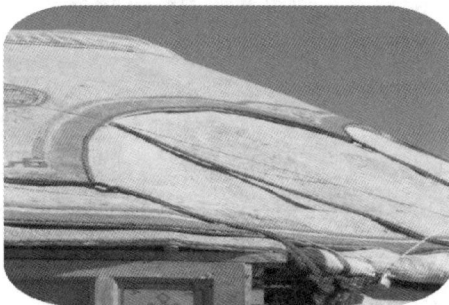

图 1-4 "环境洞察力"课程设计组图

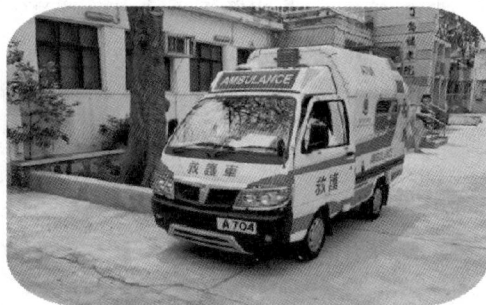

图 1-5 "环境洞察力"课程设计组图

（3）美国旧金山的金门大桥，如图 1-6 所示。

图 1-6 "环境洞察力"课程设计组图

3）环境洞察力的运用

师：看完上面的几张图片，大家已经简单地体验了一下环境洞察力。下面大家要完成一个"沙漠任务"，这个"沙漠任务"呢，需要更加全面地运用你们的环境洞察力，去解决一些可能在沙漠中常见的困难情景……

好，同学们已经分成了 10 组，下面每两个小组解决同一个问题，每个小组都可以拿到一些工具，你们需要尽可能地使用这些工具想出解决问题的方案，你们有 6 分钟的时间讨论,并将你们的讨论结果写在纸上,讨论之后,每个小组要派一个代表展示小组的解决方案。

• "沙漠游戏"。

①分组。

全班分成 10 组,每组同学拿到相应工具的图片/实物(见图 1-7)。

图 1-7 "环境洞察力"课程设计组图

②模拟情景。

老师提出在沙漠中可能会遇到的 5 个问题,并将这些问题分配到小组,每个困难都由两组同学共同解决(用时 2 分钟)。

• 缺水/缺食物;
• 由干燥而引发的身体不适(类似于高原反应);
• 酷热/严寒;
• 被有毒动物咬伤,被仙人掌扎伤等;
• 难以发送求救信号。

【备注】"沙漠游戏"所遇困难及工具如表 1-2 所示。

表 1-2 沙漠游戏所遇困难及工具

编号	困　　难	初定工具	干　扰　项
1	缺水/食物	水果刀、放大镜、降落伞(红色)、辣条、热水、八宝粥	口香糖、酒、止咳糖浆
2	因干燥而引发的身体不适	牙膏、酒、口罩、热水、止咳糖浆、八宝粥	垃圾袋、漫画书、口香糖

编号	困　　难	初定工具	干　扰　项
3	严寒/酷热（−30～−20 ℃，防寒；50～70 ℃，防晒防中暑）	公仔、牙膏、酒、报纸、降落伞、辣条、冲锋衣	热水、地图、漫画书
4	受伤（被有毒动物咬伤，被仙人掌扎伤）	头巾、盐、公仔、牙膏、酒	报纸、热水、刀、尼龙绳
5	难以发送求救信号	户外手电筒、镜子、放大镜、降落伞（红色）、地图	尼龙绳、口哨、伞

③分配任务。

每一组针对需要解决的困难，利用提供的工具，通过讨论，尽可能多地想出解决办法，将解决办法用油性笔写在卡纸上。（6分钟）

④展示。

每一组将写有解决办法的卡纸贴在黑板上，并进行展示（有实物的话），或说明如何解决问题，其他组也可以进行补充。（12分钟）

⑤老师总结。

老师总结（补充说明还有哪些工具可以解决这个问题）。（1分钟）

师：好，非常感谢上来展示的同学，接下来，我们再一起看一下大家的解决方案，有没有哪位同学来分享一下看过这10份解决方案的列表后，自己有什么想法和启发。

生：略。

师：非常好，我们可以看到每个小组都能想出很多解决方案，并且解决同一个问题的两个小组也有不一样的解决方案。就像刚才那位同学的发言，每个小组甚至每个同学的环境洞察力都不尽相同，接下来我们来一起学习怎么培养我们的环境洞察力。

4)培养环境洞察力

师：培养环境洞察力有三个要点。

(1)环境洞察力的培养方法。

• 培养敏锐与客观的观察力；

• 积累知识和经验；

• 提升思维能力。

师：下面先来看一下如何培养敏锐与客观的观察力。

(2)提升观察力（讲授，结合变化盲视频讲解）。

• 提升观察力的方法：

√ 确定观察目标。

师：就像刚才大家要完成"沙漠任务"，大家的观察目标就是要解决你们各自小组面临的困难。

√ 全神贯注，聚精会神。

√ 掌握良好的观察方法。

师：刚才有同学就分享了怎么观察手上的工具。

√ 明确观察对象。

√ 制定观察计划。

师:刚才有小组就是分工合作,进行观察。

√ 培养浓厚的兴趣和好奇心。

师:下面要来检验一下大家在平时生活中有没有敏锐的观察力,我会给大家看几个平时很常见的品牌标志(logo),大家一起来辨别一下哪个才是真的。

师:先由第一小组回答,然后后面的小组依次回答。

• 分辨商家 logo(见图 1-8)。

图 1-8 分辨商家 logo

师:看来大家平时的观察力都还不错,接下来我们一起看一个魔术视频,大家仔细观察,看一下可以发现什么。

• 播放变化盲视频(2 分钟)。

师:好,大家发现什么了吗?

生:略。

师:非常好,大家观察到了背景,两个人的衣服还有桌布都变了。让我们一起来看一下到底发生了什么。

• 播放魔术揭秘视频。

师:拥有了敏锐的观察力之后,我们还需要调动我们的知识和经验来做出一些判断。大家都看过《一站到底》这个节目吗?(生:看过),好,那下面呢,我们也来一起体验一下,每个小组派出一个代表,答对的继续答题,答错的同学则坐下来,看谁能够"一站到底"!

(3)积累知识与经验("一站到底")(4 分钟)。

• 每一个小组派一个代表站起来答题,共 23 题,答对的小组成员继续答题,回答错误的小组成员则坐下来。

师:大家都非常不错,积累知识经验就是需要我们多读、多看、多体验,当然只有观察力和知识经验是不够的,我们还需要提升我们的思维能力。

(4)提升思维能力(讲解+举例)(3 分钟)。

独立思考,常处于问题情景中,收集、整理资料,和他人一起讨论解决问题的方案,将

21

解决方案付诸实施。

师:首先问一下大家,大家平时去超市吗? 大家对超市商品的陈列也有一定的了解,下面我们还是来看几张超市的商品陈列图(见图 1-9),然后大家一起来思考一下超市为什么这样陈列商品。

- 超市商品陈列的规律。

图 1-9 超市商品陈列图

第三部分:课程总结(见图 1-10)

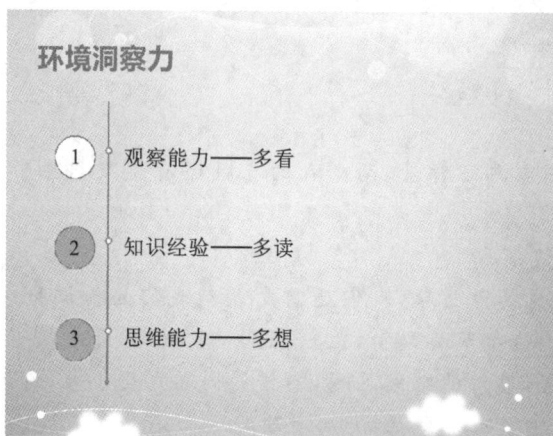

图 1-10 "环境洞察力"课程设计组图

案例 2:用心感受你我之间的距离(设计者:洪梓竣、刘颖、周子乔、刘秀婷、陈伟晔、张宁轩)

※教学理念

洞察力就是透过现象看本质,或者说洞察力是了解、认识人或事物真相的能力。 它包括组织洞察力、人际洞察力等。其中,人际洞察力是指引出、察觉、理解和预测他人的情感状态和体会的能力,包括在人际交往过程中对他人的动机、个性、行为及其原因的正确认识与准确判断。人际洞察力是情商的一种,表现为能觉察他人的情感反应,他人的态度变化及其原因,有同情心,切身体会他人感受,尊重他人,对他人的观点和思想表现发自内心地尊重,能容忍他人不同的需要和观点。想要提升自身的人际洞察力,最重要的是要学会设身处地,换位思考。

教学内容分为两大板块。在第一板块引入"人际洞察力"话题,让学生明白在人际交往当中需要体察他人的情绪并做出积极反应。在第二板块,分享提升人际洞察力的方法——设身处地、换位思考,鼓励学生尝试通过制定合适的目标,在人际交往中关注细节,提升自身在人际交往中的人际洞察力。

第一板块主要引导学生明白在人际交往中需要体察他人情绪。从视频材料入手,让学生明白人际洞察力在人际交往中的重要性,同时通过一个小活动让学生体验人际洞察力(体验他人情绪状态)。

第二板块聚焦于提升学生的人际洞察力,通过角色扮演,引导学生学会设身处地、换位思考,并引导学生在体察他人情绪之后,学会做出积极的反应,来提升自己的人际洞察力,进而建立良好的人际关系。

※教学目标

认知目标:认识洞察力,明白何为人际洞察力及如何培养人际洞察力。

技能目标:通过课堂学习,学会在生活中培养自身的人际洞察力,使其对人际交往产生正面影响。

情感目标:感悟人际洞察力如何影响我们的日常人际交往。

※教学时间:40分钟

※教学对象:高一学生

※教学重难点:

教学重点:明白何为人际洞察力,学会将其应用于人际交往中。

教学难点:人际洞察力这一概念于学生而言相对陌生,如何使学生正确认识人际洞察力并学会培养人际洞察力,进而获得良好的人际关系是本课的教学难点。

※教学流程

第一部分:教师通过创设情景,带动学生的积极性与主动性,激发学生的兴趣和求知欲,从而提出并深入解释人际洞察力的概念。

视频引入,播放截取的一段小视频,展示在人际交往当中人际洞察力(体验他人情绪)的重要性。

师:上课!

生:(起立,敬礼)老师好!

师:同学们好,请坐。真诚沟通,真心相待。欢迎大家来到我们的心理课堂——用心感受你我之间的距离。可能同学们听到这个题目有点迷茫,我们先来看个视频(相关截图见图1-11)。

生:(略)。

师：大家看完这个视频，感觉要是这位主人公这样继续下去，结果会怎样？

生：（略）。

体验式活动 1——"情绪神探"

先呈现一个句子以及该句子可能隐藏的情绪状态，让同学们念出来，感受其情绪状态。再呈现一个句子，但不呈现情绪状态，请同学以自己认为的隐藏的情绪念出，其他同学猜测其情绪状态。

师：现在，我们一起来做"情绪神探"吧（见图 1-12）。接下来，老师会读出一些句子，同学们猜一下当事人的情绪，把答案记下。稍后老师会给出答案，看看同学们是不是"情绪神探"。

生：（略）。

引入：视频

夏洛克的"悲哀"

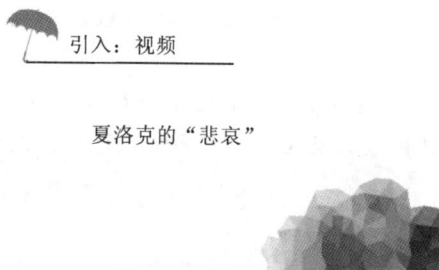

图 1-11　视频材料截图

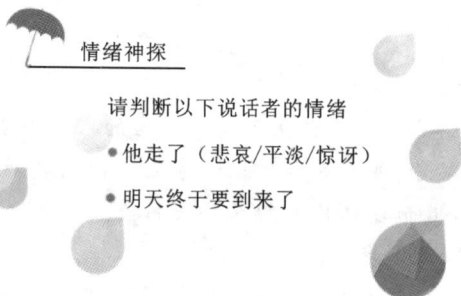

情绪神探

请判断以下说话者的情绪

● 他走了（悲哀/平淡/惊讶）

● 明天终于要到来了

图 1-12　情绪神探

师：看来同学们都很厉害，但是老师想请大家注意，其实同一句话，在不同的语气背后会隐藏着不同的情绪。比如说"他走了"这个句子，可以是悲哀/平淡/惊讶，同学们可以试着用这些情绪来念一下吗？

生：（略）。

师：老师还想提醒同学们的是，还有其他观察情绪的角度，例如表情、动作、情景……

第二部分：开展"假如你是我"的活动，引导学生自己发现问题、观察思考、探究新知，让学生自主分析与讨论，引发学生更进一步思考人际洞察力（体察他人情绪）的意义及提升该能力的方法。

体验式活动 2——"假如你是我"

先呈现情景，让同学们将自己代入情景中，思考如果自己是情景中的主人公，会怎么做，有怎么样的感受。让同学们进行角色扮演，深入体验。

师：大家现在觉得观察他人的情绪是很难的事情吗？

生：（略）。

师：大家可以回想一下，我们刚刚提到有什么途径可以观察他人的情绪？其实刚才提到了，有很多外在表现都能反映出人们当时的情绪，同学们还记得有哪些表现吗？

生：（略）。

师：通过细心的观察，以及和对方以往的表现做比较，相信聪明的同学们一定会找到答案。

师:现在我们一起来进行"假如你是我"的活动。接下来有一个大家应该比较有共鸣的情景,大家要把情景内容记一下,等会要用到哦。

师:晚上10点,大家在这个时候应该还没睡觉吧?而在情景中,有位舍友感到有点头痛,不太舒服,所以很早就爬上床睡觉。同时,其他舍友刚好在聊天,声音很大。假如你是那位生病的舍友,你有什么感受?你期望其他舍友怎么做呢?

生:(略)。

师:我想,这位身体不太舒服的同学应该希望其他室友能够理解他,照顾他此时的感受,稍微安静下来,提供一个相对安静的环境,让他可以好好休息。你们觉得呢?

生:(略)。

师:下面我们进行角色扮演,感受一下人在特定情景下会有怎样的情绪体验。

同学们5~6人一组,我们的助教会给每个组分发任务卡,同学们根据任务卡上的情景进行角色扮演,拿到红色卡片的小组,最后得到一个和谐的结果;拿到黄色卡片的小组,最后得到的是一个使关系变差的结果。有8分钟的时间供大家体验。

生:(略)。

师:好,现在开始。记得重点留意反应和感受,等下老师会邀请同学上台表演,展示时间大约为2分钟。

生:(略)。

师:老师想问一下表演的同学啊,如果你是×××,你会怎么想呢?

生:(略)。

※教学总结

师:还记得在这节课开始的时候,我们学过一起学习觉察他人的情绪。在刚才的活动中,大家又有怎样的体验呢?当我们觉察他人的情绪后,应该怎么做呢?

师:(有学生回答换位思考)没错,我听到了有同学讲到换位思考。这就是老师想要提醒同学们的,当我们觉察到他人情绪时,我们应该设身处地,换位思考。

(没回答到换位思考)嗯,大家可以想一下,刚才活动的名字"假如你是我",会不会帮助你想到答案呢?

师:是的,当我们觉察到他人情绪时,我们应该做到设身处地,换位思考。要做到换位思考,首先,我们应该有一定的情绪经验的积累;其次,我们还需要理解对方的需求。这里的需求可以是平日生活中的需求,比如每个人都需要娱乐,而有些人就有听音乐的需求。或许你觉得你不喜欢听音乐,不过你要理解。另一种需求是情绪的需求。想一下,如果你现在发怒,你是选择有人不断在旁边劝你,还是你自己冷静一下?

师:同学们学会如何做到设身处地了吗?

生:(略)。

师:当我们学会觉察他人情绪,做到设身处地,换位思考,并做出积极反应时,老师相信大家应该会收获良好的人际关系。

师:那么同学们觉得怎样才算是积极反应呢?

生:(略)。

师:同学们说得都很好。老师简单概括为:态度、语气,以及措辞。比如说反应中,你觉得用命令的语气比较好，还是表达感受的语气好呢？另外在用字上，说话时前面加个"请"，后面加个"谢谢"会不会让人更舒服呢？

生：（略）。

师：总体来说，没有绝对的做法。最重要的是己所不欲，勿施于人。

生：（略）。

师：现在老师想分享简单的人际技巧给大家。对于他人的烦恼，我们最好能做到积极倾听。对于自己的烦恼，这是一种对立的情景。这时我们可以用分析"自己的需求＋对方的需求＋自己的感受"来让双方找到都能接受的解决方法。

师：相信大家现在已经对如何做出积极反应也有了想法。最后，对于今天的课，我想用亨利·福特的一句来总结。来，大家一起念亨利·福特的话：成功的人际关系在于你能捕捉对方观点的能力，看一件事必须顾及你与对方的不同角度。

课外拓展

学科前沿

压力调适[①]

一个人充满压力，是因为他使用了过多的能量，心理空间被占满了，意味着大脑不断地运作，无法休息。因此，要适度地去调适自己的压力，节省有限的能量。增加心理空间，解决问题，便是压力调适的重点。这里所指的能量指"身心力量"。身心力量包括心力、脑力和体力。心力指的是情绪问题，脑力就是一个人的想法，而体力便是生理上的变化。三者互有关联，当其中之一改变时，常常也能触动其他两者产生相应的变化。从压力产生到生病的心理历程如图 1-13 所示。

节省身心力量可朝"节流"与"开源"两个方向进行。

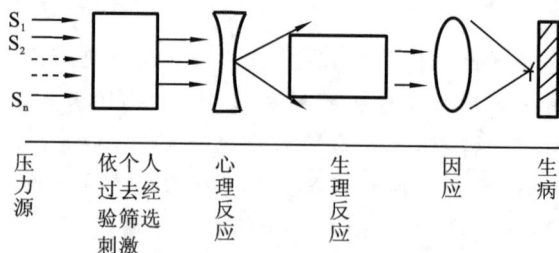

| 压力源 | 依个人过去经验筛选刺激 | 心理反应 | 生理反应 | 因应 | 生病 |

图 1-13 从压力产生到生病的心理历程

1. 节流

节省身心力量就是要判断花费某些能量是否值得，是否需要省下某些不需要耗费的心力。放松训练可以帮助我们节省不需要浪费的身心力量。

---

① 资料来源：中国台湾政治大学心理学系许文耀教授专题讲座《压力调适》。

2.开源

(1)时间:让自己有充裕的时间去思考,适时地补充能量,拓展身心力量。

(2)换种想法:训练个体由不同的角度去思考,改变固有的思维方式。要除去既有的观念并不容易,因此要学会如何活用各种观念,使自己的弹性空间愈来愈大。当一个人想法愈多样时,弹性愈大,在事件发生时其容忍程度也会相应增加。事情并非总是直线发展,是否能有效地解决问题,主要取决于我们对事情变动的容忍范围的大小。而事情之所以无法解决,有时是因为脑力使用不当所致。因此,弹性地活用脑力,凡事就事论事,才能灵活地解决问题。

▣ 心理训练

使用"焦点询问法"(见图 1-14),可帮助我们提升自我反思的能力。

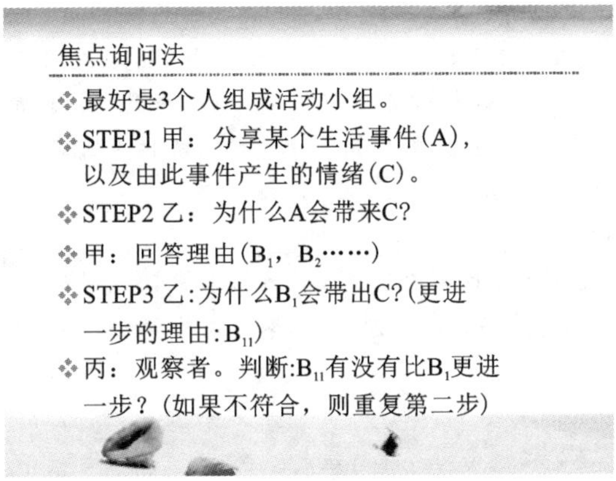

焦点询问法

❖ 最好是3个人组成活动小组。

❖ STEP1 甲:分享某个生活事件(A),以及由此事件产生的情绪(C)。

❖ STEP2 乙:为什么A会带来C?

❖ 甲:回答理由(B_1,B_2……)

❖ STEP3 乙:为什么B_1会带出C?(更进一步的理由:B_{11})

❖ 丙:观察者。判断:B_{11}有没有比B_1更进一步?(如果不符合,则重复第二步)

图 1-14 焦点询问法

📚 小 结

本章围绕课程设计的定位展开了分析,介绍了心理健康教育课程的五大特点,综合分析了心育课程与常规课程、传统德育课程之间的共性与不同;分享了常用的支撑理论——团体动力学理论、情感教育理论、建构主义学习理论、体验式学习理论等;提出了教学设计的三阶段论,即站在"如何上好一节课"这一角度,笔者认为教学设计可包括讨论选题并确定相应的教学内容、进行素材的选择并思考情景创设的问题、推敲教法与学法的最优配置这三个基本过程,基于洞察力的同课异构案例分享,提出了做个"用心"的教育者的基本理念。

📚 练习与思考

1.练习题

(1)心理健康教育课程的特点有哪些?

（2）课程教学设计的三个阶段分别是什么？

2.思考题

有人说，采用体验式学习理论进行课程设计时，最大的难点在于第三个环节，即"如何引出适当的反思并将其升华为知识"，请谈谈你对该观点的看法。

综合案例

"感谢光临"教学设计

专题名称	生命教育:感谢光临	专题学时	40分钟
教学对象	高中一年级	设计者	周昀
一、教学理念			

（一）体验式教学理念及其模式

20世纪80年代初，美国组织行为学教授大卫·库伯提出了体验式学习理论。他认为有效的学习应是始于体验，进而发表看法，由此引发反思，既而形成理论，并最终把理论所得应用于实践的过程。该理论强调教师不是单向的知识传递者，其作用在于为学生提供丰富的学习情境，寓乐于教，帮助和指导学生主动学习。

（1）"体验式教学"的界定。

所谓"体验式教学"，是指学生通过亲身经历或已有经验来认识周围事物，并认识、理解、感悟、验证教学内容的一种教学方式或学习方式。由此可见，体验式教学既是学生"学"的一种方式，也是教师"教"的一种方式。

（2）体验式教学的常规环节。

较为公认的是:体验式教学模式由四个环节组成。

第一环节，创设情境，启动体验;组织学生在参与某种活动或基于对某事物的深刻理解的前提下，激活情感，从而获得体验。

第二环节，设计问题，激活体验;设计一些富于挑战性的问题，激发学生积极思考与体验，深化第一环节中所引发的体验。

第三环节，交流感悟，升华体验;引导学生基于情境和对问题的思考，开展生生之间、师生之间的分享环节，借此升华体验，获得某种知识的提升。

第四环节，评价、反思，践行体验。作为教育学意义上的"体验"，其归根结底就是要让学生在体验中获得认识，因此，在评价与反思中帮助学生进行理性的归纳与概括，最终实现知行统一是本环节的核心目的。

（二）存在主义理论及叙事治疗中的生命俱乐部重组会员技术

（1）存在主义理论。

存在主义理论认为，追寻意义是人生活的基本需要和动机，并且是人抵达自由和幸福生活的途径。生命意义思维定向会带给人们更多的同理心、幸福感、心理弹性、道德感、意义感。存在主义提炼的生命意义是对美好的感受和苦难的转化，通过完成对积极事件和消极创伤事件的意义转化，人们能从美好和挫折中提炼出自己的生命意义。

续表

（2）叙事治疗理论中的生命俱乐部重组会员技术。

叙事治疗理论认为，每个人都在生活中撰写着关于自己的故事，这些有意义的故事串联起来形成了一个人的一生，但不是每个人都能意识到发生的所有故事，人们对故事的看法往往受到环境的限制。因而叙事取向强调现实是建构出来的，通过从不同的视角看待现实，个体能够反思并重塑自我，获得全新的人生视野。叙事治疗理论鼓励并帮助来访者重新审视自己的生活故事，并从中汲取意义和力量。重组会员技术指将生命看成一个俱乐部，每个参与自己人生的重要他人都是会员，当事人能就此梳理自己身边的关系，发现关系对生命的影响。

（三）本次课堂的基本环节

结合体验式教学理念，在讲课形式上体现了以学生为主体。在上课过程中，教师设置了多个环节让学生参与课堂教学，鼓励学生完成教师所给的任务，分享感受，从而使学生从中获得主动性，锻炼自主思考的能力。高中一年级学生处于青春期，具有自我探索和自我表达的需要。因此，课堂以帮助学生探索重要关系为最终目标，以想象中的生命俱乐部为切入点设计教案。

第一环节，活动导入。通过"设计我的俱乐部"，引发学生思考自己在人际关系中的需要。

第二环节，课堂作业与分享。通过绘制"关系轨迹图"，引导学生发现生命中的重要关系在我们人生中的起始和发展。

第三环节，深化主题。通过分享故事，体验重要关系对我们的生命来说意味着什么，制作"感谢光临心意卡"，对自己此刻最想念的人说句"谢谢光临"。

第四环节，总结升华。总结课堂，看到关系的意义，学会对自己的"重要他人"表达感谢。

二、教学内容

（一）主题的选定

选择主题为"生命教育"。在生命教育的大主题下，将课堂的着眼点定在"重要他人"和"感恩"上。

（二）全课框架

基于体验式教学和生命俱乐部重组会员技术，教学内容分为四大板块。第一板块：课堂导入。第二板块：课堂分享。第三板块：深化主题。第四板块：总结升华。

第一板块，学生设计自己的关系俱乐部，开启对人际关系的思考。

第二板块，通过绘制和分享关系轨迹图，引发深层感悟。

第三板块，为最想感谢的人制作心意卡，谢谢他/她的光临。

第四板块，课堂总结，并布置作业，让学生送出"感谢光临心意卡"，向"重要他人"表达感谢。

三、教学对象分析

本节课依据高中一年级学生的心理特点而设计。

首先，高中一年级学生正处于青春期，相对于其他年龄阶段，高中一年级的学生自我意识、独立意识明显增强，往往会遇到自我和他人的冲突，在和朋友、家人的相处中尤其明显。其次，因为刚经历初高中转换的时期，有些学生也会经历建立新友谊、维持旧友谊的相关问题。建立良好的人际关系，保持对关系的感恩是增强生命意义的一个重要因素。相关研究发现，我国中学生的生命意义感来源前两位就是自主性和关系。

四、教学目标	
（一）认知目标 了解生命中的重要关系以及自己在关系中的需要是可以被看见和思考的。 （二）情感目标 体验、回顾重要关系的发展起伏所带来的情感变化。 （三）技能目标 能对重要关系表达感谢。	
五、教学重难点	
（一）教学重点 看见和体验生命中重要关系的发展，并表达感谢。 （二）教学难点 鼓励学生分享故事，表达感谢。 （三）关于教学难点的突破问题 （1）通过"关系轨迹图"，直观地表现关系在生命中的发展起伏。 （2）通过制作"感谢光临心意卡"，完成一次感谢的仪式。	
六、教法与学法	
（一）教学方法 教师采用启发法、演示法等多种方法组织课堂教学。 （二）学生学法 学生通过体验学习、观察学习来学习本课内容。 （三）教学策略 拟采用体验式教学和生命俱乐部重组会员技术，构建整体教学环节。	
七、教学准备	
教学素材收集，课件制作。	
八、教学流程	
在运作流程上，有"导入新课—课堂分享—深化主题—总结"四个教学环节。 详述如下。 （一）引入（10分钟） 师：上课！ 生：起立，老师好！ 师：同学们好，请坐。欢迎大家来到我们今天的心理课堂。我是来自华南师范大学的××，你们可以叫我×老师。大家肯定很好奇，这堂课我们要讨论些什么。在正式开始上课前，我想先给大家看几张图片。你们看出这些图片有什么共同点了吗？ 生：（略）。 师：没错，这些图片都是"俱乐部"，虽然主题各不相同。现在，请大家想象我们各自都在经营着一个自己的俱乐部，招待的来宾是我们生活里重要的朋友、家人，等等。如果你是老板的话，会希望在这个俱乐部里提供些什么，把它营造成你和来宾都很喜欢的地方？ 师：请同学来分享你的俱乐部建设方案和背后的原因。	

生:(略)。

师:感谢同学们的分享,我们可以看到,不同的人对俱乐部的建设方案都不一样,但相同的是,我们都想要建造一个让自己舒服的地方。俱乐部的建设往往反映了老板的风格。不过,我们的俱乐部并不是只为自己而建,现在我们一起来看看俱乐部的另外一个重要部分,那就是会员来宾们。

(二)课程主内容(25分钟)

(1)关系轨迹图部分。

师:同学们猜一猜,我们的一生中会认识多少个人呢?

生:(略)。

师:有的人说的数字让周围的同学都惊讶。老师想这个问题没有标准答案。现在我们一起来看一段视频。

(播放视频:《我们一生中会遇见多少人》)

师:看完这个短片,大家有什么样的想法呢?

生:(略)。

师:在我们的生命中有很多人来来往往,但不是所有人都会进入我们的俱乐部里。我们的VIP卡是很珍贵的,只有重要的人才有机会成为我们的会员。下面,我们通过一个课堂活动,把那些重要的会员再次请到我们的身边来。

(老师演示关系轨迹图的画法,讲述自己的关系故事。纵坐标表示关系的亲密程度,横坐标表示人从出生到现在的时间。不同的颜色代表不同的人物,曲线向高处走,表示这个人物和我们的联结越亲密,反之,则意味着这段关系走向疏远。)

师:下面请同学们在小组中分享你的关系轨迹图背后的一个故事,请在你觉得舒服的状态下分享,倾听的同学注意保持尊重和好奇。

生:(略)。

师:看一看你已经画好的关系轨迹图,有哪一条线已经处于低谷,但你希望它还能在你的生命中重新上升?有哪一条线,是一直在你生命里,或有起伏,但始终前行着?有哪一条线还未出现,但你希望它将来会一直陪着你?现在,哪一位同学愿意把你的关系轨迹图、故事和感受分享给我们呢?

生:(略)。

师:(对学生的故事一一回应,挖掘具有意义的故事)好的,我们听了这几位同学的故事,大家现在心里一定都有很多想法,关于别人,也关于自己。我们的生命就像这样一家俱乐部,原先只是空空荡荡的,但逐渐地,走进了不同的来宾,有些人一直都在,有些人离开,而有些人去而复返。我们的生命俱乐部也因为这些来宾而发生着改变。现在带给你最多感受的是哪一条起起伏伏的轨迹呢?

(2)"感谢光临心意卡"部分。

师:现在,老师给大家一个机会,我们一起对这些来到我们生命俱乐部里的人说一句"感谢光临"。在桌面上有卡片、彩笔等材料,请大家自由制作"感谢光临心意卡"给你的一位会员。

(学生完成心意卡制作。)

(三)总结(5分钟)

师:我看到大家制作了充满感情的"感谢光临心意卡",这让我忍不住在想收到这份感谢的人会是怎样的心情。希望大家通过今天的心理课,看到那些对你来说重要的人,看到你们的关系的发展里有很多艰辛,但也有很多美好。每一段关系都有高潮和低谷,每一段关系也都重要而独特。这些来到你生命俱乐部里的人,记得要对他/她们说一句"感谢光临"!

…… 下课! (PPT end)
九、板书设计 　　我的"关系轨迹图" 　　（略。）
十、预案设计 　　(1)如果分享时间充裕,就多叫一些同学分享;如果分享时间不足,则少叫一些学生分享。 　　(2)在同学们绘制"关系轨迹图"和制作"感谢光临心意卡"的时候,多在学生中走动,多和学生交流。

第二章
心理健康教育课程设计的基本要素

本章结构

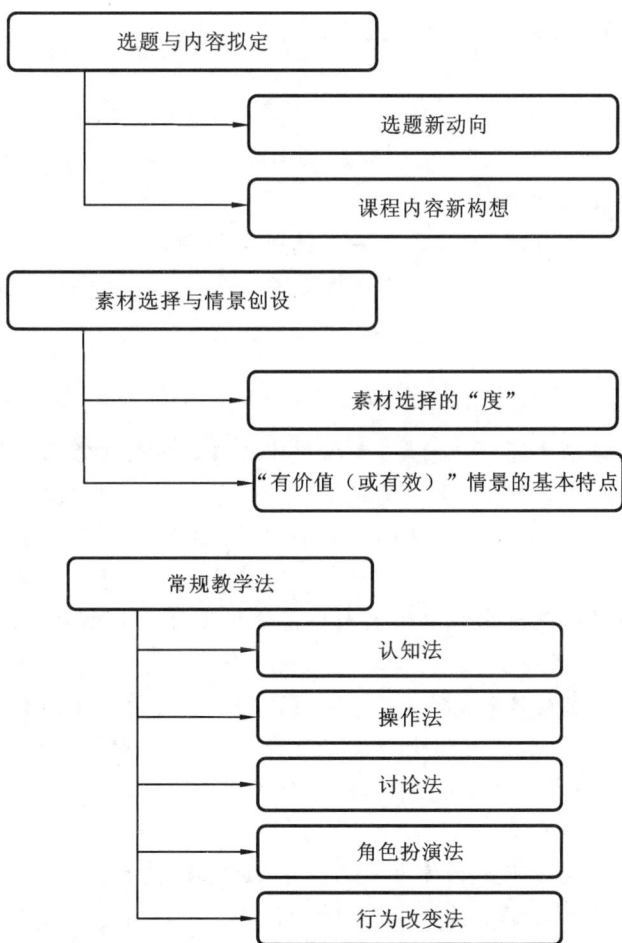

选题与内容拟定
- 选题新动向
- 课程内容新构想

素材选择与情景创设
- 素材选择的"度"
- "有价值（或有效）"情景的基本特点

常规教学法
- 认知法
- 操作法
- 讨论法
- 角色扮演法
- 行为改变法

第一节　选题与内容拟定

案例分享

体验生活中的幸福

一、教学目标

通过教学,使学生了解每一个人对于幸福的定义都是不同的,但是每个人的幸福观都来源于日常生活。通过教师的引导和学生的自主探索,学生认识到只有用心去体验生活,才可以找到自己的幸福,从而形成积极健康的人格。

二、教学重难点

让学生学会从平凡的生活中体验幸福,包括以下三点:①"幸福"的定义因人而异;②幸福来自生活中的点点滴滴;③幸福最终由内在心态决定。

三、教学用具

多媒体。

四、教学过程

(一)导入新课:什么是幸福

同学们,今天我们来分享一个很简单又很深奥的话题——幸福。首先,老师要问大家:"你幸福吗?"同学们的表情可都是别有深意啊! 那接下来就请大家带着这个问题来上这节心理课。

(二)课程主体

1.幸福是什么

谈到幸福,就不得不先问一个问题:幸福是什么? 是不是就像王大锤(网络剧《万万没想到》的男主角)说的,升职加薪,当上总经理,出任 CEO(首席执行官),迎娶白富美,走向人生巅峰? 我看未必吧。那在听同学们的心声之前,老师想先跟大家分享一个电影的小片段。

请同学们认真观看,思考影片中的主人公杨红旗是怎么定义幸福的。

(播放影片《求求你表扬我》片段)

大家觉得,他对幸福的理解怎么样?(停顿 20 秒左右,看学生的反应)其实,工人会认为,幸福就是工资多一点,加班时间少一点。而我认为,幸福就是学生能够成才,当然不只是成绩好这一方面。但农民就不这么想,他们会认为幸福就是多养点牛和猪,多卖点牛奶或者猪肉,让一家人生活富足。

讲了这么多,那么同学们认为幸福是什么? 接下来,请大家组成 4 人小组,讨论出 3 种对于幸福的看法,然后写下来做分享(见图 2-1)。

(给学生 5 分钟思考讨论,其间播放《幸福就是》的音乐)

好,看来同学们真的是各有奇思妙想。那我就随机请几名同学来分享一下对幸福的

心语分享

在我眼中，
"幸福"就是：＿＿＿＿＿＿＿＿＿
"幸福"就是：＿＿＿＿＿＿＿＿＿
"幸福"就是：＿＿＿＿＿＿＿＿＿

每个人的心中，都有自己对于幸福的定义。
幸福就在我们的身边

图 2-1　心语分享

定义啦。

（一个小组"开火车"或者随机点几名同学，约 5 分钟）

听完了这几名同学的分享，其他同学有什么感觉呀？看得出来，每一个人对于幸福的定义都是不同的。而且，其实幸福就在我们的身边，就在我们的生活中。就像刚刚××提到的×××就是生活中很普通、很平凡的细节，但也一样可以带给我们幸福感。

2.寻找身边的幸福

那除了你们自己，身边的人也都有自己的幸福。现在，请大家再拓展思维，试着想一想，别人（指和自己有关联的人）的幸福又是什么。然后，请大家完成自己的"幸福摩天轮"（见图 2-2）。

你的幸福摩天轮是什么样的?

图 2-2　幸福摩天轮

（学生完成自己的"幸福摩天轮"，教师在一旁做指导，约 5 分钟）

看来同学们都有"火眼金睛"啊，很快就能够在生活中，找到我们身边存在的各种各样的幸福。接下来的时间还是交给大家。我也很想听一听同学们关于什么是幸福的答案。

（学生分享，约 3 分钟）

通过同学们的分享，大家可以更深刻地感受到了吧，生活当中到处都是幸福，只是不同的细节对于不同的人来说有不同的意义而已。幸福这么多，但是如果你不牢牢抓住它们（伴随动作），它们也一样会溜走的。所以啊，老人们都爱说，幸福来得不容易。所以今天，我也要学一学老人，语重心长地告诉大家，要珍惜幸福啊（语气夸张）！

3.调整心态，迎接幸福（约13分钟）

同学们，每天不要再怀着淡淡的忧伤以45度角仰望天空、享受"寂寞"了。现在，请大家一起来看一组数字。

如果早上你起床的时候身体健康，没有患病（当然是指难治的病啊），那么，你就已经比几百万人幸运，因为他们甚至看不到下周的太阳了。还有，大家有没有经历过战争？没有是吧。有没有体验过牢狱里的生活？也没有是吧。那么老师告诉你，你已经比至少5亿人过得好了……听上去好像自己生活得真的很不错，是吧？我想与大家一起感受的就是这种体会了。因为你衣食无忧、生活安稳，所以你已经比世界上75%的人过得好了。假如，你努力了，找到一份工作，有点积蓄，那么你就会成为世界上仅有的8%的最幸运的人了。

此时此刻，大家有怎样的想法？抛开那些忧伤、遗憾等，勇敢地迎接幸福吧。换个角度看风景，说不定就会有惊喜。调整自己的心态，不妨从以下三个方面来尝试一下。

(1)确定适合自己的目标。如果你想明天一睁眼就成为世界首富，那对不起，可能这个愿望很难实现。但是，假如你告诉自己明天要背3个单词，这个是可以做到的吧？当你完成之后，幸福就会来找你了，这就是小幸福啊。

(2)与人为善。从刚刚同学们的分享中，我看到，有些幸福来自良好的人际关系。如果你尽力让自己友善待人，你很快就会发现幸福来报到了。

(3)进行积极的心理暗示。最后一个当然是法宝啦，当你总是告诉自己"我很幸福"的时候，是真的会幸福的。当你总试着去发现事物积极的一面的时候，幸福就来了。比如说，考试不好了，怎么办？那就证明进步空间大啊，努力一下成绩就上去了。这样多好。

同学们，幸福取决于你的心态。

（设计者：许泓）

这是2014年在某职校展开的一次关于"幸福"的专题活动。活动中，活动设计者第一次把"积极情绪"这一理念带进了心理健康教育的课堂，也迈出了走向心理健康教育活动课选题新趋势的坚实一步。亲爱的读者，您在其中感悟到了什么？具体应如何规划心理健康教育活动课程未来的方向？在本节中，笔者将从课程设计的选题到内容的拟定，逐一展开叙述。

学习导航

一、选题新动向

(一)规范化

国家教育部颁发的《中小学心理健康教育指导纲要(2012年修订)》(以下简称《纲要》)，

明确界定了中小学心理健康教育的各项要务。现择其要点介绍如下。

心理健康教育的主要内容包括:普及心理健康知识,树立心理健康意识,了解心理调节方法,认识心理异常现象,掌握心理保健常识和技能。其重点是认识自我、学会学习、人际交往、情绪调适、升学择业以及生活和社会适应等方面的内容。

小学低年级心理健康教育的任务主要包括:帮助学生认识班级、学校、日常学习生活环境和基本规则;使学生初步感受学习知识的乐趣,重点是学习习惯的培养与训练;培养学生礼貌友好的交往品质,乐于与老师、同学交往,在谦让、友善的交往中感受友情;使学生有安全感和归属感,初步学会自我控制;帮助学生适应新环境、新集体和新的学习生活,树立纪律意识、时间意识和规则意识。

小学中年级心理健康教育的任务主要包括:帮助学生了解自我,认识自我;初步培养学生的学习能力,激发学生的学习兴趣和探究精神,引导学生树立自信、乐于学习;引导学生树立集体意识,善于与同学、老师交往,培养自主参与各种活动的能力,以及开朗、合群、自立的健康人格;引导学生在学习生活中感受解决困难的快乐,学会体验情绪并表达自己的情绪;帮助学生建立正确的角色意识,培养学生对不同社会角色的适应;增强时间管理意识,帮助学生正确处理学习与兴趣、娱乐之间的矛盾。

小学高年级心理健康教育的任务主要包括:帮助学生正确认识自己的优缺点和兴趣爱好,在各种活动中悦纳自己;着力培养学生的学习兴趣和学习能力,引导学生端正学习动机,调整学习心态,正确对待成绩,体验学习成功的乐趣;开展初步的青春期教育,引导学生进行恰当的异性交往,建立和维持良好的异性同伴关系,扩大人际交往的范围;帮助学生克服学习困难,正确面对厌学等负面情绪,学会恰当地、正确地体验情绪和表达情绪;积极促进学生的亲社会行为,引导学生逐步认识自己与社会、国家和世界的关系;培养学生分析问题和解决问题的能力,为初中阶段的学习和生活做好准备。

初中年级心理健康教育的任务主要包括:帮助学生加强自我认识,客观地评价自己,认识青春期的生理特征和心理特征,适应中学阶段的学习环境和学习要求,培养正确的学习观念,发展学习能力,改善学习方法,提高学习效率;引导学生积极与老师及父母进行沟通,把握与异性交往的尺度,建立良好的人际关系;鼓励学生进行积极的情绪体验与表达,并对自己的情绪进行有效管理,正确处理厌学心理,抑制冲动行为;引导学生把握升学选择的方向,培养职业规划意识,树立早期职业发展目标;引导学生逐步适应生活和社会的各种变化,着重培养学生应对失败和挫折的能力。

高中年级心理健康教育的任务主要包括:帮助学生确立正确的自我意识,树立人生理想和信念,形成正确的世界观、人生观和价值观;培养学生的创新精神和创新能力,鼓励学生掌握学习策略,开发学习潜能,提高学习效率,积极应对考试压力,克服考试焦虑;鼓励学生正确认识自己的人际关系状况,培养人际沟通能力,促进人际的积极情感反应和体验,正确对待与异性同伴的交往,知道友谊和爱情的界限;帮助学生进一步提升承受失败和应对挫折的能力,形成良好的意志品质;在充分了解自己的兴趣、能力、性格、特长和社会需要的基础上,确立自己的职业志向,培养职业道德意识,进行升学就业的选择和准备,培养担当意识和社会责任感。

综上所述,《纲要》中要求在中小学开展心理健康教育的主要板块包括学习、人际、自我、情绪(含抗逆力)、青春期、适应、价值观、职业规划,共计八项内容。其具体分布如表 2-1 所示。

表 2-1 《纲要》内容板块分布表

阶段	学习	人际	自我	情绪(含抗逆力)	青春期	适应	价值观	职业规划
小学低年级	2	3	0	0	0	3	0	0
小学中年级	5	1	4	1	0	0	0	0
小学高年级	3	2	2	3	1	0	1	0
初中	5	2	2	4	2	2	0	2
高中	3	2	1	3	1	0	3	2

由此可见,《纲要》的颁布,为学校心理健康教育课程教学的规划与实施提供了坚实的依据。在实际课程教学中,在进行选题及内容的拟定时,首先需思考的是符合《纲要》的精神。

(二)前沿性

《纲要》指出,心理健康教育的总目标是:提高全体学生的心理素质,培养他们积极乐观、健康向上的心理品质,充分开发他们的心理潜能,促进学生身心和谐可持续发展,为他们健康成长和享受幸福生活奠定基础。那么,具体要培养学生哪些心理素质、心理品质?这正是关于学生核心素养的重要思考。

所谓核心素养,是指学生在接受相应学段教育的过程中,逐步形成的适应个人终身发展和社会发展需要的必备品格与关键能力。它具有以下基本特征:核心素养是所有学生应具有的最关键、最必要的共同素养,是知识、能力和态度等的综合表现;核心素养可以通过接受教育来形成和发展,既表现出发展的连续性,也具有发展的阶段性;核心素养兼具个人价值和社会价值,其作用发挥具有整合性。

知识链接 2-1
中国学生发展核心素养指标体系总体框架

中国学生发展核心素养,以科学性、时代性和民族性为基本原则,以培养"全面发展的人"为核心,分为文化基础、自主发展、社会参与三个方面,综合表现为人文底蕴、科学精神、学会学习、健康生活、责任担当、实践创新六大素养(见图 2-3),具体细化为人文积淀等十八个基本要点。根据这一总体框架,可针对学生年龄特点进一步提出各学段学生的具体表现要求。

一、基本内涵

核心素养课题组历时三年集中攻关,并经教育部基础教育课程教材专家工作委员会审议,最终形成研究成果,确立了以下六大学生核心素养。

(一)文化基础

文化是人存在的根和魂。文化基础,重在强调学生能习得人文、科学等各领域的知识和技能,掌握和运用人类优秀智慧成果,涵养内在精神,追求真善美的统一,

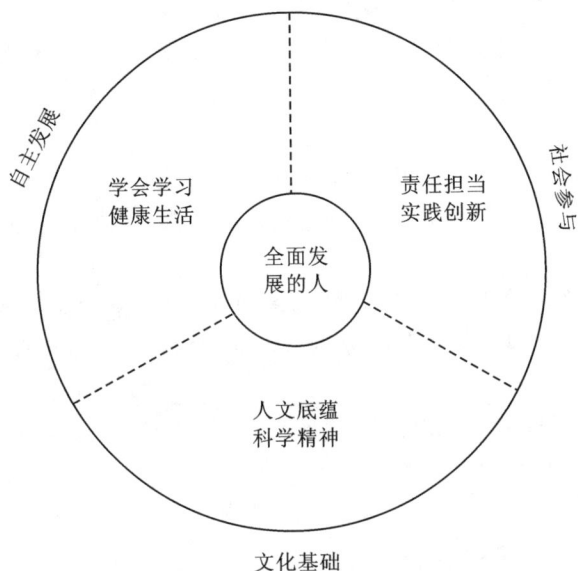

图 2-3　我国学生核心素养指标体系总框架

发展成为有宽厚文化基础、有更高精神追求的人。

1.人文底蕴

人文底蕴主要是学生在学习、理解、运用人文领域知识和技能等方面所形成的基本能力、情感态度和价值取向,具体包括人文积淀、人文情怀和审美情趣等基本要点。

2.科学精神

科学精神主要是学生在学习、理解、运用科学知识和技能等方面所形成的价值标准、思维方式和行为表现,具体包括理性思维、批判质疑、勇于探究等基本要点。

(二)自主发展

自主性是人作为主体的根本属性。自主发展,重在强调能有效管理自己的学习和生活,认识和发现自我价值,发掘自身潜力,有效应对复杂多变的环境,成就出彩人生,发展成为有明确人生方向、有生活品质的人。

1.学会学习

学会学习主要是学生在学习意识形成、学习方式方法选择、学习进程评估调控等方面的综合表现,具体包括乐学善学、勤于反思、有较强的信息意识等基本要点。

2.健康生活

健康生活主要是学生在认识自我、发展身心、规划人生等方面的综合表现,具体包括珍爱生命、人格健全、可以进行自我管理等基本要点。

(三)社会参与

社会性是人的本质属性。社会参与,重在强调能处理好自我与社会的关系,遵守现代公民所必须遵守和履行的道德准则和行为规范,增强社会责任感,提升创新精神和实践能力,促进个人价值实现,推动社会发展进步,发展成为有理想信念、敢于担当的人。

1.责任担当

责任担当主要是学生在处理与社会、国家、国际等关系方面所形成的情感态度、价值取向和行为方式,具体包括社会责任、国家认同、国际理解等基本要点。

2.实践创新

实践创新主要是学生在日常活动、问题解决、适应挑战等方面形成的实践能力、创新意识和行为表现,具体包括劳动意识、问题解决、技术应用等基本要点。

二、主要表现

人文底蕴、科学精神、学会学习、健康生活、责任担当、实践创新六大核心素养具体包括哪些要点呢? 六大素养还可具体细化为人文积淀、人文情怀、审美情趣等十八个基本要点,各要点也确定了重点关注的内容。

(一)文化基础——人文底蕴

1.人文积淀

重点是具有古今中外人文领域基本知识和成果的积累;能理解和掌握人文思想中所蕴含的认识方法和实践方法等。

2.人文情怀

重点是具有以人为本的意识,尊重、维护人的尊严和价值;能关切人的生存、发展和幸福等。

3.审美情趣

重点是具有艺术知识、技能与方法的积累;能理解和尊重文化艺术的多样性,具有发现、感知、欣赏、评价美的意识和基本能力;具有健康的审美价值取向;具有艺术表达和创意表现的兴趣和意识,能在生活中拓展和升华美等。

(二)文化基础——科学精神

1.理性思维

重点是崇尚真知,能理解和掌握基本的科学原理和方法;尊重事实和证据,有实证意识和严谨的求知态度;逻辑清晰,能运用科学的思维方式认识事物、解决问题、指导行为等。

2.批判质疑

重点是具有问题意识;能独立思考、独立判断;思维缜密,能多角度、辩证地分析问题,做出选择和决定等。

3.勇于探究

重点是具有好奇心和想象力;能不畏困难,有坚持不懈的探索精神;能大胆尝试,积极寻求有效的问题解决方法等。

（三）自主发展——学会学习

1. 乐学善学

重点是能正确认识和理解学习的价值，具有积极的学习态度和浓厚的学习兴趣；能养成良好的学习习惯，掌握适合自身的学习方法；能自主学习，具有终身学习的意识和能力等。

2. 勤于反思

重点是具有对自己的学习状态进行审视的意识和习惯，善于总结经验；能够根据不同情景和自身实际，选择或调整学习策略和方法等。

3. 信息意识

重点是能自觉、有效地获取、评估、鉴别、使用信息；具有数字化生存能力，主动适应"互联网＋"等社会信息化发展趋势；具有网络伦理道德与信息安全意识等。

（四）自主发展——健康生活

1. 珍爱生命

重点是理解生命意义和人生价值；具有安全意识与自我保护能力；掌握适合自身的运动方法和技能，养成健康文明的行为习惯和生活方式等。

2. 人格健全

重点是具有积极的心理品质，自信自爱，坚韧乐观；有自制力，能调节和管理自己的情绪，具有抗挫折能力等。

3. 自我管理

重点是能正确认识与评估自我；依据自身个性和潜质选择适合的发展方向；合理分配和使用时间与精力；具有达成目标的持续行动力等。

（五）社会参与——责任担当

1. 社会责任

重点是自尊自律，文明礼貌，诚信友善，宽和待人；孝亲敬长，有感恩之心；热心公益和志愿服务，敬业奉献，具有团队意识和互助精神；能主动作为，履职尽责，对自我和他人负责；能明辨是非，具有规则与法治意识，积极履行公民义务，理性行使公民权利；崇尚自由平等，能维护社会公平正义；热爱并尊重自然，具有绿色生活方式和可持续发展理念及行动等。

2. 国家认同

重点是具有国家意识，了解国情历史，认同国民身份，能自觉捍卫国家主权、尊严和利益；具有文化自信，尊重中华民族的优秀文明成果，能传播弘扬中华优秀传统文化和社会主义先进文化；了解中国共产党的历史和光荣传统，具有热爱党、拥护党的意识和行动；理解、接受并自觉践行社会主义核心价值观，具有中国特色社会主义共同理想，有为实现中华民族伟大复兴的中国梦而不懈奋斗的信念和行动。

3. 国际理解

重点是具有全球意识和开放的心态，了解人类文明进程和世界发展动态；能尊重世界多元文化的多样性和差异性，积极参与跨文化交流；关注人类面临的全球性挑战，理解人类命运共同体的内涵与价值等。

（六）社会参与——实践创新

1. 劳动意识

重点是尊重劳动，具有积极的劳动态度和良好的劳动习惯；具有动手操作能力，掌握一定的劳动技能；在主动参加的家务劳动、生产劳动、公益活动和社会实践中，具有改进和创新劳动方式、提高劳动效率的意识；具有通过诚实合法劳动创造成功生活的意识和行动等。

2. 问题解决

重点是善于发现和提出问题，有解决问题的兴趣和热情；能依据特定情景和具体条件，选择并制定合理的解决方案；具有在复杂环境中行动的能力等。

3. 技术运用

重点是理解技术与人类文明的有机联系，具有学习、掌握技术的兴趣和意愿；具有工程思维，能将创意和方案转化为有形物品或对已有物品进行改进与优化等。

（三）时代性

积极心理学倡导关注个体的积极心理品质，主张以积极的视角看待自身、他人乃至社会。这启发我们可以把积极情绪、积极人格特质的培养等理念渗透到中小学心理健康教育的课程之中，比如，在小学阶段，可侧重于良好（积极）行为习惯的培养；在初中阶段，可侧重于积极情绪的训练；在高中阶段，可侧重于积极人格特质的塑造。

二、课程内容新构想

基于选题的新趋势，笔者融合了《纲要》的基本要求、核心素养的理念以及积极心理学的发展趋势，打造了一个螺旋式上升的内容体系，供读者参考，如表2-2所示。

表2-2　课程内容总汇

主题	《纲要》	学段	内容
适应	认识班级、学校、日常学习生活环境和基本规则	小学一至二年级	熟悉校园环境，喜欢校园；熟悉学校的规章制度；了解小学学习生活与幼儿园的异同，初步了解小学生需要做到的事情与需要遵守的基本规则
	树立纪律意识、时间意识和规则意识		了解校园常规，养成遵守纪律的良好习惯；了解时间的宝贵，培养惜时、守时的时间管理意识；针对"纪律、时间、规则"等三个方面展开行为训练
	使学生有安全感，初步学会自我控制		创设应激情景，提升学生自我保护、自我防御的意识与技能

主题	《纲要》	学段	内容
适应	适应小学阶段的学习环境和学习要求	初中	分析小学与初中学习环境的差异;分析小学与初中学习要求的不同;分析初中三年不同学习阶段的要求;提供应对相应变化的途径与方法
	逐步适应生活和社会的各种变化		比较小学与初中生活中的环境变化(校园、校风、教师、同学等);展现社会的变化;设置若干应激情景,如突发人际冲突、文化环境变化、突发灾难等;分别提供应对相应变化的途径与方法
学习	初步感受学习知识的乐趣	小学一至二年级	体会知识的价值;感受获得知识的乐趣;分享获得知识的渠道与方法
	重点是学习习惯的培养与训练		培养以下行为习惯:不拖拉(效率)、认真听课(专注力)、提高自控力(重点在于感受存在拖拉行为、上课注意力不集中的劣势,感受自控能力强的优势,产生培养良好行为习惯的意识)。了解小学课堂学习的基本规则,培养惜时、专注、克己、自律的学习习惯
	初步培养学习能力	小学三至四年级	运用多感官学习法,提高学习效率;学会有目的、有重点地展开观察,提升学习的有效性,掌握记笔记、分类与比较的学习策略,提升学习能力。展开记忆习惯(记忆行为习惯、记忆效率习惯)训练、记忆协同训练,掌握形象记忆法、信息增失训练法
	激发学习兴趣和探究精神		通过想象力训练,感受学习的乐趣,从而激发兴趣
	树立自信,乐于学习		分享学习的经验与困惑;寻找学习的榜样;展开自信心训练
	在学习生活中感受解决困难的快乐		创设适度"难题"(难关),在解决问题中体验快乐
	增强时间管理意识,正确处理学习与兴趣、娱乐之间的矛盾		体验时间的价值,珍惜时间;学会合理安排课余时间(课堂作业的完成、自身兴趣爱好的培养、娱乐时间的安排等)
	培养学生的学习兴趣和学习能力	小学五至六年级	通过创造力训练,激发学习兴趣,并培养相应的学习能力。掌握归类记忆法、谐音记忆法、歌谣记忆法,增强记忆力,提高学习效率
	端正学习动机,调整学习心态		分享学习的目的;设想自己的理想目标,初步制定自己的短期目标和长期目标,有信心地展望未来;学会制订有效的学习计划;对自己的学习负责;"剖析"学习压力,分享压力管理策略
	正确对待成绩,体验学习成功的乐趣		感受面对成绩的喜与忧,合理归因;理解"目标设定"的作用;通过设置合适的目标,体验"成功"

主题	《纲要》	学段	内容
学习	培养正确的学习观念	初中	学习和探索是人的天性；学习是苦与乐的过程，体验学习的快乐；知道学习是自己的事情；树立终身学习的意识
	发展学习能力		通过注意力训练、记忆力训练、思维导图分析，发展注意力、记忆力和思维力
	改善学习方法		剖析学习的三大环节：预习、听课与复习，针对每一环节的学习要求给予具体的学习建议；感悟应试的技巧，提升应对考试的能力
	提高学习效率		感悟学习计划的重要性，懂得为自己的学习设定合理的目标，规划实现目标的策略与步骤；提升自身决策思维与解决问题的能力
	正确处理厌学心理		进行厌学现象的心理分析（主要表现为学生对学习认识存在偏差，在情感上消极地对待学习，在行为上主动远离学习）；懂得合理应对厌学现象
	培养创新精神和创新能力	高中	突破思维定式、敢于想象、勇于创新，善于突破框架、运用发散思维
	掌握学习策略		比较初中与高中的学习异同点，分享调整策略（积极心态、社会支持）；进行元认知策略训练（计划、监控、调节策略），善于进行时间管理
	开发学习潜能，提高学习效率		觉察和挖掘自身的学习潜能，突显优势，弥补不足，树立学习自信心
人际	培养学生礼貌友好的交往品质	小学一至二年级	注意文明用语的练习与应用；展现微笑的魅力
	乐于与老师、同学交往，在谦让、友善的交往中感受友情		能亲近新老师，主动结交新伙伴；能运用真诚、文明、适度的语言表达方式与同伴、教师进行交流；懂得主动打招呼；主动说"对不起"，分清"借"和"拿"；用尊重、谦让、友善的行为方式与同伴交往。感悟在交往中体现谦让的方式；知道什么是诚实，了解何种行为才算诚实；感受交往中诚实的重要性
	使学生有归属感，初步学会自我控制		融入新集体。感受班集体是成长的摇篮，感受在集体中的快乐，能说出班级中有趣的事情。树立"班级是我家"的意识，主动融入班集体，积极协助建设良性班集体
	树立集体意识，善于与同学、老师交往	小学三至四年级	积极参与班级管理活动，激发集体荣誉感，培养集体责任感。学会尊重与接纳他人；学会赏识与赞美他人；感受换位思考的重要性。初步感悟宽容与体谅他人在人际交往中的作用；学会有效应对误会，提升解决人际冲突的技巧。学会合理地拒绝；学会善意地评价（指出或批评别人的不足）

续表

主题	《纲要》	学段	内容
人际	促进学生的亲社会行为	小学五至六年级	促进学生体验助人、与人合作、相互分享、被他人关心、安慰他人、信任他人时,给自己与他人带来的快乐。学习接纳、尊重、仁爱、互助、分享、合作、关怀、利他等亲社会行为,体验其给自己与他人带来的快乐与幸福
	积极与老师及父母进行沟通	初中	感受父母的辛劳与养育之恩;以实际行动回报父母。体会教师的辛勤付出,以实际行动回报教师
	建立良好的人际关系		认识朋友在自己成长道路上所扮演的重要角色,体会同伴交往的意义,了解同伴交往的原则;善于倾听;了解网络的利与弊;规范上网行为。正确看待竞争;提倡良性竞争;了解合作的必要性;掌握与人合作的技巧
	正确认识自己的人际关系状况	高中	从多角度综合评价自己的人际关系现状,分析自己人际关系倾向的缘由,总结人际交往中的经验与不足,提升人际交往能力
	培养人际沟通能力,促进人际的积极情感反应和体验		了解沟通的技巧(言语和非言语沟通技巧),分析自己的沟通模式和特点,优化沟通能力;树立"我好,你也好"的人际哲学
自我	帮助学生了解自我,认识自我	小学三至四年级	了解自己的特点与特长;感受自己的与众不同之处
	帮助学生建立正确的角色意识,培养学生对不同社会角色的适应能力		作为学生,能体会教师的辛劳,尊重老师的劳动;作为子女,能感受、体会父母的爱,能用自己的方式表达对父母的爱;作为伙伴,能客观分析好朋友的优缺点,学会客观看待他人;作为社会一员,能体会并享受他人对自己的关爱,能关怀身边的人
	培养自主参与各种活动的能力		以"家中能手、教师助手、伙伴帮手"为活动情景,鼓励学生在参与中感受能力与习惯的重要性
	开朗、合群、自立的健康人格		学会做一个开朗的人,做一个合群的人(领悟受欢迎的人的特质),做一个自立的人(日常事务自理能力训练)
	正确认识自己的优缺点和兴趣爱好	小学五至六年级	了解在同学眼里、父母眼里和老师眼里自己的特点;客观看待自我
	在各种活动中悦纳自己		发掘自我价值,肯定自我,欣赏自我;在活动中发挥优势,展示自我
	培养学生分析问题和解决问题的能力		激发思考问题的兴趣,提升解决问题的敏捷性;学会变换角度考虑问题,提升思维的灵活性;懂得抓住问题的根本,提升聚合思维能力;懂得多角度思考问题,增强发散思维能力;进行必要的逻辑思维训练

主题	《纲要》	学段	内容
自我	加强自我认识	初中	通过分析自身的气质、个性、性格特征,拓展自我认识领域
	客观地评价自己		客观看待自身的优缺点,能愉快地接纳自己的优缺点
	确立正确的自我意识	高中	深入了解自我的三个维度(生理我、心理我、社会我),对现实自我与理想自我的差距进行合理分析和恰当的自我定位;体验和感受以下积极人格特质的魅力并给予提升:幽默、开明、正直、善良、领导力、感恩等。增强自我效能感
情绪(含抗逆力)	学会体验情绪并表达自己的情绪	小学三至四年级	辨识各种基本情绪;在不同情景中,尝试表达相应的情绪
	正确面对厌学等负面情绪	小学五至六年级	掌握厌学、愤怒、烦躁、焦虑等情绪的应对方式
	恰当、正确地体验情绪和表达情绪		体会情绪的影响力,感受快乐的力量;领悟到我们的想法将影响我们的情绪体验,从而影响我们的行为
	克服学习困难		体验困难在学习中的必然性;领悟克服困难需要具有勇气,寻找原因,认真分析,探索解决方式
	鼓励学生进行积极的情绪体验与表达	初中	让学生领悟理性想法与非理性想法对自身情绪体验的影响;懂得辨析自己的非理性想法。懂得运用思维转化法、情绪宣泄法管理自己的情绪
	对自己的情绪进行有效管理		感受冲动的危害性;掌握抑制冲动的策略
	抑制冲动行为		感悟挫折的必然性与两重性;进行相应的归因训练,掌握应对挫折的技巧
	培养应对失败和挫折的能力		理解压力的意义,学会调整心态,积极应对压力;剖析考试焦虑现象,掌握克服考试焦虑的策略;会学习、会克服焦虑
	积极应对考试压力,克服考试焦虑	高中	理解压力的意义,学会调整心态,积极应对压力;剖析考试焦虑现象,掌握克服考试焦虑的策略;会学习、会克服焦虑
	帮助学生进一步提升承受失败和应对挫折的能力		理解挫折的积极意义,引发对失败的理性思考;掌握 ABCDE 认知方法,学会用"理性想法"替代"非理性想法";掌握增强承受挫折的能力的方法
	形成良好的意志品质		培养坚持性、决断力、毅力和果敢品质,培养心理弹性和康复力

主题	《纲要》	学段	内容
青春期	开展初步的青春期教育,引导学生进行恰当的异性交往,建立和维持良好的异性同伴关系	小学五至六年级	了解两性在身体结构和生理功能上的相同与差异,了解日常身体接触的尺度;了解男孩、女孩各自的优势;了解两性生理特征的发展差异,接纳自身的变化;了解异性交往的合适尺度;学习处理与异性同学的矛盾;培养自我保护意识
	认识青春期的生理特征和心理特征	初中	展现青春期男生、女生的生理变化;分析两性在发育过程中容易遇到的问题;剖析青春期性心理发展特点
	把握与异性交往的尺度		知道常见性意识觉醒的表现;区分正常的性意识活动与性意识的困扰;对异性特别感觉的理解与觉察;分辨喜欢与爱;把握两性关系;理解社会对中学生约会的看法;学会异性交往中对尺度的把握;尊重他人选择与正确对待失恋,学会自我保护(针对性骚扰情景)
	正确对待与异性同伴的交往,知道友谊和爱情的界限	高中	分析友谊与爱情的异同,恰当把握两性关系;了解社会对两性的角色期望和要求,扮演恰当的社会性别角色;理解男女心中理想恋人的差异性,提升自己的素质与魅力。学会对恋爱与高考压力的关系处理;处理好性别角色与职业取向的关系
价值观	逐步认识自己与社会、国家和世界的关系	小学五至六年级	从"我生活的城市""我的祖国""我们的地球村"等角度认识自己生活的环境,感悟其中的关系
	树立人生理想和信念	高中	了解目标和理想的重要性,树立努力拼搏、不轻易言败的信念;进行合理的人生规划、拟定人生发展规划
	形成正确的世界观、人生观和价值观		学会选择、学会批判;了解社会和大自然的发展规律,学习个体与环境"和谐发展"的理念;培养大爱精神
	培养担当意识和社会责任感		从"我和家庭""我和社会""我和他人""我和环境"以及我的生命等角度分析"我"在其中的角色与义务,勇于承担和学会负责
职业生涯规划	把握升学选择的方向	初中	了解普通高中教育与中等职业技术教育;采用"抉择平衡单"分析各种升学意向的利与弊
	培养职业规划意识,树立早期职业发展目标		了解职业及特点;了解影响职业选择的各项因素,尝试树立早期职业发展目标;了解职业规划的意义,尝试对五年、十年、十五年后的自己进行规划
	确立自己的职业志向	高中	了解自己的学科兴趣和职业倾向,恰当处理与父母的选择冲突;拓展对不同职业领域的了解程度,确定未来发展的中心导向(是以兴趣为中心还是以经济利益为中心)
	培养职业道德意识,进行升学就业的选择和准备		理解职业道德的内涵,列举多种职业相应的职业道德要求;了解社会上比较热门的职业,了解从事这些职业所要具备的能力和素质;做好自己的职业方向选择

课外拓展

学科前沿

积极情绪的研究现状

积极情绪是积极心理学的一个重要研究领域，近年来备受大众关注，学者们也有许多新的研究成果。积极心理学有三个重要的研究领域：①积极的主观体验（幸福、愉悦、感激、成就）；②积极的个人特质（个性力量、天分、兴趣、价值）；③积极的环境（家庭、学校、商业机构、社区和社会）。积极心理学理论认为，积极的环境可以促进积极特质的发展和体现，进而促进积极主观体验的产生。

积极情绪对于心理健康的重要意义一直受到积极心理学家们的关注，许多学者不仅研究了积极情绪对正常个体心理保健的作用，而且还关注了积极情绪对于心理疾病和心理问题的预防和治疗作用，因此，许多研究积极情绪与心理健康关系的学者不仅会考察不同干预对正常被试者的作用，也会考察其对有抑郁症、焦虑症等心理问题的个体的作用，这些研究都非常具有实践意义，例如，埃特（Etter）等学者通过研究比较不同精神病病人的积极情绪水平，发现通过较低的积极情绪水平可以预测童年期较低的社会支持和较高的受虐待程度，积极情绪与儿童社会支持程度相关性较高，因此我们可以对有童年阴影的个体进行提升社会支持的干预，以达到帮助他们提升积极情绪进而更健康地成长的目的。

还有学者指出，有焦虑和抑郁症状的个体在积极情绪的管理上存在缺陷，这会阻碍他们的焦虑、抑郁症状的完全康复；那些具有享乐能力的个体则会有更强的积极情绪管理能力，而积极情绪的管理能力又与心理健康程度息息相关。享乐能力是一种体验积极情绪的能力，是指个体所体验到的积极心境（如快乐、兴趣、活跃等）的范围，它是与生俱来的比较稳定的个人能力，具有个体差异性。研究发现，具有高享乐能力的个体对日常事物有较高的积极情绪反应，并且会比有焦虑、抑郁症状的被试者有更强的积极情绪管理能力。

崔丽霞等学者通过中介分析发现，积极情绪在心理弹性对压力的适应中起到中介作用，这一结果肯定了积极情绪在压力适应中的重要作用。高心理弹性个体拥有更多的积极情绪，而处于积极情绪状态的个体，其思维更开阔并能以积极的心态认识事物，更容易发现事物蕴含的积极意义，有更强的适应环境和压力的动机和能力，这常常给高心理弹性个体带来积极结果。

奥哈拉（O'Hara）等学者的研究则发现，在压力状态下，低心理弹性个体——有过抑郁经历的个体会比其他个体更容易出现抑郁情绪。该研究要求1500余名被试者在30天内每天在网上报告自己的压力情况、积极情绪的体验情况和消极情绪（包括抑郁、焦虑和攻击性情绪）的体验情况。结果发现，当压力比较大的时候，低心理弹性的个体的积极情绪体验会有更大幅度的下降，而抑郁情绪则会有更大幅度的上升；另外，对于正常的个体，积极情绪对压力和抑郁、焦虑情绪之间的关系起调节作用。但是该研究的结果也表明，在面对压力时，低心理弹性个体能比正常个体从积极情绪中获益更多。

积极情绪可以增强社会支持、个人目标等个人资源，有研究发现，积极情绪体验多的大学新生人际互动意愿更强,表现出对他人更强的理解力。人际信任作为人与人之间关系的一种心理契约,是合作关系的起点、前提和基础,也是人际资源的重要组成部分。人际信任会受到各种内外在因素的影响,其中情绪与情感状态也是人际信任的关键因素之一。何晓丽等学者的进一步研究发现,体验积极情绪的个体,其人际信任程度较高,而且积极情绪对人际信任的影响存在受信者信息与情景线索的依赖性。

🎞 心理训练

心理健康教育课程在内容拟定的总体趋势上将呈现立足"小点",重在"如何做到"的基本导向。试在下列选题中择一,拟定该课程的教学内容。

小学:"学会善意地评价他人";

初中:"在生活的细节中体验幸福";

高中:"积极人格特质的魅力及其提升——洞察力"。

第二节　素材选择与情景创设

案例分享

玩转汉诺塔——学习方法探索

【活动理念】

本活动设计依托体验式教学理论,结合了《中小学心理健康教育指导纲要(2012年修订)》中关于高中生学会学习方面的内容和《中国学生发展核心素养》中自主发展方面的学会学习的内容,并以汉诺塔(又称河内塔)为此次课程的活动道具,以游戏的形式开展教学活动,以期最大限度地调动学生参与的积极性,激发学生学习兴趣,使学生在轻松愉悦的氛围中达成此次活动的目标。在学生活动的过程中,教师适时启发引导,使其体验到学习和汉诺塔游戏一样是一个循序渐进的过程,进而主动去探寻适合自己的学习方法并将其应用于实际学习过程中。

【活动对象分析】

部分高一学生由于在学习过程中没有掌握科学的学习方法,或是由于青春期突显的个性特征,经常在某个方面或某一道题目上耗损过多的时间和精力,而学习效率并未提高,久而久之,会导致习得性无助,挫败学习自信心。针对这一状况,笔者设计了本节汉诺塔游戏课程,在游戏中引导学生明白了解学习规律、掌握学习方法的重要性,并在以后的高中学习生涯中有意识地运用这一方法,学会由简入繁、从易到难、循序渐进地助力高中课程学习。

【活动目标】

1.认知目标:认识到了解学习规律、掌握学习方法的重要性。

2.情感目标:体验掌握学习规律带来的成功与喜悦。

3.技能目标:初步掌握由简入繁、从易到难、循序渐进的学习方式,提高学习效率。

【活动重难点】

1.采用汉诺塔这一直观教具,引导学生在游戏过程中认识到掌握学习规律的重要性。

2.在多轮游戏中展开教学,用层层递进的方式引导学生掌握循序渐进的学习方式。

【活动方法】

1.教法:讲授法、操作法、多媒体教学法等。

2.学法:活动探究法、小组讨论法等。

【活动准备】

视频、汉诺塔、课件。

【活动过程】

一、创设情景,启动体验——赏视频

1.播放《猩球崛起》的片段——大猩猩挑战4个圆环的汉诺塔,最后失败。

设计意图:通过组织学生观看视频,激发学生参与活动的兴趣。

2.介绍汉诺塔的故事与规则

法国数学家爱德华·卢卡斯曾编写过一个印度的古老传说:在世界中心贝拿勒斯(在印度北部)的圣庙里,一块黄铜板上插着3根宝石针。印度教的主神梵天在创造世界的时候,在其中一根针上从下到上地穿好了由大到小的64片金片,这就是所谓的汉诺塔。不论白天黑夜,总有一个僧侣在按照既定法则移动这些金片,一次只移动一片,不管在哪根针上,小片必须在大片上面。僧侣们预言,当所有的金片都从梵天穿好的那根针上移到另外一根针上时,世界就将在一声霹雳中消灭,而梵塔、庙宇和众生也都将毁灭。

汉诺塔是认知心理学领域研究人类高级认知功能时广泛采用的一种任务。研究表明,计划能力和空间记忆是完成汉诺塔问题所必需的能力。汉诺塔问题的完成成绩通常是用来分析人类执行功能的一个重要指标。

汉诺塔规则:将所有圆环从最左边的柱子套到最右边的柱子上;每次只能移动一个圆环,大的圆环不能压在小的圆环上,如图2-4所示。

设计意图:介绍汉诺塔的故事,让学生感知活动意义,做好活动准备。

图2-4　汉诺塔

二、设计问题,激活体验——挑战

(一)第一轮游戏

要求:每个学生一副汉诺塔,完成8个圆环的移动任务,时间为5分钟。(教师注意观察学生完成的过程以及结果)

实际情况:对于初次接触汉诺塔的学生来说,基本上不可能在 5 分钟内完成移动 8 个圆环的任务。

小组讨论:

1.为什么看似简单的任务却完成不了?

2.接下来应该怎么做才能成功?

(二)第二轮游戏

要求:每个学生一副汉诺塔,完成 4 个圆环的移动任务,时间为 5 分钟。(教师注意观察学生完成的过程及结果)

实际情况:任务的难度大大降低,大部分学生能在规定的时间内快速完成任务。

小组讨论:

1.为什么第二次可以快速完成?

2.大概用了多少步才成功移动 4 个圆环?

(三)第三轮游戏

要求:每个学生一副汉诺塔,探索如何用最少步数完成 4 个圆环的移动任务,探索时间为 15 分钟。(教师注意观察学生的探索过程)

实际情况:部分学生通过动手操作,探索出 15 步是完成 4 个圆环移动任务的最少步数。

小组讨论:

1.最少步数是多少步?如何才能实现最少的步数,有没有规律?

2.从第一轮游戏到第三轮游戏的尝试中,大家有什么感受?

(四)第四轮游戏

要求:每个学生一副汉诺塔,根据前面掌握的规律,再次挑战 8 个圆环的任务,时间为 5 分钟。(教师注意观察学生的完成情况)

实际情况:在掌握规律的基础上,基本上所有学生均可以在 8 分钟时间内完成 8 个圆环的移动任务。

小组讨论:

1.这次为什么可以成功?与第一次活动有什么不同?

2.从第一轮游戏的艰难探索到第四轮游戏的成功,从中能获得什么启示?

3.你在学习过程中遇到的哪些事情和玩汉诺塔过程的感受是类似的,又是如何处理的?

设计意图:聚焦于活动过程,让学生在参与中初步掌握游戏规律,并体验运用规律带来的成功与喜悦。

三、交流感悟,升华体验——再思考

小组讨论:分享从游戏中获得的学习启示。引导学生根据自身实际情况,完成下面的打油诗。

玩转汉诺塔,我有好规律,要从简到难,不盲目尝试。

做物理题目,我有好技巧……

学好数学课,我有好方法……

设计意图:以活动过程类比学习过程,把活动中的体验、收获与学习过程相联结。

四、评价反思，践行体验——我践行

1.总结

教师：同学们积极参与了4轮游戏，在游戏中体验了动手动脑的乐趣。大部分同学在第一轮游戏中都没有挑战成功，但是经过中间两轮游戏的实践与探索，最后一轮，大家都挑战成功了。游戏的推进跟我们学习的过程是类似的，在学习中我们不要一开始就盲目尝试那些难度太大的任务，这样做不仅损耗我们的时间和精力，还会挫败自信心。高一是高中学习习惯养成的重要时期，在这一阶段，我们不要急于攻克学习中难度系数较大的知识关卡，我们可以先从简单的学习任务开始，耐心地去摸索其中的经验和规律，进一步归纳、总结出实践经验，然后再去挑战难度系数大的任务，例如，说大家在平时做作业的时候遇到特别难的题目，在自己尝试做了之后如果还是解答不出来，就要考虑其他的处理方式了，比如拿出比较典型的、简单一些的范例进行分析，找出此类题型的规律，再对比难题，做进一步探究。

2.课后拓展

学习方法探索：引导学生在课后完成属于自己的个性化的学习方法清单。

设计意图：将课堂所学引向实际的学习需求，在平时的学习过程中践行此方法。

[资料来源：魏运芳.玩转汉诺塔——学习方法探索[J].中小学心理健康教育，2020（27）.]

这是以某一核心活动串联起整节课的一种设计思路，它展现了课程教学中的一种角度，即以一个素材贯穿整节课。采用该策略者，侧重体现教师对单一素材的深挖能力。而与之相对应的是另一种思路，即不同板块对应不同的教学素材。该策略将展现通过"板块"的移动而带来课堂教学节奏的变化。对于两种不同的思路，您的倾向性如何？教师做出判断及选择的依据是什么？

★ 学习导航

一、素材选择的"度"

在准备教学设计中，必不可少的环节是素材的选择。借此，编者提供两个值得谨慎思考的话题。

第一，学生的需要是什么？

同一个话题，我们可能会找到多种不同的素材，如何进行筛选？其中的选择标准之一来自我们对学生需要的基本预期与把握。

素材分享：关于"生命教育"有以下素材，请你进行判断与分析，该素材适合哪个学段的学生。

素材1："携手同游'生命体验'"（见图2-5），设计者为李涵。

素材2："直视骄阳，向死而生"（见图2-6），设计者为黄水清。

素材3：见图2-7，《一个女孩的故事》。

第二，该素材对于学生而言是否合适？

图 2-5 "携手同游'生命体验'"素材组图

图 2-6 "直视骄阳,向死而生"素材

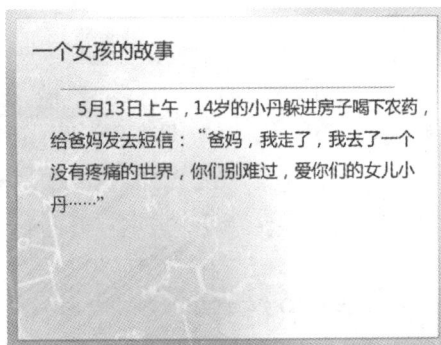

图 2-7 《一个女孩的故事》素材

素材合适与否,可以下两个方面进行考虑。其一,不同学段的学生特点如何?其接纳事物的广度与深度如何?其二,该素材是否涉及敏感、暴力或具有争议性的问题?如果涉及,请谨慎选择。

素材分享:两个关于"生命教育"话题的素材。

素材1:大卫是一名高中生,他对户外探险和登山有着浓厚的兴趣。某天,他决定挑战一座险峻的高山,迎接自己的登山梦想。大卫开始了他的征程,但在攀登过程中,他遭遇了一场突如其来的暴风雪。他迷失了方向,失去了与队友的联系,并且遭受了寒冷和风暴的侵袭。在绝境中,大卫面临着一个关键的生存抉择:是放弃并等待救援,还是尽一切可能继续前进?尽管身体和心灵都处于疲惫的边缘,大卫决定坚持下去。他利用之前学到的野外求生技巧,寻找避风的地方,保持身体温暖,并寻找水源和食物。在这段艰难的时间里,大卫不断面对挫折和困难。他时而饥饿,时而体力不支,但他始终保持着对生存的意志和希望。几天后,大卫的力量即将耗尽,他终于发现了救援队的迹象。他展示了自己的求生能力和坚持不懈的意志,成功地吸引了救援队的注意并被成功救出。

素材2:德国天文学家开普勒,从童年开始便多灾多难,在母腹中只呆了七个月就早早来到了人间。后来,天花又把他变成了"麻子",猩红热又弄坏了他的眼睛。但他凭着顽强、坚毅的品德发愤读书,学习成绩遥遥领先于他的同伴。后来因父亲欠债使他失去了读书的机会,他就边自学边钻研天文学。在以后的生活中,他又经历了多病、良师去世、妻子去世等一连串的打击,但他仍未停下天文学研究,终于在59岁时发现了天体运行的三大定律。他把一切不幸都化作了推动自己前进的动力,以惊人的毅力,摘取了科学的桂冠,成为"天空立法者"。

53

上述两个素材均蕴含关于生存抉择的思考。如果你是该课的教师，你会选择哪个素材进行课程设计？具体的理由是什么？

二、"有价值（或有效）"情景的基本特点

为何要提出关于"有价值（或有效）"情景这一话题？这来自关于"有效教学"这一问题的思考。什么是"有效教学"？关于此概念，学术界依然争论不休。笔者认为，假如基于"有效"这一关键词予以阐述，可考虑在备课、教学过程及课后延伸这三大板块综合论述，在构思、践行、反思等多个层面体现如何达到"有效"这一终极目标。其中，衡量的量化指标之一在于时间。比如，备课时，在思考如何选用素材、如何创设情景时，我们可以把时间因素考虑进去。其终极目标可体现为对于时间的珍惜，即每一节课的时间都值得教师予以珍惜。因为珍惜时间，所以我们要审慎考虑选题问题；因为珍惜时间，所以我们要考虑素材的选择问题；因为珍惜时间，所以我们要考虑如何在使用素材中实现价值的最大化问题；因为珍惜时间，所以我们要考虑精益求精的教学设计的问题。

知识链接 2-2

关于"有效教学"的界定

国外对有效教学的界定主要集中于以下三个方向。一是目标取向，强调教学要实现预期目标。二是技能取向，主张有效教学要促进个体的智力发展，以完成社会的挑战性工作。有效教学是由一系列可获得的、可改进的和可发展的教学技能来完成的。三是成就取向，认为有效教学要促进学生学业成果的提高。

国内对此概念也是众说纷纭。

程红、张天宝提出"教学有效性"这一概念包括三重意蕴：有效果，预期的教学目标要实现；有效率，要提高有效教学时间在整节课中的比例；有效益，教学活动要满足社会和个人的教育需求。

姚利民在分析"有效"和"教学"两个概念的基础上，认为有效教学是教师通过符合教学规律的教学过程，成功引起、维持和促进了学生的学习，相对有效地达到了预期教学效果的教学。

宋秋前主张，有效教学是教师与学生按照教与学的基本规律，以最好的速度和效率，促进学生在知识与技能、过程与方法、情感态度与价值观三维目标上，获得整合、协调、可持续的进步和发展，从而有效地实现预期的教学目标，满足社会和个人的教育价值需求而组织实施的教学活动。从这一定义出发，有效教学的衡量基准是学生的有效学习，目的是促进学生的进步和发展，要促进学生在三维目标上的进步和发展。

（资料来源：杨延昌.基于人本主义心理学的有效教学策略研究[D].成都：四川师范大学，2010.）

如何衡量情景创设的价值？建议从以下几个角度予以斟酌[①]。

（一）真实性

素材的选择、情景的设置，需要考虑素材和情景与学生生活实际之间的距离。如果距离越近，那么情感的带出可能会越容易，学生进入情景，产生体验的过程会更迅速。

素材分享：关于高一学生的时间概念，以下有两个素材，你觉得哪个素材将带给你更强烈的共鸣感？

素材1：如果将时间分为四类。①工作、学习时间（正常工作、加班、从事非本职工作等的时间）；②生活必需时间（睡眠、用餐、个人卫生等的时间）；③家务劳动时间（购物、做饭、缝补、照料老幼等的时间）；④闲暇时间（视听欣赏、旅游和锻炼、教育子女、探亲访友等的时间）……

素材2：如果将时间分为四类。①学习时间（上课、自习、做作业等的时间）；②生活必需时间（睡眠、用餐、个人卫生等的时间）；③家务劳动时间（打扫房间、修剪花草等的时间）；④闲暇时间（看电影、"唱K"、旅游、体育锻炼等的时间）……

（二）典型性

素材的选择也要考虑代表性的问题。值得关注的是，在积淀了代表性素材的前提下，如果能进一步思考如何使得这些素材在有限的时空中发挥更大的价值，那么也许更有助于提升情景的价值。

素材分享：关于沟通必要性的不同设计。

关于沟通的必要性，很自然，许多老师会想起经典的素材——剪纸活动。

该活动的常见操作步骤如下。

请拿出一张长方形的纸，然后根据下面的提示进行操作：

(1)把这张纸上下对折；

(2)再把它左右对折；

(3)旋转180°，在左上角撕掉一个等腰三角形；

(4)然后把这张纸左右对折；

(5)再上下对折；

(6)再旋转180°，在右上角撕掉一个三角形；

(7)把这张纸展开，看看是个怎样的图形。

有两位教师分别进行如下设计。

A教师：共分两次活动进行。第一次，让所有同学闭上眼睛，根据教师的指示完成剪纸活动。其间不允许发问。第二次，让所有同学睁开眼睛，完成剪纸活动。其间同学可以与教师进行互动，比如，"旋转180°"，是向顺时针还是逆时针旋转。

B教师：一次完成整个活动。全班共分8组，其中第一小组可以与教师进行互动，不懂可以问，其他7组同学"背靠背"坐，不允许互相讨论和向老师发问。

---

① 许思安,攸佳宁,陈栩茜.学校心理学[M].武汉:华中科技大学出版社,2015.

（三）情感性

情景创设的最终目的是引发合适的体验，因此，情景本身若能蕴含情感因素，将有利于"体验"的获得。

素材分享：以下是某教师组织学生进行的一次"想象活动"，基于精益求精的角度，请思考如何改善该活动。

教师：请同学们一起闭上眼睛，想象自己不去改变拖延行为，或如果有拖延行为的难堪情景，让你懊恼、自责、内疚的情景，想得越痛苦越好。

背景音乐：《梦中的雪》。

（四）学科性

在情景创设中，应突出心理学教学的特点以及知识驾驭的科学性。如采用实验组与对照组的设计思路、投射技术的应用、完形心理的体现等，均可作为情景设计的参考思路。

素材分享：投射技术的应用。

素材1：画线与心情（见图2-8）。

画线

- （1）选择一种颜色，画一条"不愿起床"的线。
- （2）画一条"感觉很棒"的线。
- （3）画一条"感觉很差"的线。
- （4）画一条代表今天心情的线。
- 让学生指出并分享不同的线代表的意义。

图形

- 请学生把线条的开始与结尾连接成一个图形，开启更多思考、引出更多意义，并且能依此述说故事或变成一个意象。

图 2-8 "画线与心情"素材组图

素材2：考试前后的心情（见图2-9和图2-10）。

图 2-9 考试前

图 2-10 考试后

（五）问题性

情景创设的目的之一，是引发学生思考，在教学环节中体现承上启下的作用。在问题设计方面，应注意以下几点。

1. 针对性

设问要目的明确,问在知识关键处,突出教学的重点,对一节课起到统领作用。

2. 新颖性

设问要新颖别致,贴近生活,具有趣味性,避免老生常谈、空洞抽象。

3. 广泛性

设问要面向全体学生,兼顾全局,提出的问题既不要过浅,也不能过深,这样才可以吸引所有的学生都积极参加思维活动,促使每一个学生都能够用心回答问题。

4. 启发性

教学实践证明,只有设问处于学生的最近发展区,难易适度,循循善诱,步步深入,才能更好地启发他们的思维。

5. 开放性

每个个体的体验往往具有差异性、多元性,因此,建议尽量减少体验式教学中问题的限制条件,使其具有开放性、发散性,属于无结构型或半结构型问题,从而有利于培养创造性思维。

课外拓展

学科前沿

微课核心组成内容:课堂教学视频(课例片段),同时还包含与该教学主题相关的教学设计、素材课件、教学反思、练习测试及学生反馈、教师点评等辅助性教学资源,它们以一定的组织关系和呈现方式共同营造了一个半结构化、主题式的资源单元应用"小环境"。

微课的主要特点如下。

1. 教学时间较短

微课的时长一般为5~8分钟,最长不宜超过10分钟。

2. 教学内容较少

微课主要是为了突出课堂教学中某个学科知识点(如教学重点、难点、疑点内容)的教学,或是反映课堂中某个教学环节、教学主题的教与学的活动。

3. 资源容量较小

微课视频及配套辅助资源的总容量一般为几十兆,视频格式须是支持网络在线播放的流媒体格式(如RM、WMV、FLV等)。

师生可流畅地在线观摩课例,查看教案、课件等辅助资源;也可灵活方便地将其下载保存到终端设备(如笔记本电脑、手机、平板电脑等)上实现移动学习、"泛在学习"。

4. 资源组成/结构/构成"情景化":资源使用方便

微课中选取的教学内容一般要求主题突出、指向明确、内容相对完整。它以教学视频片段为主线,"统领"教学设计(包括教案或学案)、课堂教学时使用的多媒体素材和课件、教师课后的教学反思、学生的反馈意见及学科专家的文字点评等相关教学资源。

(资料来源:http://blog.sina.com.cn/s/blog_bf646366010160wo.html。)

◨▢ 心理训练

请自定选题，设计一个时长为 5～8 分钟的微课模板（见表 2-3）。

表 2-3　微课模板

微课名称				
知识点描述				
知识点来源				
预备知识				
设计思路				
微课呈现过程				
课题导入	内容	资源呈现	声音（脚本）	时间
知识精讲				
习题演练				
小结延伸				
自我反思与优化				

第三节　常规教学法

▣▢ 案例分享

在某次心理健康教育课堂教学中，教师以"拍卖会"的形式组织以下活动。

游戏规则如下。每位学生手中有 5000 元，购买东西付出的钱不能超过 5000 元。每样商品底价 500 元，每次出价都以 500 元为单位，出价最高的人获得该商品。每次出价，会倒数 3 秒，3 秒后没有更高价，则成交。在拍卖过程中，所有学生都不能相互借换金钱，买回来的东西也不能转手卖（送）出去。每样商品展示完毕后，听到老师说出"开始"的指令后，学生才能开始出价。

拍卖的"商品"包括成绩、快乐、友情、亲情、美食、生命、聪明、外貌、财富等。

该活动设计中，教师使用了什么教学法？在具体的操作中，有哪些细节需要注意？采用该形式设计教学有何优点？类似的活动适合于什么选题？本节将就心理健康教育课程的常规教学法予以详细介绍。

一、认知法

该方法主要依靠学生的感知、想象和思维等认知活动来达到教学目标。

(一)阅读和听故事

教师可向学生推荐优秀的和有针对性的读物,编印读书卡片,供学生阅读。课堂上还可以安排读书讨论,让学生交流读书心得,获得益智、怡情的效果,这将有助于学生态度的改变和人格的发展。利用学生喜欢听故事的心理,讲述一些故事,以解决他们的困扰或拓展相应的知识。

素材分享:诗歌《一条未选择的路》(见图 2-11,用于中学生职业生涯规划,设计者为李伟京)。

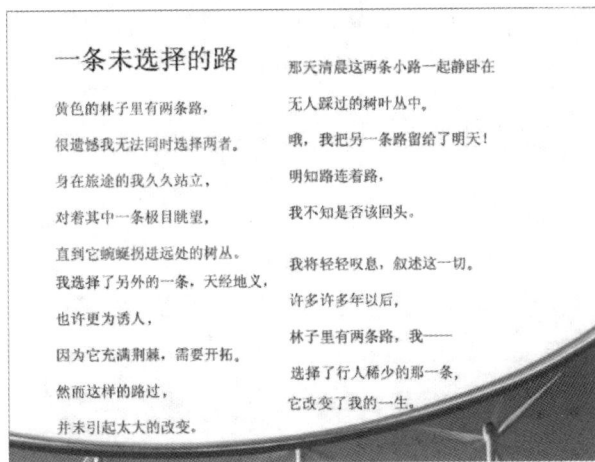

图 2-11 《一条未选择的路》

(二)多媒体教学

根据教学规律和青少年个性特点,适当设计、研制教学所需的图表,搜集教学图片及适量运用电化教学片等教学媒体,激发学生的学习兴趣,活跃课堂气氛,促进学生对知识的掌握,影响学生的思想和行为,提高教学质量。

素材分享:新媒介——微课设计"今天你放松了吗?"(见图 2-12,设计者为章敏洁、王苑曦)。

(三)艺术欣赏

欣赏音乐、美术和舞蹈等形式的艺术之美,可以陶冶学生的情操、情趣,起到心理教育、

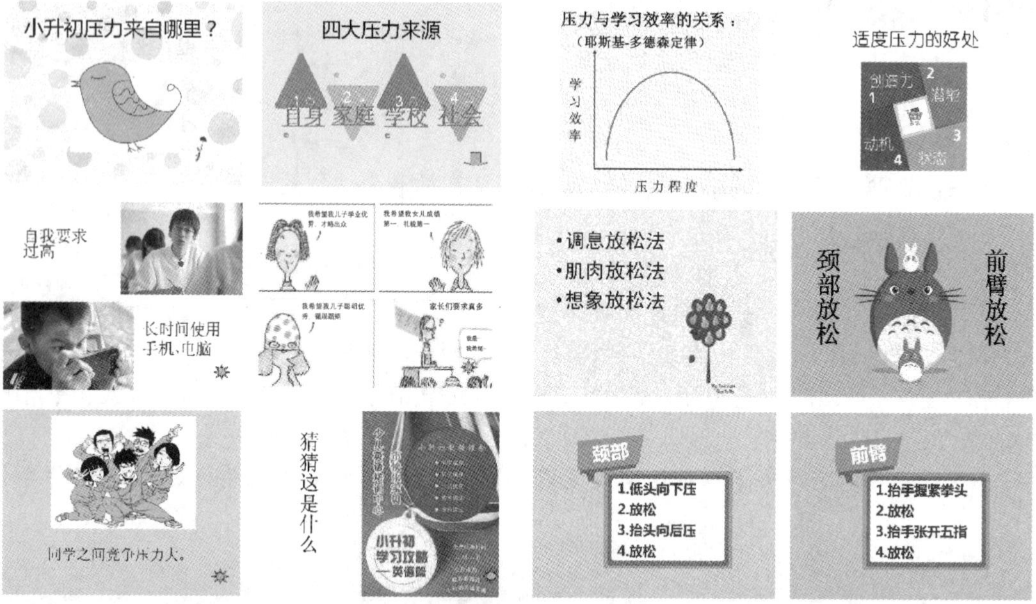

图 2-12 "今天你放松了吗?"素材组图

伦理道德教育的作用。教师在教学准备中,可以搜集某一主题下的相关歌曲,在课堂中以竞猜的方式予以呈现。

素材分享:关于幸福的歌曲。

《幸福》

作词:郑淑妃　作曲:蔡健雅　编曲:张佳添

就这样拥抱你一下午

是我最美的生日礼物

你的发　你的笑　你的吻

全是我的专属

你让我快乐得想跳舞

也让我感动得好想哭

最近的心情起起伏伏

还好有你

不孤独

我只要拥有这一点点

小小幸福

在你的怀里大笑大哭

平凡所以满足

你让我快乐得想跳舞

也让我感动得好想哭

最近的心情起起伏伏

还好有你不孤独

我只要拥有这一点点

小小幸福

在你的怀里大笑大哭

平凡所以满足

我不能奢求多一点点

小小祝福

明天的风雨依然如故

我们微笑回复

《幸福摩天轮》

作词：林夕　作曲：Eric Kwok

追追赶赶　高高低低

深呼吸然后与你执手相随

甜蜜中不再畏高

可这样跟你荡来荡去　无畏无惧

天荒地老流连在摩天轮

在高处凝望世界流动

失落之处仍然会笑着哭

人间的跌宕　默默迎送

当生命似流连在摩天轮

幸福处随时吻到星空

惊栗之处仍能与你互拥

仿佛游戏之中忘掉轻重

追追赶赶　高高低低

惊险的程度叫畏高者昏迷

凭什么不怕跌低

多侥幸跟你共同面对时间流逝

东歪西倒　忽高忽低

心惊与胆战去建立这亲厚关系

沿途就算意外脱轨

多得你　陪我摇曳

天荒地老流连在摩天轮

在高处凝望世界流动

失落之处仍然会笑着哭

人间的跌宕　默默迎送

当生命似流连在摩天轮

幸福处随时吻到星空

惊栗之处仍能与你互拥

仿佛游戏之中　忘掉轻重

天荒地老流连在摩天轮

在高处凝望世界流动

失落之处仍然会笑着哭

人间的跌宕　默默迎送

当生命似流连在摩天轮

幸福处随时吻到星空

惊栗之处仍能与你互拥

仿佛游戏之中　忘掉轻重

《一起吃苦的幸福》

作词:姚若龙　作曲:陈小霞

我们越来越爱回忆了

是不是因为不敢期待未来呢

你说世界好像天天在倾塌着

只能弯腰低头把梦越做越小了

是该牵手上山看看的

最初动心的窗口有什么景色

不能不哭　你就让我把你抱着

少了大的惊喜也要找点小快乐

就算有些事　烦恼无助

至少我们有一起吃苦的幸福

每一次当爱走到绝路

往事一幕幕　会将我们搂住

虽然有时候　际遇起伏

至少我们有一起吃苦的幸福

一个人吹风　只有酸楚

两个人吹风　不再孤单无助

(四)联想活动

教师可通过联想活动,来训练学生的想象力和创造性,可以使学生表达自己的感受和经验。例如,把一些不连贯的词或图画,联想成一个完整的故事;或者通过故事接力,每人说一段话,串联成一个故事。这样一则可帮助教师了解学生的内心,二则有利于激发学生的学习兴趣,寓教于乐。

素材分享:"联想记忆法"(见图 2-13,设计者为林小莉)。

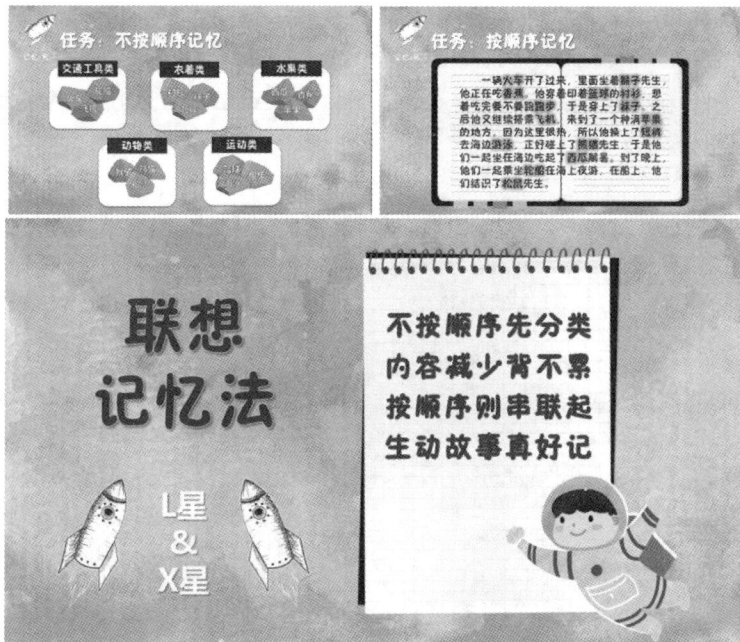

图 2-13　"联想记忆法"素材组图

(五)认知改变

教师可通过暗示、说服和质疑等方法,改变学生的非理性看法,从而恢复和建立合理的思考方式,来解决学生的心理问题和促进学生健全人格的发展。例如,关于归因问题,有的学生因考试成绩不佳,就认为自己很笨,或智力有问题;有的学生认为学习不好一切都完了,等等。对于这些非理性的看法,可通过认知改变的方法来予以打破。该方法的运作,往往以情绪 ABC 理论为依据进行设计。在课堂教学中,常直接体现为语境、语词的分析和替换。

素材分享:"跟冲动 say goodbye"(见图 2-14,设计者为许泓)。

(六)专题小调研

教师可组织学生参观爱国教育基地、博物馆等地,也可组织学生开展小调查等活动,增加学生的实践经验,拓展其视野。

素材分享:"挫折? 我不怕!"(见图 2-15,设计者为吴安妮)。

活动组织:在平时的学习和生活中,你遇到过哪些不顺心的事呢? 当时的心情是怎样的? 请填写挫折调查表。

设计意图:让学生回顾生活中遇到的挫折,在已有的经验中得到体验,鼓励学生一起消灭坏心情,鼓起战胜挫折的勇气,为后续课程"如何战胜挫折"做铺垫。

当你遇到这样的事情……

- 当你正在很兴奋地打着游戏的时候，突然，网线断了/电脑死机了……
- 在宿舍洗澡时，你找不到你的沐浴露，后来才发现原来是同学没有经过你的同意就用了你的沐浴露，并且没有放回原位……
- 当你的同学/朋友嘲笑你，在背后窃窃私语议论你，说着你的坏话……
- 当你的好兄弟/好姐妹告诉你，他/她被别人欺负了，觉得很恼火，想报复对方

其实你还可以这么做……

- 尝试改变自己的角度/观念看问题

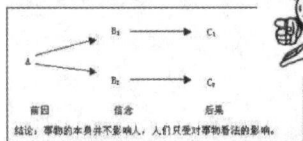

结论：事物的本身并不影响人，人们只受对事物看法的影响。

其实你还可以这么做……

- 改变心态的"魔法"：
- "还好" "不一定" "我可以"
- 用"魔法词语"造句，来解读自己的心理状态，帮助自己调节情绪，控制冲动。

其实你还可以这么做……

- 晚自习，你在写作业的时候，你的同学把你的水杯碰倒了，水打湿了作业本……
- 还好水杯没有摔坏，还好水没有溅到别人身上，还好只打湿了作业本，其他书都没有被打湿。
- 同学**不一定**是故意的，作业本湿了不一定完成不了作业。
- **我可以**把水杯扶起来，把作业本晾干，**我可以**原谅同学的过错，**我可以**继续跟他做好朋友。

图 2-14 "跟冲动 say goodbye"素材组图

畅所欲言

有一次，_____

我的心情是 _____

图 2-15 "挫折？我不怕！"素材

二、操作法

操作法作为一种教学方法，主要通过操作活动来达到心理教育的目的。

(一)游戏

游戏是学生普遍喜欢的活动,有益的游戏能带给他们快乐并使他们从中受到教育。游戏有多种分类,可分为竞赛性游戏和非竞赛性游戏。不同种类的游戏可起到不同的心理效果,如:竞赛性的游戏,可以培养学生的竞争意识和团结协作精神;非竞赛性的游戏可以减轻紧张或焦虑,使学生获得轻松愉快的情绪体验。因此,在教学中,教师可根据教学的需要和可行性,策划并组织相关活动。

素材分享:“悦纳身体修炼记”(见图 2-16,设计者为张珺,素材及教案已发表于《中小学心理健康教育》2021 年第 8 期)。

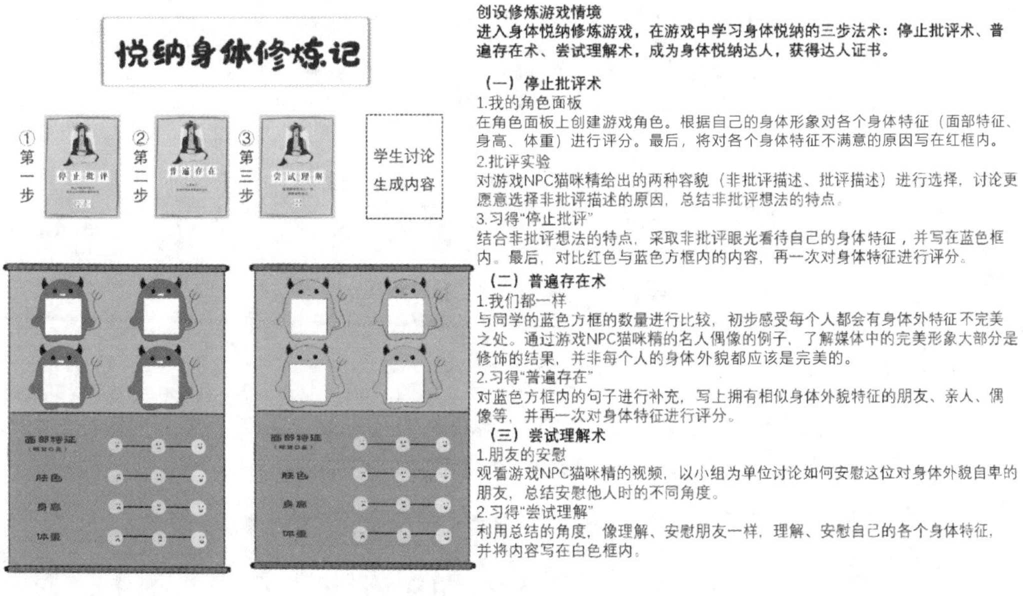
悦纳身体修炼记
①第一步
停止批评
②第二步
普遍存在
③第三步
尝试理解
学生讨论
生成内容
面部特征
肤色
身高
体重
创设修炼游戏情境
进入身体悦纳修炼游戏,在游戏中学习身体悦纳的三步法术:停止批评术、普遍存在术、尝试理解术,成为身体悦纳达人,获得达人证书。
(一)停止批评术
1.我的角色面板
在角色面板上创建游戏角色。根据自己的身体形象对各个身体特征(面部特征、身高、体重)进行评分。最后,将对各个身体特征不满意的原因写在红框内。
2.批评实验
对游戏NPC猫咪精给出的两种容貌(非批评描述、批评描述)进行选择,讨论更愿意选择非批评描述的原因,总结非批评想法的特点。
3.习得“停止批评”
结合非批评想法的特点,采取非批评眼光看待自己的身体特征,并写在蓝色框内。最后,对比红色与蓝色方框内的内容,再一次对身体特征进行评分。
(二)普遍存在术
1.我们都一样
与同学的蓝色方框的数量进行比较,初步感受每个人都会有身体外特征不完美之处。通过游戏NPC猫咪精的名人偶像的例子,了解媒体中的完美形象大部分是修饰的结果,并非每个人的身体外貌都应该是完美的。
2.习得“普遍存在”
对蓝色方框内的句子进行补充,写上拥有相似身体外貌特征的朋友、亲人、偶像等,并再一次对身体特征进行评分。
(三)尝试理解术
1.朋友的安慰
观看游戏NPC猫咪精的视频,以小组为单位讨论如何安慰这位对身体外貌自卑的朋友,总结安慰他人时的不同角度。
2.习得“尝试理解”
利用总结的角度,像理解、安慰朋友一样,理解、安慰自己的各个身体特征,并将内容写在白色框内。

图 2-16 “悦纳身体修炼记”素材组图

(二)工作

借助各种任务(如集体打扫环境卫生、种树和布置墙报等)的完成,来培养学生的合作精神。该活动的开展,有利于增强学生的集体凝聚力。

素材分享:“章鱼任务”(见图 2-17,设计者为韩会英、陈蓉、苏培培)。

(三)测验

让学生做有关智力、性格、态度和兴趣等的心理测验,能帮助学生自我反省和自我分析,了解自己的特点、长处和不足,可以促进学生的自我发展。建议在选择测验量表时尽可能审慎,选择符合心理测量标准程序的量表。类似科普的测验量表,不宜作为课堂教学的内容或素材。

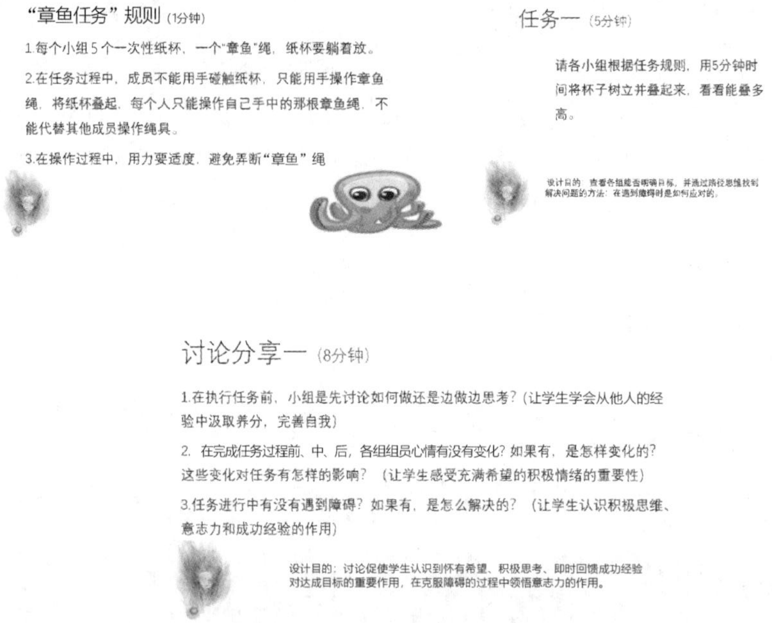

"章鱼任务"规则 (1分钟)

1.每个小组5个一次性纸杯,一个"章鱼"绳,纸杯要躺着放。

2.在任务过程中,成员不能用手碰触纸杯,只能用手操作章鱼绳,将纸杯叠起。每个人只能操作自己手中的那根章鱼绳,不能代替其他成员操作绳具。

3.在操作过程中,用力要适度,避免弄断"章鱼"绳

任务一 (5分钟)

请各小组根据任务规则,用5分钟时间将杯子树立并叠起来,看看能叠多高。

设计目的: 查看各组是否明确目标,并通过各位思维找到解决问题的方法; 在遇到障碍时是如何应对的。

讨论分享一 (8分钟)

1.在执行任务前,小组是先讨论如何做还是边做边思考? (让学生学会从他人的经验中汲取养分,完善自我)

2. 在完成任务过程前、中、后, 各组组员心情有没有变化? 如果有, 是怎样变化的? 这些变化对任务有怎样的影响? (让学生感受充满希望的积极情绪的重要性)

3.任务进行中有没有遇到障碍? 如果有, 是怎么解决的? (让学生认识积极思维、意志力和成功经验的作用)

设计目的: 讨论促使学生认识到怀有希望、积极思考、即时回馈成功经验对达成目标的重要作用, 在克服障碍的过程中领悟意志力的作用。

图 2-17 "章鱼任务"素材组图

(四)讲演

这种方法可以训练口才,培养信心,增进同学间的相互了解。

素材分享:"诗歌创编"(见图 2-18,设计者为吕嘉慧)。

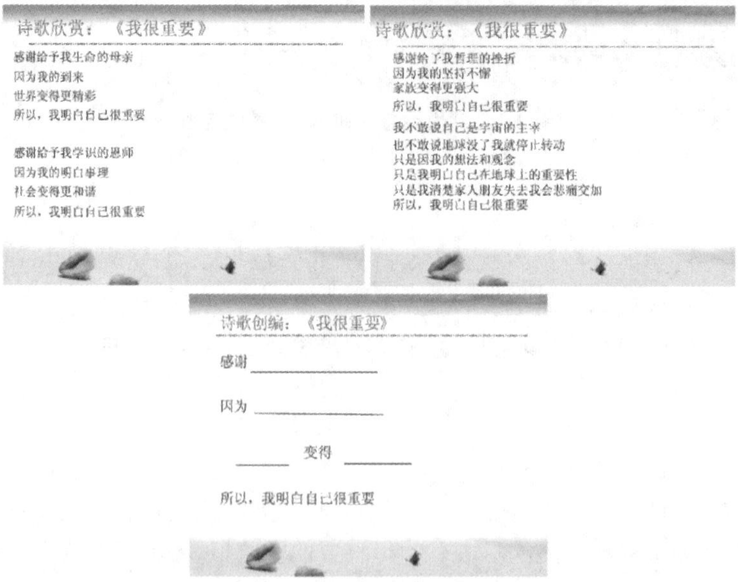

诗歌欣赏: 《我很重要》

感谢给予我生命的母亲
因为我的到来
世界变得更精彩
所以, 我明白自己很重要

感谢给予我学识的恩师
因为我的明白事理
社会变得更和谐
所以, 我明白自己很重要

诗歌欣赏: 《我很重要》

感谢给予我哲理的挫折
因为我的坚持不懈
家族变得更强大
所以, 我明白自己很重要

我不敢说自己是宇宙的主宰
也不敢说地球没了我就停止转动
只是因我的想法和观念
只是我明白自己在地球上的重要性
只是我消楚家人朋友失去我会悲痛交加
所以, 我明白自己很重要

诗歌创编: 《我很重要》

感谢 _____

因为 _____

_____ 变得 _____

所以, 我明白自己很重要

图 2-18 "诗歌创编"素材组图

（五）绘画

绘画这种操作活动，可以培养学生的想象力和创造力。

素材分享：生命教育选题（见图 2-19，设计者为李正）。

教学现场学生作品如图 2-19 所示。

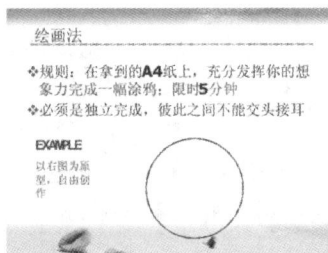

图 2-19 绘画法及学生绘画作品组图

（六）唱歌

唱歌活动，可以引起学生的情感共鸣，调动学生的情绪和积极性。

素材分享："改编歌曲《分享歌》"（见图 2-20，设计者为黎洁丽等）。

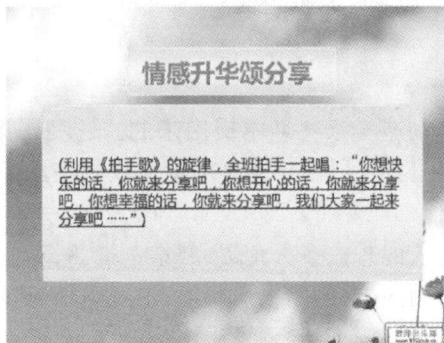

图 2-20 "改编歌曲《分享歌》"素材组图

三、讨论法

该方法可以集思广益,沟通思想和感情,促使问题有效解决。

(一)专题讨论

在某段时间,针对学生普遍面临的问题,教师可组织专题讨论。

素材分享:"爸妈争吵,我有妙招"(设计者为庞慧然)。

案例:圆圆是一名五年级学生,平时的成绩不好,经常不能完成作业,而且在最近的一次考试中全班排名倒数第一。圆圆的妈妈生气地责怪爸爸整天只知道工作,不关心圆圆的学习,从不辅导她的作业。爸爸却说妈妈天天在家待着,都没把圆圆的学习管好。两人为此大吵一架。圆圆该怎么办?

(二)辩论

就争论性的问题进行分组辩论,提出正反两方的不同意见、根据和理由。

素材分享:辩论"先有鸡还是先有蛋"(设计者为王梦圆、胡琬望、林文杰)。

正方:先有鸡再有蛋。

反方:先有蛋再有鸡。

抽签决定正反两队,每队24人。每队随机分成4组,每组出1个辩手,共8个辩手。每队选出一位计时员。

给每个小组下发材料:辩论素材1张(写有1个观点);观看"鸡蛋之争"视频,目的是启发学生的思维。

辩论规则:①给出3分钟的准备时间。②要求辩手结合辩论素材中的内容及自己小组的观点进行辩论。③每位辩手辩论时间最长为1.5分钟。若每队4个辩手辩论结束后总时间不足6分钟,则该队可由其他同学进行补充。

(三)脑力激荡

脑力激荡是由美国著名创造学家奥斯本提出来的。它利用集体思考和讨论的方式,使思想观念相互激荡,发生连锁反应,以引出更多的意见或想法。

该方法实施的原则如下。

第一,严禁批评:无论他人的想法多么荒谬,都禁止批评,对他人意见不作任何评价。

第二,随心所欲:鼓励自由想象,鼓励新奇想法,不要受任何限制。

第三,追求数量:想法越多越好,不要顾忌想法是否完美、可行。

第四,寻求改进:可以改进自己和他人的看法,也可以把不同的观点加以组合。

素材分享:"故事续编"(素材见图2-21,设计者为陈雅珏)。

教学组织:将全班同学分为4组。每组用抽签的方式选择4种态度中的一种,作为小明的态度。

小组内讨论并进行故事续编。

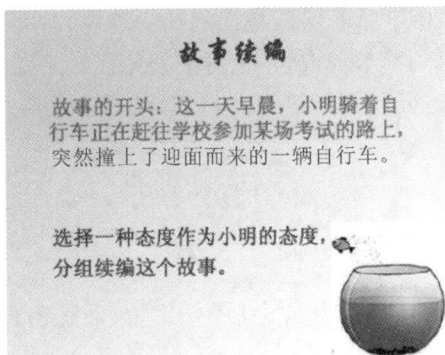

图 2-21　"故事续编"素材

鼓励同学们将故事编得有趣、有新意。讨论过后，让同学们分组进行故事续编分享。故事续编分享后，邀请同学分享为什么设定这样的结局，以及有什么体会和感想。

旨在让同学们加深对各种态度的理解，并体验各种态度的影响，让同学们主动意识到"我好，你好"这种态度的积极影响，激发同学们想要改善态度的心理。

(四)配对讨论

该组织形式是：就一个题目，两个人先得出结果。然后与另两个人就讨论意见进行协商，形成 4 个人的共同意见，再与另 4 个人一起协商，获得 8 个人的结论。这种讨论必须经过深思熟虑，参与感也比较高，因而讨论的效果会比较好。

(五)六六讨论法

这种方法要求分组讨论，每组 6 人。小组讨论中，每人发言 1 分钟。在发言之前，最好共同针对讨论题目静思几分钟。这是一种人人参与而且节省时间的好方法。

(六)意见箱

教师可根据学校的实际情况与学生的需求，设立意见箱。教师可要求学生平时将意见或问题投入意见箱中(可不署名)，并在课堂上向全班宣读意见或问题，大家共同讨论。这种形式有利于培养学生的主人翁意识，强化其对课堂学习的参与感。

四、角色扮演法

(一)技术支持

角色扮演作为一种社会心理学技术，最早由奥地利精神病理学家莫雷诺于 20 世纪 20 年代提出。其核心在于使人置身于他人的社会位置，并按这一位置所要求的方式和态度行事,以增进人们对他人社会角色、自身原有角色的理解,从而学会更有效地扮演自己的角色。这种技术的优势在于使人们能够亲身实践他人的社会角色,从而更好地理解他人的处境,体验他人在各种情况下的情感。简单地说,角色扮演就是让学生以一种类似游戏的方式,表演出自己的心理或行为问题,进而起到增进自我认识,减轻或消除心理问题,发展心理素质的作用。

(二)常见组织形式

1. 哑剧表演

教师提出一个主题或一个情景,要求学生不用言语,而是用表情和动作表演出来。这种方法可以促进学生非言语沟通能力的发展。

素材分享:"搭起沟通桥梁"(见图 2-22,设计者为吴安妮)。

图 2-22 "搭起沟通桥梁"素材组图

2. 空椅子表演

这种方法只需一个人表演。具体做法是:将两张椅子面对而放,让学生坐在一张椅子上,假设另一张椅子坐的是与主题有关的另一个人。让该学生先表演彼此间曾经有的或可能有的对话,然后坐到对面的椅子上,以对方的立场说话。如此重复多次。

3. 角色互换

这种方法与前一种类似,只是参与的人有两个或者更多。例如,教师可以让一名学生扮演遇到困难的学生(不能适应中学生活的、学习方法有严重缺陷的、与老师关系不良的、与父母沟通有问题的等角色),另一个学生扮演帮助者。两人对话一段时间后,互换椅子和角色。在教学的实际操作中,还可以选择互换"结论"的方式,让学生体验不同选择带来的不一样的感受。

4. 改变自我

在角色扮演中,教师可以让学生扮演自己改变后的情况。例如,学生上课时注意力常不集中,常和左右前后的同学窃窃私语,教师可以指导他扮演不同样子的情景。如上课认真听课,不再随意和周围的同学讲话,老师提问时敢于主动举手发言等情景。这样有利于扮演者通过表演,体验不同情景中的不同感受,促使其向好的方向转变。值得注意的是,教师选择这种组织方式的时候,要注意选题、扮演的场所,避免因此给学生带来不必要的负面影响。因此,在课堂教学设计方面,往往以此理念为基础,展开基于不同"角色"的情绪分享等,以此触动学生进行感悟。

素材分享:"小分享,大收获"(设计者为林文杰)。

1. 创设情景

东东和楠楠用自己的零花钱一人买了一小块巧克力,他们打开包装纸后打算一边吃一边开心地往家里走。可忽然楠楠被一块石头绊到了,手一滑,巧克力摔到地上,不能吃了。楠楠很想尝尝巧克力的味道,于是请求东东分一点巧克力给他。

2. 情景演绎

请每个小组的同学们上台表演:"如果你们是东东和楠楠,会有怎样的对话? 你们认为东东会怎么样回复楠楠的请求?"如果同学们表演的结局一边倒,则在表演进行到一半的时候提供两个结局:

(1)巧克力本来就不多,东东想好好品尝一下。最后东东考虑了一下,决定还是和楠楠一起分享美味的巧克力。

(2)巧克力本来就不多,东东想好好品尝一下,如果分给楠楠,东东自己就没剩下多少巧克力了。最后,东东决定不把巧克力分给楠楠。

3. 体悟分享,向表演者提问

(1)楠楠提出让东东分一点巧克力给他的时候,东东心里是怎么想的?

(2)楠楠被拒绝了会有怎样的心情? 东东拒绝了楠楠之后,会有怎样的心情? 还能很愉快地吃巧克力吗?

(3)东东分享了巧克力之后,心里有什么感受? 东东那么想吃巧克力,为什么还要把巧克力分享给楠楠呢?

(4)你更喜欢和谁做朋友?

4. 讨论并小结

(1)分享的时候你的心情体验如何?(分享树:分享的心情)

(2)分享的过程中你有怎样的收获?(分享树:分享的收获)

让同学们把分享的内容写在纸上,待会儿贴到黑板上。

5. 双重扮演

这种方法要求两个学生一起表演,一个是在某方面存在一定问题的学生,另一个是助理演员。该学生表演什么,助理演员就重复表演什么。如,其中一个学生扮演学习习惯不良者,表演学习中的不良习惯,另一位助理演员也重复表演他的行为。这样可以重现事实,帮助学生通过他人的表现认识问题,从而反省、认识自己。

6. 魔术商店

教师可扮演店主,店里售卖各种商品,如理想、健康、幸福、财富、成功,等等。学生扮演买主,说出自己最想要的东西及其原因。然后,教师问他愿意用什么来交换。用这种方法了解学生的需求和价值观,帮助学生树立正确的价值观和人生观。

素材分享:"打造专属'动森好友'"(见图2-23,设计者为吴爱然)。

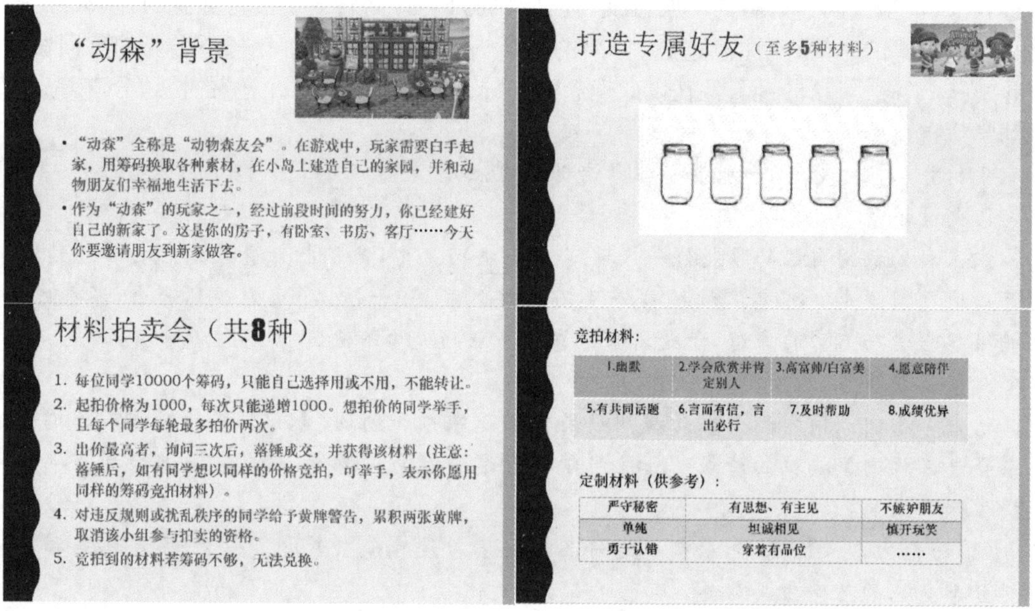

图2-23 "打造专属'动森好友'"素材组图

五、行为改变法

(一)技术支持

行为改变的方法是以行为主义关于行为强化的学习理论为依据的,根据该理论,通过奖惩等强化手段可以建立某种新的行为或者消除某种不良行为。

知识链接 2-3

斯金纳的操作性条件反射的学习理论

1."斯金纳箱"

学者斯金纳是新行为主义的主要代表之一,他延续了桑代克的研究,用自己发明的学习装置"斯金纳箱"进行了系列实验。研究过程如下:一只小白鼠,被放置于"斯金纳箱"中,该箱子是一个迷宫。小白鼠可以自由活动,基于偶然,它将触碰箱子的内置机关,而一旦触碰机关,连接机关的通道将打开,一个食团将被输送至箱子里,小白鼠因此获得了食物。当小白鼠被观测到能够主动地触动机关,此时,斯金纳说,这只小白鼠已经"被操作了",即此时,操作性条件反射已经建立。

2.学习观

斯金纳认为,学习的实质在于:有机体的某种自发行为由于得到强化而提高了该行为在这种情景发生的概率,即形成了反应与情景的联系,从而获得了用这种反应应付该情景以寻求强化的行为经验。操作学习的过程,即操作性条件反射的形成过程,也就是反应-强化的过程。

所谓强化,是指在一种刺激情景中动物的某种反应后果有使该反应出现的概率提高的作用。而强化物则是能起到强化作用的反应后果。强化物每在相应的操作反应之后出现一次,这一操作反应便得到了一次强化。斯金纳区别了以下两种类型的强化。①正强化。当环境中的某种刺激增加而行为反应出现的概率也增加时,这种刺激就是正强化,如白鼠因触碰机关而得到食物,食物就是正强化物。②负强化。当环境中的某种刺激减少而行为反应出现的概率增加时,这种刺激就是负强化。负强化物通常是一种厌恶刺激,是有机体力图回避的,它同样能增加动物的压杆反应。

在实际生活中,正强化和负强化都是经常被应用的方法。如教师给予微笑、赞扬、奖品,开展学生喜欢的活动等,都可以对希望学生学会的某种行为或本领产生正强化作用,而收回批评、停止惩罚、取消学生不感兴趣的活动等都是在对上述行为产生负强化作用。

(资料来源:许思安.中学政治学科课堂教学心理[M].广州:广东高等教育出版社,2014.)

(二)常见操作

1.行为训练

教师在使用这种方法时,可让学生完成一些行为训练的任务。

素材分享:"冥想中的自我暗示法"(节选)(设计者为邓绮媚、高梦霞、黎雅丹、吴文霞、林晓青、谭卓君)。

师:嗯,同学们果然是有经验的老手啊!大家可以选择合适的方法来减轻自己的焦虑。

不过啊，同学们想不想体验一种相对较为新奇的方法呢？黎老师为我们带来的这种方法可以让大家缓解紧张的情绪，感到放松舒适。下面请黎老师带着大家一起来放松。（播放放松音乐）

黎：请同学们配合，保持安静并跟随我的指令。

（1）好的，现在请你轻轻地闭上你的眼睛，随着这优美的音乐，以一个最舒服的姿势坐好。后背慢慢地靠在椅子上，双肩自然下垂，手脚慢慢放松、放松，保持自然张开的状态。然后慢慢地、深深地吸气，吸气时腹部鼓起来，吸到足够多时，憋气2秒钟，再把吸进去的气缓缓地呼出，呼气时腹部凹进去。呼气的时候跟自己说：我现在很放松，很舒服。好的，吸气、呼气、吸气、呼气、吸气、呼气……（学生差不多进入状态时，进入下一步）

（2）现在，你已经完全放松了，你内心平静自然，心无杂念。此时此刻，你和每天早上一样，正走在上学的路上，微风轻轻地吹拂，树儿在缓缓地摇曳。你一边走，一边哼着歌儿。哼着哼着，这时，你想起了你待会要参加一场考试。

（3）你开始有点紧张，因为你还没有把所有的内容都复习完。这时，你回想起自己最高兴的一次考试，那次你取得了自己有史以来最满意的成绩。其实，那次你也不能100％保证考试内容你都复习过了，刚好考试的内容是你最有把握的，而这次，也是一样。只要把复习过的都答对，按时交卷就可以了。你开始放下你那颗悬起的心。

（4）毕竟你昨晚复习了挺久，甚至晚睡了一会儿。你开始担心你昨晚睡得不是很好，会影响今天的考试。这时，你深深地吸了一口气，略带花草香味、清新的空气一直渗入你的心里，渗入你身上的每一个细胞，然后你缓缓地呼气，把身上劳累的气息彻底地呼出。感觉很舒服、很舒服。你再一次吸气、呼气。此时，你感到神清气爽，你觉得你今天的精神真好，你一定可以考好。你刚刚绷紧的神经一下子就放松了。

（5）嗯，考试肯定有你不会做的题目。不过，你明白，考试只是在检验你学会了多少知识，这次不会的知识，没关系，下次认真学习，一定可以进步。你开始轻快地走向考场。

（6）暖暖的阳光让你很温暖、很舒适，微风正轻轻地拂过你的脸庞，湛蓝的天空飘着几朵白云，它们在慢慢地飘移。你感到踏实宁静，此时你的一切烦恼、担忧、恐惧、不安，在这阳光的照射和微风的吹拂下都一去不复返了，你感到自己的身心非常放松、非常安逸、非常舒适。

（7）你觉得浑身都充满了力量，你的头脑开始渐渐清醒，思维越来越敏捷，反应也更加灵敏，眼睛也非常有神采，你觉得这次考试，你一定可以应付！你不慌不忙地走进考场，坐在你的座位上，准备考试。

（8）准备好了吗？好，请你慢慢睁开你的眼睛，你觉得头脑清醒，思维敏捷，浑身都充满了力量，考试带来的焦虑不安没有你之前所想的那么严重了。

2. 示范

这是一种借助模仿来习得或掌握新行为的方法。运用这种方法时，教师自身应起示范作用或为学生树立学习的榜样。

素材分享："情绪调节新法"（见图2-24，设计者为李佩舒等）。

3. 奖赏

可利用表扬、奖章等精神与物质的奖励，鼓励和强化学生形成某种良好的行为。

素材分享："沟通新天地"（见图2-25，设计者为胡慧清）。

学会改变不合适的想法

案例

- 情景：我这次考试考得很差。
- 想法：这实在是太糟糕了。
- 情绪：极度失望和抑郁。
- 行为：不想学习，注意力不集中，懒散，甚至自暴自弃。

案例

自我反驳

- 这太糟糕了。
- 为什么就觉得考试失败是一件很糟糕的事情呢？
- 因为我必须做得更好，必须每次都成功。
- 为什么必须每次都成功呢？
- 因为成功证明了我的努力，不然我的努力就白费了。
- 为什么只有成功才能证明我的努力？
- 因为失败了就表示我从此无论怎么努力都不行了。
- 未来的事情还没有发生，为什么就能如此确定？你能证明以后努力了也一定会失败吗？

案例

结果：

- 认识到一次考试的失败并非那么糟糕，不能说明能力很差，也不代表将来也考不好
- 虽然也会感到失落，但不灰心，不自暴自弃，也不忧郁。
- 开始分析考试失败的原因，查漏补缺，并继续努力。

图 2-24 "情绪调节新法"素材组图

小提示

红、橙、蓝、绿四个小组进行比赛

答对一次问题 — 1分

举手回答问题，抢答不得分

图 2-25 "沟通新天地"素材

课外拓展

学科前沿

翻 转 课 堂

翻转课堂译自英文"flipped classroom"或"inverted classroom"，是指重新调整课堂内外的时间，将学习的决定权从教师转移到学生。在这种教学模式下，在课堂内的宝贵时间，学生能够更主动专注于基于项目的学习，共同研究解决本地化或全球化的挑战以及其他现实世界中会面临的问题，从而获得更深层次的理解。教师不再占用课堂的时间来讲授信息，这些信息需要学生在课后自主学习，他们可以看视频讲座、听播客、阅读电子书，还能在网络上与其他同学讨论，能在任何时候查阅需要的材料，教师也能有更多的时间与每个学生交流。在课后，学生自主规划学习内容、学习节奏、风格和呈现所学知识的方式，教师则采用讲授法和协作法来满足学生的需要并促成他们的个性化学习，其目标是让学生通过实践获得更真实的学习体验。

实施步骤如下。

1. 创建教学视频

第一，明确学生需要掌握的目标，以及视频最终需要表现的内容。

第二，收集和创建视频，建议考虑不同学生和班级的差异。

第三，在制作过程中，可考虑学生的想法，以适应不同学生的学习方法和习惯。

2. 组织课堂活动

学习内容在课外传递给了学生，课堂内更需要高质量的学习活动，让学生有机会在具体环境中应用其所学内容。包括：学生创建内容，独立解决问题，探究式活动，基于项目的学习。

（资料来源：http://baike.haosou.com/doc/7052431.html。）

心理训练

以本节开篇"案例分享"中的"拍卖会"活动为蓝本，尝试分析以下问题。

(1)在活动准备阶段，需要注意哪些细节？

(2)在课堂的实际操作中，最大的难点在哪里？

(3)活动后，将组织怎样的分享与讨论？

小 结

本章综合介绍了当前心理健康教育课程设计的选题动向、课程组织中素材的选择与常规的教学方法。建议读者关注教育部颁发的《中小学心理健康教育指导纲要(2012年修订)》，其中明确界定了中小学心理健康教育的各项要务，读者也需关注由此带来的规范化、前沿性与时代性等选题新动向;在素材的选择中,建议根据学生的需要以及该素材对于学生是否"合适"等多个层面综合衡量;而心理健康教育课程设计的常用方法则包括认知法、操作法、讨论法、角色扮演法以及行为改变法等多种方法。

练习与思考

1.练习题

(1)该纲要要求在中小学开展心理健康教育的主要板块有哪些?

(2)有价值(或有效)情景有哪些基本特点?

2.思考题

有人说,课程设计中首先需要思考的是目前有哪些具体素材,将使用何种教学方法。请谈谈你对该观点的看法。

综合案例

我是好奇小博士

【案例背景】

本案例选自第三届广东省中小学心理教师专业能力大赛(小学组)中获心理活动课教学展示课一等奖的作品。本文已发表于《中小学心理健康教育》2020 年第 28 期。设计者为魏楚珊。

【活动过程】

一、团体暖身阶段——点燃好奇

(一)课堂公约

幸福公约:带上专注和倾听。

幸福暗号:心有灵犀一点通。

(二)好奇城堡

师:欢迎大家来到幸福学堂,今天老师带领大家来到一座神秘岛屿,我们要去拜访城堡的主人。主人是谁? 你们好奇吗? 主人给我们留了一封信,一起看一看。

(播放音频)

小博士的第一封信:

大家好! 我是城堡的主人好奇小博士。目前我正在闭关做研究,城堡里有两个神秘箱子,红箱子里有两把通关钥匙,黑箱子里有一把钥匙。只要大家通过挑战找出其中两把钥匙,我就会出来跟大家见面。预祝大家闯关成功。带上专注与倾听,你就会有所收获。

师:大家有信心接受挑战吗? 神秘箱子在哪里? 请看!(出示红箱子)

师:看到箱子,你脑海中出现的第一个疑问是什么?

生 1:这个箱子里面有什么?

生 2:我能打开箱子看一看吗?

师小结:面对未知的新鲜事物,我们充满好奇,会产生各种各样的疑问。可见,好奇就是从问题开始的。

设计意图：通过纪律约定，营造有序的学习环境，营造好奇氛围，助力高效教学。

二、团体转换阶段——好奇发问

（一）箱子揭秘

师：接下来，老师就来满足一下大家的好奇心，我们一起揭开箱子的秘密。大家猜猜看，这是什么？

教师打开红箱子，拿出棕色小箱子，棕色小箱子上面写着"NFC"三个字母，教师边说边让学生猜，然后打开并拿出箱子里面的两瓶橙汁。

学生反馈。（略）

师：这是好奇小博士实验室的样品，NFC 1.0 版和 NFC 2.0 版橙汁，悄悄告诉大家，好奇小博士最近正在研发的新产品跟这个有关。

（二）好奇妙妙问

师：现在，让我们一起挑战好奇妙妙问。请看活动要求。

小组领取 2 瓶橙汁，注意不打开瓶盖。观察样品，小组自由讨论提出问题。鼓励有意思的、有挑战性的、多种多样的提问。每个人记录一条提问，将提问内容写在空白纸条上。

时间 4 分钟，最后 1 分钟用于书写，PPT 显示倒计时提醒。

师：接下来，让我们一起进行好奇问题对对碰，请看活动要求。

全班同学自由走动。每个人拿着问题纸条，与其他人开展"好奇问题对对碰"。如果问题一样，就点头微笑，继续找下一位同学。如果提问题的角度不一样，就互相交换。时间 1 分钟，最后 10 秒钟，全班同学坐回原位。

（三）全班分享（4 分钟）

学生分享自己提出的好奇问题，并把问题纸条贴到黑板上。

生 1：橙汁的口感怎样？

生 2：两种橙汁的保质期为什么不一样？

生 3：NFC 橙汁的价钱是多少呢？

生 4：橙汁里面真的没有防腐剂吗？

生 5：两个版本的包装为什么不一样？

在学生分享的过程中，教师看准时机，进行点拨，指点学生好奇问题的提问方向。

师小结：小问题，大智慧。一个小小的物件就能引出许多有意思的问题。大家集思广益，从多个角度提问题，这样就能发展出不同的好奇智慧。恭喜大家，获得第一把通关钥匙。

出示板书：多个角度提问题

设计意图：营造好奇氛围，引发学生学会发问。

三、团体工作阶段——好奇探索

（一）初步探索

师：刚刚同学们提出了很多问题，我们可以现场讨论或解决哪个问题？请说一说。

学生反馈。（略）

现场邀请两位同学品尝 NFC 橙汁。其他同学观察，然后提出疑问，由品尝的同学进行解答。

师：面对问题，大家能进行积极探索，这真是太棒了。老师很好奇，在平时生活中，大家有没有类似的探索经历呢?

(二)挑战任务:分享好奇故事

PPT显示:现实生活中,你有过什么好奇的问题? 你发现了什么,探索了什么? 请用文字或快速涂鸦的形式,分享你的好奇故事和探索过程。

1.好奇指数

师:大家是否已经想好要写的好奇故事,如果还没想好也没关系,我们先进行一个小游戏。

师:请听好,下面的发问,如果感到好奇你就拍拍手,如果不好奇你就双手交叉拍拍肩。

有人认为冰可以取火,你好奇吗?

金字塔是怎么建成的? 英国巨石阵是怎么来的? 古楼兰是怎么消失的?

宇宙有没有尽头? 黑洞里面有什么? 四维空间真的存在吗?

男女生为什么变得越来越不一样?

学生为什么要写作业? 人为什么要考试?

电子游戏为何那么容易让人入迷? 手机是如何实现人脸识别的? 无人驾驶是如何实现远程安全遥控的?

师:从掌声中,老师知道大家好奇的内容了。现在请书写自己的好奇故事。

2.书写故事

学生安静书写或涂鸦好奇故事,教师入组观察,见证好奇故事。

3.分享故事

小组成员互相欣赏好奇故事,邀请学生现场分享。

师小结:在故事分享中,我看到很多同学们在日常生活中做到了善观察、多动手、找资源。

恭喜大家,获得第二把通关钥匙。

出示板书:探索实践解疑惑。

(播放音频)

好奇小博士的第二封信:

面对未知事物,我们会去注意它,提出疑惑,并尝试解决,这就是好奇的最佳表现! 现在,好奇小博士就在现场,他是谁,你找到了吗?

出示板书:小博士图片。

师:好奇小博士迫不及待地出现来跟大家见面了。提出疑惑,并能尝试解决疑惑,这就是好奇的表现。现场中,谁做到了呢?

学生反馈:我做到了。

师:是的,只要大家愿意,我们都能成为好奇小博士。

邀请学生宣读好奇小博士宣言,强化体验。

设计意图:通过好奇指数,进行同频调整,打开学生的思维,通过引导学生分享好奇故事,深化学生的好奇实践。

四、团体结束阶段——好奇提醒

（一）黑箱子的秘密

师：现在，好奇小博士要送出第三把钥匙，它在哪里？

老师出示黑箱子，并从黑箱子中拿出一张带有大黑点的纸。

师：请看，这是什么？

学生反馈。（略）

师：这是黑洞。宇宙中的黑洞吸引着人类积极探索。但生活中有些黑洞却可能是陷阱，不信，大家一起来看看。

（二）好奇陷阱

PPT显示：请判断，当遇到下列好奇事件时，能否轻易尝试？

同学的日记本写了什么，打开看看？

电真是神奇，如果触电会怎样呢，试一试？

新型毒品是什么东西，想试一试？

抖音上直播模仿视频，我也来模仿？

师总结：通过好奇发问和探索，我们可以收获知识。可见，好奇对于学习知识是很有帮助的。老师同时也提醒大家，在好奇行动探索过程中，要注意安全问题，涉及未知危险或他人隐私的事情切不可鲁莽行动。

出示板书：好奇冒险有边界

（三）好奇探索世界

请大家用一个词语，说说本节课的收获。

师总结：生活中，只有深入探索学习，我们才能把好奇发问变成自己的获取知识财富的途径之一。

播放视频《好奇探索世界》。

一瓶普通的橙汁，足以引起同学们种种好奇的发问。好奇就是求知的动力，好奇就在我们身边。水母为什么会发光？谁曾想到，这样的发问，竟让人类发现了发光蛋白，开拓了生物医学研究的新视野，最终成就了诺贝尔奖。蝙蝠在夜里飞行为什么不会迷失方向？对黑夜飞行的好奇，科学家给飞机装上了雷达，从此，飞机可以在黑夜畅飞无阻。星星为什么会发亮？宇宙是否有尽头？人工智能时代到来，人类社会会有什么变化？正是这样不断发问与深入探索，科技才得以创新，人类才得以进步。让我们打开好奇之窗，探索无边世界。亲爱的同学们，猜一猜，下一个因为好奇而引发创意，创造奇迹的人，会不会就是你呢？

师总结：好奇引发创意，好奇创造奇迹。欢迎大家下节课一起来见证好奇小博士NFC3.0版的好奇创意过程！

设计意图：通过引导，做出好奇提醒，并深化好奇的核心体验。（设计者：魏楚珊）

【案例讨论】

(1)该教学节段中，教师在素材的选择方面有何特点？

(2)该教学节段中，教师使用了何种教学方法？

本章推荐阅读书目

[1] 许思安,攸佳宁,莫清瑶.中小学生潜能开发高级训练教程[M].广州:广东人民出版社,2020.

[2] 许思安,崔昌淑.中小学生潜能开发初级训练教程[M].广州:广东人民出版社,2019.

[3] 许思安,张卫,攸佳宁.生涯发展与指导[M].北京:科学出版社,2019.

[4] 许思安.中小学心理健康教育初级教程[M].广州:广东人民出版社,2017.

[5] 许思安,严标宾,曾保春.中学心理健康教育实务[M].北京:清华大学出版社,2013.

[6] 许思安,莫清瑶.小学生心理健康教育实务[M].北京:清华大学出版社,2013.

[7] 许思安.幼儿心理健康教育实务[M].北京:清华大学出版社,2013.

第三章
心理健康教育课程的组织与评价

本章结构

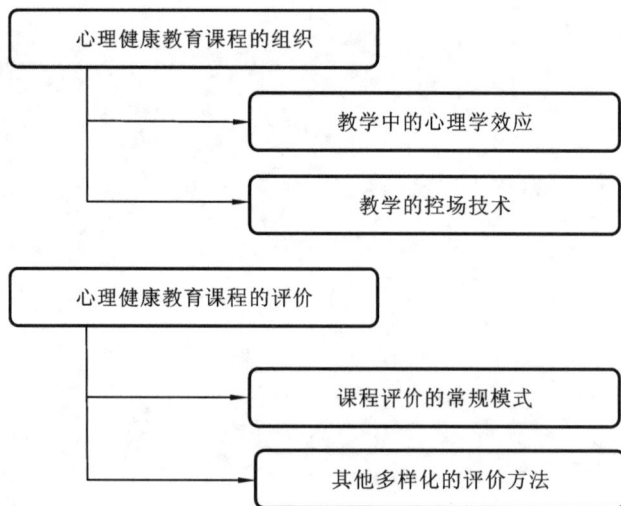

第一节　心理健康教育课程的组织

案例分享

孩子开课第一天要学感恩

　　2006年2月13日,开学第一天,广州市第109中学(简称109中)就举行了"以美育人"教育日,在广州率先将"感动、感激、感恩"作为校园开学典礼上学生的必修课。这是一个真实的故事。109中初二(1)班一名姓许的学生刚入校时迷上游戏机不能自拔。看到孩子无心学习,父亲十分生气,不让孩子买游戏机。这个同学骗父母说要向学校交伙食费,多向家

82

里要了 1000 多元,偷偷买了一台游戏机,被父亲发现后,不但挨了一顿揍,游戏机也被砸烂了。一气之下,孩子不再努力读书,学业成绩出现大滑坡,几乎落入全班倒数行列。由著名网络教育专家陶宏开创作的歌曲《学费》被学校制成了 VCD,在家长会、班会上传播,感动了许同学。"母亲的手啊颤巍巍,眼里闪烁着深情的泪:'孩子啊,快快拿去吧,这是你需要的学费。'……他们 365 天的风风雨雨,他们 365 天的汗汗水水,他们辛勤劳累,他们日日夜夜,他们月月年年,他们倾情付出,无怨无悔。"歌词字字真情,很多像许同学一样迷上游戏机的学生听后泪流满面,他们终于懂得了感恩,懂得了孝顺,明白了父母的一番苦心。现在,许同学的成绩跃入班级前 20 名。

(资料来源:《广州日报》,2006-03-23。)

这是一篇报纸文章,也是课程教学中常见的素材呈现方式之一。假如你打算使用该素材,并以"讲故事"的方式进行教学组织,那么,你将如何讲述这个故事? 你将运用哪些心理学效应帮助自己让这个素材从"静态"走向"动态",从而成功吸引学生的注意力并激发其好奇心?

🔆 学习导航

一、教学中的心理学效应

(一)首因效应与近因效应

1957 年,美国心理学家陆钦斯(Luchins)进行了一项记忆实验。实验准备了两份材料,都是关于吉姆的故事,其中一自然段把吉姆描述为性格外向的人,另一自然段则把他描述为性格内向的人。陆钦斯把这两段文字组合成两份不一样的材料。在第一份材料中,他把对吉姆外向性格的描写放在前面,把对他的内向性格的描写放在后面,而第二份材料的顺序刚好相反。在实验中,他分别让两组被试者阅读这两份材料,然后要求他们判断吉姆是一个怎样的人。实验结果显示:阅读第一份材料的被试者中,有 78% 的人认为吉姆比较外向、友好;阅读第二份材料的被试者中,有 82% 的人认为吉姆比较内向、孤独。可见,最先得到的信息对判断有巨大的作用,首因起了决定性作用。

陆钦斯并不满足于这样的结果,他又做了一个尝试。实验的材料与前述一样,仅仅改变了实验的操作,即在被试者阅读材料前,预先告诉他们,材料共分两段,要求他们必须在阅读全部材料之后再对吉姆的性格做出判断。因为这稍微的改变,实验的结果也发生了很大的变化。被试者受到了最后所看的那段材料结果的影响,纷纷据此来做判断,结果,首因效应消失了,近因效应出现。那么,什么是首因效应? 什么是近因效应? 前者是指在时间、空间上最先接收的信息对人的印象形成的影响;而后者则是指在时间、空间上最近的信息对人的印象形成的影响。比如,在异性交往中,双方彼此一见钟情,相互间形成了很好的第一印象,这就是首因效应。而在许多分手的案例里,也常常听到这样的理由"因了解而分手",这就意味着,最近极有可能发生了某事,而这件事使某人对其恋人产生了某种负面的看法与判断,这种负面的看法与判断甚至把此前所积累的那些好感都抹杀了,因此有所谓的"因了解而分手",这就是近因效应。

在教育教学中,善于运用首因效应与近因效应之间的微妙转换,有助于提升教师的权威形象与语言魅力。如,一个人第一次作为"教师"角色出现在学生面前,此时首因效应将会启动,因此,"我要打造怎样的个人形象",从发型到着装我们皆可以细细考虑;"如何介绍自己",第一句话、第一段话的主题与细节等,这些均可在我们的预设之中予以精心准备。又如,"这门课程很难,但你还是可以学好的""你还是可以学好的,虽然这门课程很难",这两句同样语意却有不同语序的句子,将带给听者怎样的心理感受? 此时,也许我们要更多地考虑近因效应对听众的影响。

(二)心理距离效应

你是否曾观察过以下现象:在电梯运行的过程中,许多人的习惯是盯着楼层的显示屏;在乘公交车、地铁的时候,许多人选择了背靠背;公园里闲置的长椅,往往首先被占据的是两端……何以如此? 这其实是心理距离效应的体现。"空间也会说话",这正是来自学者爱德华·霍尔对人际空间的研究结果。所谓心理距离效应,是指在人际交往中,一般情况下人们的空间距离与心理距离呈倒 U 形关系。爱德华·霍尔提出,假如用厘米作为衡量人际空间的距离标尺,那么,我们至少可以分出"非正式交往区域"与"正式交往区域"。前者包括了"亲昵区"和"个人区",后者包括了"社交区"和"公众区"。在"亲昵区"中,大概是 15 厘米到 46 厘米的距离,这个区域里往往是一些与该个体较为亲密的亲人和好友。在"个人区"里,则是 46 厘米到 120 厘米的空间范围,这里活跃着我们的朋友和熟人。而在 120 厘米到 370 厘米之间,大多是我们和同事、客户、集体活动中结识的人等社交的距离,这是"社交区";超出 370 厘米,往往是公开演讲时的距离,俗称"公众区"。我们不妨留意一下,在自己的生活中,你与他人之间的这种物理距离是多少? 你与他们的关系又如何? 假如做进一步的分析,是什么影响了这种人际空间的距离? 有学者认为,这与人际互动中的亲密程度、文化因素、社会地位、性别差异有关。不妨进一步思考,在教学中,如何利用这一效应迅速拉近与学生之间的关系? 你想到方法了吗?

(三)意动效应

意动效应向我们揭示了这样一个道理:一个人的内心状态,必定会通过种种微妙的途径流露于外,但在人们试图不表现这种内心状态时,这种流露过于细微,不易被通常只关心行动方向和态度指向的人们发现。意动效应提醒我们,在教学中,非言语符号系统值得我们关注,特别是肢体语言信息的解读。比如,一个学生在我们面前长期低着头,这传递着哪些信息? 他是因为自卑而低头? 是因为不想参与我们的话题而低头? 是内疚? 是有心事? 为了能更好地了解学生的心理,我们把常见的肢体信息归纳如下:低头往往表示否定,不感兴趣、内疚;点头表示理解、同意或答应;摇头意味着不同意、震惊或不相信;挠头意味着迷惑或不相信;扬头表示希望与自信;眉头紧锁代表困惑或遇到了麻烦;频繁用手挠头,表示正着急地思考;谈话时不停地看表,说明他有其他要紧事要处理;稍稍撇起的嘴唇,表达轻微的不高兴;嘴唇紧绷,代表愤怒、对抗或决心已定;嘴巴张开成 O 形,代表惊讶;瞳孔放大、眼睛发光,意味着对现在讨论的话题很感兴趣;向一边倾斜,表达同情、仔细倾听。

素材分享:

曾听过这样一个传说。故事发生在古老的欧洲,主角是一匹马,马的名字叫汉斯。它是一匹德国马,它和主人一起以街头卖艺为生。它的主人发现汉斯很聪明,比如,它会在表演时从观众中找出主人要它寻找的人,会用蹄子在地上敲出主人出的加、减法题目的答案,甚至能进行乘法运算。这一现象,在当时的社会中引起了很大的轰动。很多人认为,这是主人和宠物的巧妙配合。于是,有人跳出来重新出题,而结果更让人惊讶,因为汉斯的回答依然无误。这甚至引发了科学家们的争论:"'动物没有思维'这一论断是否有误?是否已经被汉斯打破了?"汉斯的神话最后还是被打破了,出题的人是一名侦探。他出的题目是:伦敦到巴黎有多远? 汉斯没能回应这个问题。

当年,真正指挥汉斯的人并不是观众眼中看到的"主人",而是藏在观众中的某人,他以轻敲膝盖的方式,向汉斯传递着信号,汉斯因此而做出"正确的反应"。而侦探的题目过于"前卫",当时的人们的确还不清楚伦敦到巴黎究竟有多远,所以……

(四)联觉效应

所谓联觉效应,是指一种感觉的感受器受到刺激时,在另一感觉通道也产生了感觉的现象。联觉效应是感觉器官之间相互作用的结果,比如,我们往往用"色香味俱全"来形容一份佳肴。这体现了这份美味的食物在颜色、香味和味道方面给我们带来的良好感受。假如用联觉效应来解释的话,就意味着我们在视觉、嗅觉和味觉方面对这份食物给予了很高的评价,它驱动了我们多种感官的作用。该效应在教学中的应用,能促使学生多个感官共同参与,可以促使学生在参与中获得更多的体会,加深对知识的印象与理解。因此,在备课时,我们可以考虑灵活运用联觉效应,思考可以采用这样的策略来针对哪些知识点展开教学。

(五)视觉化效应

视觉化效应是指在认知过程中,人们对那些视觉化了的事物往往能增强表象、记忆、思维等方面的反应强度的现象。这得益于视觉的形象作用,视觉比其他感觉更有影响力,具有视觉化的作用。因此,在备课时,我们可以考虑准备一些视频、图片、实物等素材,如经典的双关图(见图3-1)。

图 3-1 双关图

(六)等待效应

在认知过程中,由于人们对认知对象的等待产生态度、行动等方面的变化,这种现象被称为等待效应。例如,听过电台长篇小说的连播,你可能有过这样的体会:当我们正津津有味地听着一段故事时,对方来一句"欲知后事如何,且听下回分解"。这句话宣告当天的连播到此结束,同时也让我们产生了意犹未尽的期待。等待效应是一种对知识的演绎方式,它能诱发听者的好奇心,这对于课堂中激发学生的求知欲大有益处。

素材分享：

关于"自我"这一话题，有一个经典的传说——"古老的斯芬克斯之谜"，故事大意如下。传说中众神居住的地方叫奥林匹斯山，众神的主神是宙斯，奥林匹斯山上有一块石碑，碑上刻着一句箴言。宙斯想把这句箴言告诉人类，于是他派斯芬克斯来到人间。斯芬克斯把这句箴言化作一道谜语让人类猜。他来到了古希腊著名的城堡拜森克，守候在这座城堡唯一的井口旁，要求每一位前来打水的人猜这个谜语，凡是没有猜中的，斯芬克斯马上把他吃掉。这句谜语给当时的拜森克人带来了前所未有的灾难。谜语是："什么东西早上 4 条腿走路，中午 2 条腿走路，晚上 3 条腿走路？"

假如您是初中教师，如何利用等待效应阐述上述故事？

笔者曾做以下尝试。

在课堂导入时，首先询问学生："你听说过'斯芬克斯'吗？"（在备课时，笔者预设该问题对于七年级的学生来说，是有较高难度的，设计此问就是为了激发学生的好奇心。）学生对此一无所知。其后，笔者做了这样一个提示："埃及最著名的是什么？"（降低了问题难度，开始协助学生寻找答案。）学生们纷纷抢答，埃及最著名的有金字塔、法老、狮身人面像……笔者借"狮身人面像"这一关键词，指出"斯芬克斯"与它之间的关系，继而提出了传说中的"斯芬克斯之谜"。谜语是："什么东西早上 4 条腿走路，中午 2 条腿走路，晚上 3 条腿走路？"（在备课时，笔者预设该问题的答案对于现在的学生而言是毫无难度的）当学生干脆利落地回答出标准答案后，为了诱发学生对故事背景的好奇，笔者再次设疑："但是在当年，这句谜语却给当时的拜森克人带来了前所未有的灾难……究竟奥林匹斯山上的箴言是什么……"由此拓展课外知识："油画《斯芬克斯之吻》，呈现了一个真正的人，一个具有自我意识、对自身有所认识、对自己有所反思的人。有人说：世间有三样东西是极其坚硬的，钢铁、钻石和认识自我。认识自我真的这么难吗？让我们一起来……"最终带出课堂的主题。

反思这一设计，适当设疑，诱发好奇，这是笔者所理解的运用等待效应的关键。

二、教学的控场技术

（一）课前控场

笔者认为，课前控场集中体现在教学设计的全过程中，包括理论的构想、选题的拟定、目标的确定、内容的选择、素材的斟酌、教学环节的思考、教学方法与策略的运用，等等。教学设计的每一个环节的优劣都将对课堂的呈现产生微妙而直接的影响。

> **知识链接 3-1**
>
> ### 精 心 设 计
>
> 1.精心设计主题内容与课题名称
> 主题内容要根据心理健康教育课程的要求和学生当前的实际来挑选。标题设

计要符合学生的心理发展特点,既要生动而吸引人、富有情趣,又要有明确的思想性。具体来说有三个要求:

(1)题目要具体明确,生动有趣;

(2)题目要富有启发性,引发学生的思维活动;

(3)题目要尽力避免使用专业术语。

2.精心设计教学目标

教学目标包括认知目标、态度和情感目标、问题解决(或能力)目标三个方面,应做好全面的设计。要特别注意,重点不应放在认知目标上,不然就成了心理学课,而不是心理健康活动课。

3.精心设计教学内容

在设计教学内容时,可以围绕主题和目标从多方面寻找资源,加以筛选。比如,从心理学和教育学方面找资料,从历史事件找资料,从各行各业人物事迹中找资料等,特别要注意结合学生的生活经历和最近发生的重大事件来找资料,这些资料为学生所熟悉、所关注,更能发挥积极的效应。

4.精心设计教学方法

在教学方法的设计中,需要善于灵活使用各种常规教学法,尤其要注意让学生真正活动起来,而不是讲究方法的随意组合。

5.精心设计教学程序

一般过程:"暖身"活动;创设情景或设计活动;交往协作;鼓励分享;引发领悟;运用延伸。

(资料来源:唐红波,陈筱洁,周海林.小学生积极心理培养[M].广州:暨南大学出版社,2012.)

(二)课堂控场

1.教学的语言艺术

1)评价性语言的表达

(1)阿伦森效应。在课堂教学中,如何评价学生的回应,这是课堂掌控的难点。在评价性语言当中,首先我们将面临褒与贬的抉择,以及褒与贬的尺度问题。在赞扬与批评时,是先褒后贬好,还是先贬后褒好?对于这个问题,学者阿伦森曾经做过这样一个实验:让4组人对某人进行不同的评价,从而找出最佳效果的褒贬顺序。第一组始终对这个人赞扬有加,第二组始终对这个人贬损否定,第三组先褒后贬,第四组先贬后褒。对数十人做过此实验后,发现绝大部分人对第四组最有好感,而对第三组最为反感。这就是阿伦森效应,即人们最喜欢那些对自己的喜欢、奖励、赞扬不断增加的人或物,最不喜欢那些对自己的喜欢、奖励、赞扬不断减少的人或物。可见,大多数人的心态是喜欢褒奖不断增加,且批评不断减少。了解了阿伦森效应,关于褒与贬的问题,您可有启发?

(2)评价中的直言"增进"。在课堂评价中,我们可以选择用直言"增进"的方式,直接对学生的意见和观点进行表扬。如，"你的意见很有启发性""你真棒"，等等。

（3）赞赏歧义方法。课堂的语言评价问题并不是一个简单的刺激-反应关系，有的时候，我们需要灵活地进行处理。比如，面对一些尴尬的情景，我们既不能直接批评学生，又不能表达认同时，可以使用"赞赏歧义法"来驾驭课堂。该方法的理念是：当我们难以理解或不太明白学生所提出的问题、分享的意见时，我们仍要赞赏对方。比如："我不太明白你说的那种方法，但我可以想象你是如何想出来的""我并不同意你所说的，但我会支持你说出来的权利""我明白你的感受，这也是一种看问题的方法"等。

2）可考虑使用积极认知的语言艺术

积极认知对于个体而言是引发积极情感的重要前提。在与学生的对话中，教师选择了何种观点或情感反馈给学生，那么该观点或情感将会被强化。根据积极心理学的基本理念，在对话中，及时捕捉学生的这些"积极"而"正面"的内容，通过反馈、认可、赞赏等手段一点一滴地累积，最终因量变而促使学生发生质变。比如，一项关于抑郁症患者的治疗，让我们可以从中体会如何实现一点一滴地累积。

这是来自马丁·塞利格曼的研究。我们先来看看抑郁症患者的共性，他们大多存在着这样的普遍性特征：他们往往失去对生活与工作的兴趣，他们感觉虚弱而无力，他们看不到生活的希望；他们沉溺于自责之中，看不到自己生存的价值与意义。面对这样一个群体，如何引领他们看到希望，感受生活中还存在着积极的一面？马丁·塞利格曼首先让577名抑郁症患者完成一份调查问卷："如果摆脱了抑郁的困扰，你可能想去做些什么？"这群号称自己虚弱无力、绝望的人的回答大多千篇一律："慵懒，很难融入周围世界，做什么事都提不起劲，甚至没有力气让自己享受快乐。"随后，塞利格曼要求被试者坚持写一周的日记。日记只需要写：如果他们有更多的精力，他们会去做什么。结果，奇迹发生了，一周后，被试者纷纷报告："自己变得更加活跃了……"为什么会有这么大的变化？其中的关键就在于他们写的日记，日记引导被试者改变其所关注的焦点问题，即关注的不是"怎么做"，而是"做什么"。根据塞利格曼的解释，当我们还没有足够强烈的动机去做某事，而是马上去关注该事情怎么做的时候，人们往往会在无意识中加重了做这件事情的难度。畏难情绪的存在往往使得个体望而却步。因此，当关注的焦点发生变化时，我们的心态也在发生变化。因此，引导积极认知的语言艺术的难点与关键就在于，在言语引导时讨论的焦点如何体现"积极"。比如，面对一个屡教不改的学生，作为教师，我们的习惯往往是质疑对方"为什么不……"，现在，请从另一个视角去考虑，转换提问的方式。

3）谨慎使用"必须……"字样

请阅读以下两段素材。

素材1：定期用牙线清洁牙齿是一件值得人们认真考虑的事情，大部分人对这种观点都会表示认可……牙龈疾病可能导致很多严重的问题：心脏病、中风、糖尿病、肺炎等。你或许会因此考虑养成定期用牙线清洁牙齿的好习惯。

如果你已经在使用牙线了，请继续保持这个良好的习惯。如果你还没有，现在就是开始行动的良机。也许你今天就想试一试。使用牙线非常方便，为什么不尝试一下呢？给自己定个目标，在接下来的一周里每天都用牙线清洁牙齿，就从今天开始吧。

素材2：任何明智的人都无法否认，在使用牙线这件事情上根本就没得选择。你必须使用牙线……牙龈疾病可能会引发很多严重的问题，比如中风和肺炎，所以你必须每天用牙线清洁牙齿，否则就太蠢了。如果你还没有使用过牙线，那应该现在就开始行动，从今天开始行动。

使用牙线，你必须这么做。每天都要使用……给自己定个目标，从今天开始的一周里，每天都使用牙线。

显然，两段素材都在向我们介绍使用牙线的好处，然而阅读时，哪段素材会让你感觉更舒服？从研究者的角度，两段素材的差异性主要体现为：前者是低威胁信息，而后者是高威胁信息。一般而言，高威胁信息往往容易激发个体的逆反心理。然而，在现实生活中，类似的高威胁信息比比皆是：你必须把分数提上去，否则你根本考不上大学；你必须减肥，否则你会得糖尿病……正因如此，人际互动中充斥着争论、反抗……所以，笔者建议，在教学和管理乃至我们的日常生活中，谨慎使用"必须"这个词。

2. 课堂中的生成资源

课堂控场的最大难点在于生成资源的应对问题。生成资源指的是在课堂教学现场伴随教学过程而产生的，能够推进教学过程的各种教学条件和因素。例如：课堂现场，学生的注意力状态如何？在讨论时，他们提出了哪些不在教师预期中的答案？灵活应对学生不在预期中的回应，这是教师素养的综合体现。因此，应对生成资源的关键技术在于提升教师自身的综合素养。

现以课堂灵活性为例，谈谈生成资源的掌控。在现实的课堂中，我们可能会遇到这样的困惑：学生提出的每一个问题，都要回答吗？要求学生提问题时，学生不出声，怎么办？我们自己也不知道答案时，怎么办？学生的问题模糊，怎么答？学生故意挑衅，怎么办？学生想挑起争论，怎么办？……要很好地解决上述困惑，就需要我们辨别学生的动机，了解他的个人特质，然后灵活处理。具体建议如下。假如，你的学生是极好争辩的或是一个带有偏见的"顽固分子"，他可能拥有好斗的性格，他特别喜欢当场让人难堪，或许他可能正受该问题的困扰，那么在应对时，我们自己要沉住气，也可以对对方勇敢地提出问题给予肯定，或者适当地把他所提出的问题交给全班同学一起讨论，又或者可以约他私下谈话等。假如，你发现学生在回答你的问题时出现"跑题"现象，他说得越来越远了，这时，我们可以选择以"自己承担责任"的方式，把话题再"拉"回来，如"可能是我的话使你偏出了主题，我再重复一下我们的主题……"假如你的学生是习惯性的"快言快语"，他可能的确很想为教师提供一些帮助，又或者他有极高的表现欲望，喜欢出风头，那么，我们可以在提出问题之前，先给他布置任务，比如让他仔细倾听其他同学的发言，在同学们讨论结束后，我们邀请他做总结，或者直接表达对他的感谢，然后建议："让其他人一起来发言，好吗？"假如你的学生在课堂上公然询问或质疑你的观点，也许他想把你置于问题的焦点，也许他是为了得到你的认同，也许他仅仅是真的想得到你的建议，此时，我们可以适当地把该问题转介给全体同学，让大家一起来讨论。假如你的学生在"开小差"，在课堂上交头接耳，处理类似问题时尽可能不要让他们难堪，我们可以选择点名，然后重复一遍问题，问他的观点，让其参与讨论的方式变得婉转。当面对难以解答的问题时，我们可以尝试："我不知道答案，但我可以为你找到……""我需要认真思考一下，稍后我们再探讨好吗？""我不能确信我知道答案，我们可以在课下讨论。""确实没有对与错的答案，不过，我个人认为……"。

知识链接 3-2

如何把握生成性教学资源

在课堂教学中,我们已经体验到:理想的教学是一个动态生成的过程,精彩的课堂往往来自精心预设基础上的绝妙生成。当"无法预约的精彩"成为一句熟语后,课堂中那些极富生成价值的因素,被当作无比可贵的教学资源。我们知道生成性教学资源不会凭空产生,却往往会稍纵即逝。那么,面对生成性教学资源,我们该如何把握呢?

一、抓住契机——做有效生成的催发者

新课程要求教师有强烈的资源意识,从宏观课程的观点看,课堂中的各种因素,如教师本人及学生的生活经验、教学中的各种信息等,都可作为宝贵的教学资源。当师生围绕教学内容展开互动时,师生间的相互启发、相互感染、相互促进,使学生求知的欲望被激发、情感的闸门被打开、思维的火花被点燃。这时,师生间的互动对话就可以催发、生成许多教学契机,教师要善于抓住这些契机并加以利用,从而使课堂充满活力。如一位教师在教学"圆锥的体积"时,教师先让学生小组合作,动手操作(已备的学具),再引导学生通过观察、比较、探索,从而发现圆锥的体积是等底等高圆柱的体积的三分之一,据此推导出圆锥的体积计算公式。这时,有一组学生提出质疑:"刚才的实验与书上的实验都只能说明圆锥的容积是等底等高圆柱的容积的三分之一,而不是体积。"这时教师抓住契机,充分利用这个生成的教学资源,反问道:"如果这个等底等高圆锥与圆柱的容器,我们想象它是实心铁质的物体,大家想一想怎样算出圆锥的体积? 圆柱与圆锥之间又有什么关系? 这时课堂又活跃了,学生又投入到新的探索中。因此,对于课堂生成的资源,教师需要敏锐地加以捕捉、放大。否则,契机稍纵即逝。

二、扬沙拣金——做生成信息的提炼者

教师在积极引导学生使其感到自己是个发现者、研究者、探究者的同时,必须加强引导,及时调控,充分发挥教师参与者、组织者、指导者和激励者的作用,为生成性教学资源定向导航。教师要不断捕捉、判断、重组从学生那里获取的各种信息,见机行事,适时调整。教师不能随波逐流,要有拨乱反正的胆识,还要有取舍扬弃的智慧,要在课堂上不断锤炼,练就一身扬沙拣金的真功夫,使学生能在活而不乱、趣而不俗、新而不谬的空间里畅所欲言,让课堂焕发出生命的活力。

如一位教师教学"三角形的面积计算",他首先出示一个平行四边形,让学生说出底与底所对应的高。

师:怎么求平行四边形的面积?

生1:平行四边形的面积=底×高。

师:若将平行四边形沿着对角线剪开,会得到什么图形?

生2:得到两个三角形,是完全一样的两个三角形。

师：那么这个三角形的面积该怎么求呢？这就是今天我们要学习的……

教师展示课题"三角形的面积计算"。

这时有一位学生就喊出来，三角形的面积等于底×高÷2。

师：你是怎么知道的？

生3：从刚才老师的演示中就可以看出三角形面积是平行四边形面积的一半。

生4：从书上知道的，用……

师：用两个完全一样的三角形是不是都能拼成平行四边形？

学生拿出学具，在学生动手操作之后，教师指名让学生展示。然后教师引导学生认真观察、独立思考、讨论交流，说一说拼成的平行四边形与原来的三角形的联系，并得出三角形面积计算公式的推导过程。

师：只有一块三角形能否转变成平行四边形？面积又该怎么求？

学生又开始积极参与、主动探究、合作交流地学习新知，教师适时进行调整，促进预设与生成的融合，使课堂教学向着纵深方向发展。在课堂教学中，生成性教学资源虽层出不穷，然而并不都是有效的资源，这需要教师慧眼识金、果断取舍，让有价值的资源得到充分利用。

三、拓展延伸——做生成性教学资源的拓展者

新教材中提供了一些思考题，可在一定程度上拓展学生的创新能力。我们在教学时要充分加以利用，给学生一片新的天地，培养他们的求异思维与创新能力。

如有一位教师在讲授"归一应用题"之后，设计了一道练习题：新华书店最近隆重推出《故事大王新编》，可是数量有限，不少小朋友前去购买时，该书已经售完。没有买到《故事大王新编》的小明，就从同学那里借来看，这本书共有500页，要求在10天内归还。结果，小明前3天看了120页，照这样计算，他能如期归还吗？如果不能，你认为该怎么办？

生1：如果我是小明，就和同学商量，推迟归还。马上有学生反驳：这位同学自己急着要看，不同意延迟，怎么办？

生2：可以挑选最精彩的章节看，时间一到就归还。有学生反驳：这本书每一个章节都非常精彩，该怎么办？

生3：10天时间到了先归还，因为做人要守信用，以后再向同学借来看。

师：如果不跟借书的人商量，从你自身的因素考虑，有没有更好的办法？

生4：后面几天可以看得快一点。一名学生赞成：这倒是个好办法。

师：那么后面几天又该看得多快？请动动脑筋。（学生七嘴八舌地小声议论，但是没有正确结论。）

生5：我认为前面3天看得太慢。

师：那么，你认为前面3天应该看多少页，才能保证按期归还？一石激起千层浪，学生讨论得越来越热闹了。

生6：如果前3天看150页，照这样计算，这本500页的故事书，就刚好在10天内看完。

　　教师适时点拨引导、进行引申，促进预设与生成的融合，可提问："那么，你认为前面3天应该看多少页，才能保证按期归还？"一石激起千层浪，学生纷纷论起来，从而推进课堂动态不断生成。这样的课堂也必将焕发出生命的活力和无穷的魅力。

　　（资料来源：http//jcjykc. cersp. com/Magazine/m200611/200611/4157. html。）

课外拓展

学科前沿

生成性教学资源

　　生成性教学资源是相对于预成性教学资源而言的。所谓预成性教学资源，是指在教学活动之前就已存在和形成的教学资源，主要包括教师的预设性资源和学生的携带式资源。预设性资源是指教师在课堂教学之前为开展教学活动而准备的一切教学资源，包括课本、教案、教参、练习册等。携带式资源是指学生进入课堂之前自身就已拥有但未表现出来的各种资源，如生活经验、知识基础、学习风格等。无论是预设性资源还是携带式资源，都是在课堂教学开展之前业已存在的教学资源。

　　生成性教学资源具有以下特点。

　　（1）非预期性。传统意义上的教学资源，如各种物质性资源，都具有可预期的特点，可以在教学前进行选择并明确用途。生成性教学资源则与此不同。生成性教学资源不是事前计划和设定的产物，而是在教学的进行过程中动态生成的，具有随机性和突发性等特点。

　　（2）再生性。教学资源既包括教学物质资源，也包括教学人力资源。生成性教学资源属于后者。人力资源的显著特点是具有再生性，可进行循环开发和利用。生成性教学资源也是一种取之不尽、用之不竭的可再生资源。

　　（3）内源性。生成性教学资源属于生命载体形式的教学资源，学生是这类教学资源的重要来源。相比非生命载体形式的教学资源，生成性教学资源的重要特点之一是具有潜隐性和内生性，如学生在学习过程中存在的认知困惑或理解障碍，对某一问题潜在的独特见解或错误认识等，只要被有效地外化和显化，并被教师及时捕捉和利用，就可以成为教学中的有效教学资源。

　　（4）现时性。生成性教学资源通常产生于课堂讨论或活动过程之中，往往源自学生直接的认知需要，是教学最有效的动力来源，具有即取即用的现时性特点。

　　常见的生成性教学资源主要有以下几种。

　　（1）问题型资源。它主要指学生在学习过程中出现的困惑、疑难或模糊不清的认识，也包括教师在教学过程中即时生成的某些非预设性的问题。美国教育家布鲁巴克曾说:"最精湛的教育艺术,遵循的最高准则,就是学生自己提出问题。"如果学生能够自己提出疑惑,学习就不再是一种异己的外在力量,而成为一种发自内心的精神解放运动。

(2)错误型资源。有人说,垃圾是被放错地方的宝贝。就教学而言,师生所犯的错误同样是被放错地方的宝贵资源。错误往往是正确的先导,人们可以在错误中吸取教训,达成正确的认识。正如心理学家盖耶所言:"谁不考虑尝试错误,不允许学生犯错误,就将错过最富有成效的学习时刻。"

(3)差异型资源。不同学生具有不同的认知基础和认知风格,这是差异性资源生成的内在根源。教师在教学过程中善于把个性化的思维方式、多样化的探索策略作为教学资源,有助于实现学生间的资源共享,不仅有利于学生生成个体性的知识,而且有利于发展思维。

(资料来源:http://blog.sina.com.cn/s/blog_6cddd33e0100s0el.html。)

■ 心理训练

在某节课的现场发生了这样一幕。

教师:昨天,我布置给大家课前阅读的文章,你们看了吗?

学生:看了!

教师:大家喜不喜欢这篇文章啊?

学生全部沉默。

(教师的预案中写着"生答:喜欢。")

思考:假如你是现场的教师,你将如何控场?

良好师生关系在课堂中的重要性

只有在良好的师生关系中,学生才能主动地学习,这时他们不必花时间去想防卫策略,或者如何能以智取胜,胜过老师。如果老师与学生建立起良好的关系,老师就不必从一个角色转换到另一个角色,不必像严格的教官,也不必让自己伪装成道德上没有任何瑕疵的人。总之,如果师生关系紧张,再卓越的教学技巧都是徒劳的。

良好的师生关系应该具备以下几个条件。

(1)彼此坦诚,能诚实相待;

(2)互相关怀,彼此都感觉到受到对方的重视;

(3)互相信赖(不是一方依赖另一方);

(4)双方都有独立性,允许每个人成长并发展其独特的创造力与个性;

(5)拥有共同的满足感,一方需求的满足不以牺牲另一方为代价。

(资料来源:托马斯·戈登.T.E.T.教师效能训练:一个已被证明能让所有年龄学生做到最好的培训项目(30周年纪念版)[M].李明霞,译.北京:中国青年出版社,2015.)

第二节 心理健康教育课程的评价

案例分享

上好心理健康课的几点建议

"心理"火了！从综艺节目到热销书籍，从社会上层出不穷的心理咨询中心到校园知心小屋，从各种心理督导培训课程到中小学心理健康课的开设，从没有心理教材到心理教材种类琳琅满目……人们对心理的关注，使学校的心理健康教育课成为热门课程。然而，对于任课教师来说，心理健康课不再是如何"上"的问题，而是怎样才能"上好"的问题。在心理健康课十几年的学习、培训、教学的实践中，笔者对如何上好心理健康课有这样几点建议。

一、要学会养"底气"

"底气"即专业水平和实践经验。一堂好的心理健康课从活动目标的设计到围绕目标设计的热身游戏、讨论活动、故事分享等可不是随意拼凑的，"底气"渗透在课程的每个环节。教师不能量化学生的心理需求，心理健康课既要满足学生所需，又要让其心灵自然地被感染、被震动、被启迪、被提升。

在笔者观摩的教学案例中，一堂有关自信心的课让笔者印象尤为深刻。教师把一面小镜子装在精心挑选的礼品盒里，一上课就请学生猜猜这是什么，想看的可以偷偷看看，但要在公布答案前保密。这个启动课堂的小活动吊足了学生的胃口，抓住了学生的好奇心，使陌生而紧张的气氛被驱散。更重要的是，教师提出了一个非常自然且切入主题的问题："你看到了什么？"（有很多学生说"镜子"）"镜子里的人你喜欢吗？"这个小把戏连我这个老道的听课老师都在开始的时候被弄得丈二和尚摸不着头脑，在内心深处连连肯定：不愧是专业、专职的心理老师。仅仅一个启动课堂的游戏都足见教师的"底气"，其他的环节更不用说了。

有"底气"的课是耐人寻味的，有"底气"的教师上课是令人享受的，有"底气"的课常常让学生仿佛沐浴在阳光中。

二、要学会动"真气"

"真气"即认真准备，真诚投入。心理健康课多好上啊，就是领学生玩玩。抱着这样想法的老师要么不是本学科老师，要么不是一位称职的心理老师。有了"底气"的心理老师，如果没有对一个主题的认真准备和课堂中的真诚投入，学生能得到的收获也只能在中低档徘徊。

（1）"真气"之认真备课。首先，教师要做好前期调查。课程主题是学生需要的吗？学生在这个方面遇到过什么困扰或者有过哪些经历（班级间、班级内既有共性也有差异性）？其次，要做个摸底。用什么样的活动形式能让学生有质量地参与？要如何考虑学生年龄特点、环境等实际情况？选取的案例、故事等资料怎么能让学生有思考、有体会、有震动？最后，要对材料进行认真分析。在问题设置上再三斟酌，在用词上再三推敲，还要换位思考。课前的认真准备，将在课堂中发挥其独有而重要的作用。

（2）"真气"之真诚。有时候，教师为了达到很好的教学效果，一堂课可以在一个班级中重复开展几次，甚至连学生如何回答都可以事先准备好。但一堂好的心理健康课是不可能在一个班级重复开展两次的，更不能指定学生回答什么、怎么回答。武林高手用"真气"可以打通经络，治病救人，在心理健康课中，教师则通过真诚的表达和倾听，深入学生的内心。真诚是教师用言语的、非言语的行为让学生感受到：我真的想听你怎么想的！你说吧！我感兴趣的！我也有过类似的感觉……彼此的心放松了，心与心就能交融了。

三、要有"勇气"

"勇气"即勇于尝试，敢于放开。心理健康课成熟了，甚至有了固定的模式，即使是兼职老师，似乎听过几堂课也能上得有模有样了。视频、新游戏、出彩的故事、别出心裁的活动让课堂从内容到形式都很完美，当然这些也在调动学生参与性上起到了很重要的作用。但是，心理健康课一定是学生在体验中才会有发自内心的感悟的。再出彩的课，如果没有了实效性，都不能算真正的好课。要让学生有体验，心理教师不仅在备课的硬件上勇于做出创新，更要有勇气为了达到实效而放弃那些看起来很完美的东西，尝试用最简单的形式去帮助学生获得真正的成长。

关于学生恋爱、性心理的话题既敏感又不可回避，教师很难使学生通过案例讨论达到教学目的。在这一主题上，几位比较有经验的专业教师都一致认为中央电视台出品的某一期《天涯共此时》有关"早恋"的视频非常有实效性。这意味着一节课就放一期电视节目，单一吗？太单一！不过，实践过的老师都会认为这的确是一堂走进学生内心，让学生内心起波澜、有震动、有启示、有收获，让学生难以忘怀的好课。

四、要偶尔有点"孩子气"

"孩子气"即像孩子一样。孩子是什么样的？孩子是雨过就天晴的，孩子是真性情的，孩子是充满好奇心的，孩子是简单而快乐的。记得刚刚走上工作岗位的时候，一位五十岁左右的心理教师送教下乡，她的课深深地印在我的脑海里。那时候没有这么多丰富的资源，师生也是第一次见面，她虽然已不再年轻，但气质非凡，学生和其他教师都被她深深地吸引住了，课堂上她仿佛就是学生的同龄人。学生的笑点低，她的笑点更低；学生回答问题有点紧张、害羞，她就仿佛是学生的好朋友，给予学生鼓励、信任；学生间的流行语她也能接上几句，她不知道的流行语，就充满好奇心又很坦率认真地问："给我说说这是什么意思吗？"然后她自己再学一遍，惹得学生哈哈大笑……"孩子"和孩子在一起，有了平等，有了理解，有了共鸣。在那些真正吸引人的课堂上，教师的表现并不完美，学生也不完美，甚至课堂内容也没向着完美的方向发展，可是效果可能很完美，这就是孩子的随意性啊！

一堂好课，以"底气"做基础，用"真气"来打通，敢用"勇气"求实效，来点"孩子气"拉近师生间的心理距离。当然，教师如果还注重建立心理健康课的"风气"、提高自己的"人气"、有个好"脾气"……那么，心理健康课就会成为学生快乐成长的"加油站"。

[资料来源：鲁冰.上好心理健康课的几点建议[J].教师，2014（10）.]

案例中，作者提出了上好一节心理课需要的多种元素："底气""真气""勇气""孩子气""风气""人气"等。你是否认同作者的观点？评价一节心理健康教育课的核心在哪里？可以有哪些更具体的指标？本节将围绕着"一节好课"这一关键词展开详细的分析。

学习导航

一、课程评价的常规模式①

一个完整的课程评价可分为既相互联系又相互区别的三种类型：起始评价、过程评价和终结评价。

（一）起始评价

所谓起始评价，就是在教学活动开始之前进行的教育心理评价，它的主要任务是评价学生进入新的教学活动前所具有的前提条件如何，包括对学生的个性特点、优缺点、心理或行为问题类型等的识别。评价目的是把握学生所具有的不同学习准备状态，就能力、兴趣、性格和心理问题对学生进行定性和定量评估，然后制定相应的教学策略和教学方法。起始评价所得的资料可作为教学设计的参考，也可作为评价课程教学效果的依据。

（二）过程评价

过程评价是在课程进行过程中实施的评价。其目的是收集有关学生与教学活动的信息，从而为课程的调整提供及时的反馈信息，如表 3-1 所示。

表 3-1　课程评价记录表

主题内容	
课堂气氛	
学生间的相互反应	
偶发事件及处理	
教学效果评价（目标达成状态）	
教学建议	

（三）终结评价

终结评价通常是一门课程结束或一个教学方案结束时所进行的结果评定，包括评定学生的进步和评定教学方案的有效性，如表 3-2 所示。

---

① 郑雪，王玲，宇斌．中小学心理教育课程设计［M］．广州：暨南大学出版社，1997.

表 3-2　终结评价表

项目		评测要求	分值	得分
教学设计方案(20分)		符合教学大纲,内容充实,反映学科前沿	2	
		教学目标明确、思路清晰	2	
		准确把握课程的重点和难点,针对性强	7	
		教学进程组织合理,方法手段运用恰当有效	6	
		文字表达准确、简洁,阐述清楚	3	
评价者签名			合计得分	
课堂教学(80分)	教学内容(32分)	理论联系实际,符合学生的特点	8	
		注重学术性,内容充实,信息量大,渗透专业思想,为教学目标服务	10	
		反映或联系学科发展的新思想、新概念、新成果	3	
		重点突出,条理清楚,内容承前启后,循序渐进	11	
	教学组织(32分)	教学过程安排合理,方法运用灵活、恰当,教学设计方案体现完整	11	
		启发性强,能有效调动学生思维和学习积极性	11	
		教学时间安排合理,课堂应变能力强	3	
		熟练、有效地运用多媒体等现代教学手段	4	
		板书设计与教学内容紧密联系、结构合理,板书与多媒体相配合,简洁、工整、美观、大小适当	3	
	语言教态(11分)	用普通话讲课,语言清晰、流畅、准确、生动,语速节奏恰当	5	
		肢体语言运用合理、恰当,教态自然大方	4	
		教态仪表自然得体,精神饱满,亲和力强	2	
	教学特色(5分)	教学理念先进、风格突出、感染力强、教学效果好	5	
评价者签名			合计得分	

知识链接 3-3

叶澜:一节好课的标准

华东师范大学叶澜教授认为,一堂好课没有绝对的标准,但有一些基本的要求。大致表现在以下五个方面。

1. 有意义——扎实

在一节课中,学生的学习首先是有意义的。初步的意义是他学到了新的知识,进一步是锻炼了能力。往前发展是在这个过程中有良好的、积极的情感体验,产生进一步学习的强烈要求。再发展一步,是他越来越主动投入到学习中去。

这样学习,学生才会学到新东西。学生上课,进教室以前和出去的时候是不是有了变化?如果没有变化,学习就没有意义。一切都很顺,教师讲的东西学生都知道了,那你何必再上这个课呢?换句话说,有意义的课,它首先应该是一节扎实的课。

2.有效率——充实

有效率表现在两个方面:一是总体而言,这节课上完,对全班学生中的多少学生是有效率的,包括好的、中间的、困难的,分别有多少效率;二是效率的高低,有的高一些,有的低一些,但如果没有效率或者只是对少数学生有效率,这节课就不能算是比较好的课。

从这个意义上说,这节课应该是充实的课。整个过程中,大家都有事情干,通过教师的教学,学生都发生了一些变化,整个课堂的能量很大。

3.生成性——丰实

一节好课不完全是预先设计好的,而是在课堂中有教师和学生真实的、情感的、智慧的、思维和能力的投入,有互动的过程,气氛相当活跃。在这个过程中,既有资源的生成,又有过程状态的生成,这样的课可称为丰实的课。

4.常态性——平实

不少老师受公开课、观摩课的影响太深,一旦开课,容易出现的毛病是准备过度。教师课前很辛苦,学生很兴奋,到了课堂上教师就拿着准备好的东西来表演,再没有新的东西呈现。当然,课前的准备有利于学生的学习,但课堂有它独特的价值,这个价值就在于它是公共空间,需要有思维的碰撞及相应的讨论,最后在这个过程中,师生相互生成许多新的知识。

公开课、观摩课更应该是"研讨课"。叶澜教授告诫老师们:"不管是谁坐在你的教室里,哪怕是部长、市长,你都要旁若无人,你是为孩子、为学生上课,不是给听课的人上课的,要'无他人'。"她把这样的课称为平实(平平常常、实实在在)的课,并强调,这种课是平时都能上的课,而不是有多人帮着准备,然后才能上的课。

5.有待完善——真实

课不能十全十美,十全十美的课造假的可能性很大。只要是真实的课,就会有缺憾,有缺憾是真实的一个评价指标。公开课、观摩课要上成是没有一点点问题的,那么这个预设的目标本身就是错误的,这样的预设给教师增加了很多心理压力,教师需要做大量的准备,最后的效果往往是出不了"彩"。有了问题,才有进步的开始,教师不能把自己装扮起来、遮掩起来。

生活中的课本来就有待完善,这样的课被称为真实的课。扎实、充实、平实、真实,说起来好像很容易,真正做起来却很难。但正是在这样追求的过程中,教师的专业水平才能提高,心胸才能博大起来,同时也才能真正享受到教学作为一个创造过程的全部欢乐和智慧的体验。

(资料来源:http://www.hengqian.com/html/2011/4-2/al0441370519.shtml。)

二、其他多样化的评价方法①

（一）行为计量法

行为计量法是指要求全体学生自己观察和记录某些行为出现的次数，或者请学生之间以及与学生有密切关系的他人观察和记录学生的行为，以评价学生的行为是否改变。行为计量法可以用来记录外显行为、情绪、思维等。记录的方法可以用表格或图示的形式。行为计量法的优点在于：①具体而且有可操作性；②记录的过程是学生自我监督的过程，有助于学生改变非适应性行为。

素材分享：课堂现场绘制"快乐之表"。

目的：通过给自己的快乐值打分的方法，学生可以亲眼见证实施快乐魔法后快乐指数的变化，深刻感受快乐魔法的作用和魅力，并愿意在学习生活中运用快乐魔法。

指导学生绘制表格（见表3-3），并说明快乐指数有一个分数范围（0～10），快乐指数可以是小数，如5.5。

表3-3　快乐指数及时反馈表

学习环节	1.（笑）	2.（找到快乐之源并分享快乐）	3.（让人快乐）
快乐指数			

（设计者：何心怡）

（二）问卷测试法

这是评价学校心理健康教育课的主要方法，此法便于操作。例如，要评价一个班开设心理健康教育课程后的效果，可通过向全班同学施测，以及向班主任或任课教师发放问卷，了解情况，形成阶段性的心理报告单。这个报告单采用描述性语言记录学生该阶段的心理状况（包括学习心理、个性品质等），以此来说明学生该阶段的心理状况，便于以后进行比较。也可以利用回馈单，通过开放式问卷和师生访谈的形式进行。

（三）访谈法

访谈法不适合用于大规模的评价，它是为了更深入地了解和分析某些特殊的评价对象而采用的方法。如对有心理困扰和心理障碍的学生，可以访谈学生本人及其同学、任课教师和家长，从而全面了解其情况。

（四）比较法

比较法是指通过比较而进行的评价，它既适合群体也适合个体，例如，比较学生在心理

---

① 刘学兰.中学生心理健康教育[M].广州：暨南大学出版社,2012.

健康教育课前后的心理特点是否存在差异。

知识链接 3-4

采用配对 T 检验的方法考察实验组课程训练前后的结果，如表 3-4 所示。

表 3-4　实验组前测、后测乐观问卷及各因子的差异比较

项目	前测	后测	T	P
效能乐观	18.89 ± 3.72	19.44 ± 2.40	-0.4	0.427
积极应对	19.67 ± 2.60	21.44 ± 2.88	1.13	0.293
消极认知	11.78 ± 1.39	13.11 ± 0.93	-4.62	0.002
积极认知	9.67 ± 2.06	13.81 ± 1.27	4.99	0.001
乐观总分	60.0 ± 4.64	67.11 ± 3.02	-4.49	0.002

由表 3-4 可知，实验组前测和后测在消极认知、积极认知和乐观总分上有显著性差异，说明课程训练效果明显。

（资料来源：付隐文.高中生乐观人格特质调查及低乐观水平团体心理辅导活动初探——以某中学为例［D］.广州：华南师范大学，2015.）

(五)情景性评价法

情景性评价法是指设计与学生学习和生活相关的活动场景，使学生在较为自然的状态下敞开自己的内心世界，从而对学生的心理成长状况进行评价的方法。

素材分享："认识勇气"（见图 3-2，设计者为田斌、王志梅、罗东丽、潘少霞、邓志芳、陈珊珊）。

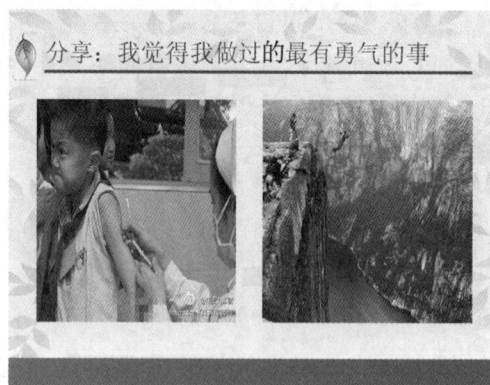

图 3-2　"认识勇气"素材

课外拓展

学科前沿

表现性评价通常要求学生在某种特定的真实或模拟情景中,运用先前所获得的知识完成某项任务或解决某个问题,以考查学生知识与技能的掌握程度,或者问题解决、交流合作和批判性思考等多种复杂能力的发展状况。它强调创设真实情景,即便是模拟情景,也必须能激发学生与在真实情景中相似的反应,以考查学生在现实生活中分析问题和解决问题的能力。

奥尼尔指出,表现性评价使教和学有了较大的进步,给教师、学生和决策者带来许多收获:①对学生的能力做出更为完整的描述;②教师有更多的机会参与到学业评定过程中,并把它直接与教和学联系起来;③给学生带来取得更好成绩的动力;④会得到家长的理解和欣赏。

表现性评价与课程标准和教学的关系如图3-3所示。

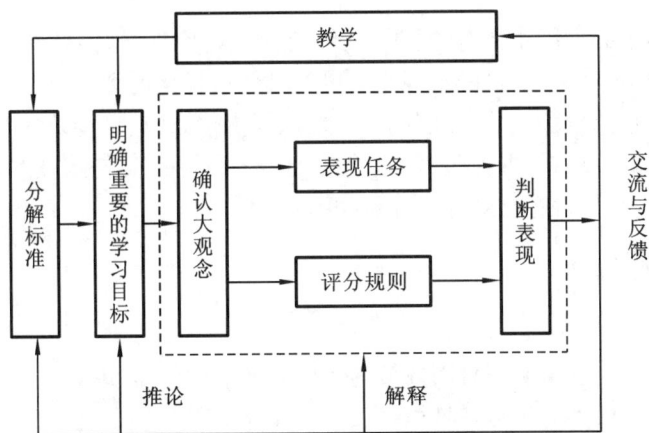

图3-3 表现性评价与课程标准和教学的关系

[资料来源:周文叶.学生表现性评价研究[D].上海:华东师范大学,2009;赵德成.表现性评价:历史、实践与未来[J].课程·教材·教法,2013(2).]

心理训练

表现性评价往往具有以下特点。

(1)在评价目的方面,更侧重于关注学生在真实情景中的表现程度。

(2)在评价功能方面,更侧重于贯彻素质教育的精神和以学生发展为本的思想,旨在促进学生的学习和发展。

(3)在评价原则方面,更突出学科的特点,注重学生的发展全程,注重学生个性差异和发展差异、注重综合能力的评价,注重学生的自评和互评。

（4）在评价标准方面，更侧重于从学生的艺术能力、人文素养以及综合能力的提高等多角度进行评价。

（5）在评价内容方面，更注重于学习与学生的生活、情感的关系以及社会文化、科技等方面的联系，站在整体、全面、全程的视角，涵盖学习的各个层面和教学的各个领域，如过程与方法，知识与技能，情感、态度与价值观等各个方面都是发展性学生评价的内容，并且应该受到同等的重视。

（6）在评价主体方面，侧重于学生、教师、家长等多主体共同参与、交互作用，不仅强调共性和一般趋势，更注重学生、教师、学校的个性发展和个体间的差异性。

（7）在评价方法方面，侧重于改变传统评价方法的单调性，以及过于关注量化评价和传统的学业考试成绩的状况，倡导运用多种评价方法、评价工具，即用多把"尺子"，综合评价学生的情感、态度、价值观、创新意识和实践能力。

试以某一选题为例，在心理健康教育课程中融入表现性评价的理念。

小 结

本章综合介绍了心理健康教育课程的设计流程与评价视角，具体包括教学中的心理学效应、教学的控场技术、课程评价的常规模式以及其他多样化的评价方法。建议关注首因效应、近因效应、心理距离效应、意动效应、联觉效应、视觉化效应、等待效应等多种社会心理学效应在课堂教学中的应用，从课前控场、课堂控场等多方面提升控场技术，并初步掌握起始评价、过程评价和终结评价等常规课程评价类型。

练习与思考

1. 练习题

（1）在教育教学中，善于利用首因效应与近因效应的价值是什么？

（2）课堂控场中，最大的难点在哪里？

2. 思考题

有人说，一节课的成败，关键因素之一是教师的语言艺术。请谈谈你对该观点的看法。

综合案例

"我想要的人生故事"教学设计

专题名称	我想要的人生故事——价值与选择	专题学时	40分钟
教学对象	高中一年级		
一、教学理念			
（一）体验式教学理念及其环节 20世纪80年代初，美国组织行为学教授大卫·库伯提出了体验式学习理论。他认为有效的学习应是这样的过程：始于体验，进而发表看法，由此引发反思，既而形成理论，并最终把理论所得应用于实践的			

过程。该理论强调教师不是单向地传递知识，而是为学生提供丰富的学习情境，寓教于乐，帮助和指导学生主动学习。

1.体验式教学的定义

体验式教学是指学生通过亲身经历或已有经验来认识周围事物，从而理解、感悟、验证教学内容的一种教学方式或学习方式。由此可见，体验式教学既是学生"学"的一种方式，也是教师"教"的一种方式。

2.体验式教学的常规环节

较为公认的是，体验式教学模式由四个环节组成。

第一环节，创设情境，启动体验。教师组织学生在参与某种活动或对某事物有深刻理解的前提下，激活学生的情感，从而使其获得体验。

第二环节，设计问题，激活体验。教师设计一些富有挑战性的问题，激发学生积极思考与体验，深化创设情境环节中所引发的体验。

第三环节，交流感悟，升华体验。教师引导学生基于情境和对问题的思考，开展生生之间、师生之间的分享，希望借此升华体验，获得某种知识的提升。

第四环节，评价、反思，践行体验。教育学意义上的体验，归根结底就是要让学生在体验中获得认识，因此，在评价与反思中帮助学生进行理性的归纳与概括，最终实现知行统一是本环节的核心目的。

(二)价值澄清理论及其特点

1.价值澄清理论

三个阶段的价值澄清理论认为，价值是通过选择、珍视、行动获得的，不通过这三个阶段，就不能获得价值，不通过这三个阶段获得的也不能称其为价值。这三个阶段可细化为七个步骤，分别是：①自由地选择；②从各种可能的选择中进行选择；③对每一种可能的选择的后果进行审慎思考后做出的选择；④珍视与珍爱，对选择感到满意；⑤乐于向别人公开自己的选择；⑥根据选择做出行动；⑦重复这种行动并使之成为个人的生活方式。其中，前三个步骤属于选择阶段，中间两个步骤属于珍视阶段，最后两个步骤属于行动阶段。

2.价值澄清理论的特点

价值澄清理论形成之后，在西方学术界引起了不同的反响，褒贬不一，但总体说来，人们对该理论的评价还是褒多于贬。笔者认为该模式有以下特点。

第一，价值澄清理论提倡尊重儿童的个性，从教育目标的设立到教育过程的组织无不重视学生的个性特征。正是这种尊重儿童理念的确立，才使得价值澄清理论能够激发学生的主动性、积极性和创造性，各种各样具体的教育方法更是强调学生的参与性。它改变了传统道德教育的直接灌输法，改变了学生在教育活动中的被动地位，促进了学生品德的发展。

第二，关注儿童的现实生活。价值澄清理论非常注意从儿童的现实生活出发，引导他们对现实生活中所看到的、发现的现实问题进行价值判断和价值选择。这种对儿童现实道德生活的关注既可以激发儿童的兴趣、提高其参与性，也可以拉近教师和学生的距离，形成和谐的道德教育环境，当然最主要的是让学生了解现实的社会生活，通过对现实生活的判断与选择，逐步形成自己的价值观。可以说，这种对儿童现实生活的关注是价值澄清理论的突出特点之一，也是价值澄清理论与传统道德灌输方法最为显著的区别之一。

第三，价值澄清理论所提出的策略方法比较具体，具有很强的可操作性。

（三）结合体验式教学理念和价值澄清理论，设计本次课的基本环节

结合体验式教学理念，本次课在讲课形式上体现了以学生为主体。在上课过程中，教师不会采取以往纯讲授式的教学方式，而是设置了多个环节让学生参与到课堂之中，完成教师所给的任务，从而使学生从中获得主动性和锻炼自主思考的能力。高中一年级学生处于青春期，具有自我探索和自我表达的需要，因此，本次课立足于帮助学生探索自我、辨析价值观的最终目标，以价值选择为切入点设计教案。

第一环节，活动导入。通过电影片段，引发学生思考，如果你是主人公，你会做出怎样的选择。这一环节一方面可以起到暖场的作用，另一方面可以让学生更多地参与其中，激发其学习的主动性和积极性。

第二环节，课堂讨论。提出价值的定义，启发学生对价值观的思考，使学生思考的积极性提高，以学生为本的理念得到落实。

第三环节，深化主题。通过自身既有的价值和期望获得的价值之间的冲突，让学生澄清自己的价值观，思考对于自己来说什么是最重要的。通过分享，学生能体会不同的人具有不同的价值观，价值观与自身经历息息相关。

第四环节，总结升华。这一环节是让学生巩固在课堂上得到的观点，理解过去的自己，为未来的自己提供支持和帮助。

根据价值澄清理论，价值观教育的目标不是告诉学生什么样的价值观是对的、好的，或应该有什么样的价值观；而是让学生能够自主反思自己价值观的形成，认可和践行经过反思和辩论的价值观，塑造多元、有层次的内在价值体系，从而能在复杂多变的社会中更好地迎接挑战。

二、教学内容

（一）主题的选定

选择主题为"价值观辨析"。价值的判断无处不在，从生活小事到对人生和宇宙终极意义的思考，价值观与人相伴终生。平衡、多元的价值体系对学生的心理健康和自我发展尤其重要。

（二）全课框架

基于体验式教学理论和价值澄清理论，教学内容分为以下四大板块。

第一板块，课堂导入。用电影《我不是药神》中主人公面临危机时的经典片段来引入，让学生为人物做内心独白，引出"选择的背后是价值观"。

第二板块，课堂讨论。提出价值和价值观的定义。

第三板块，深化主题。通过一个游戏，让同学们通过自己的选择反思自己的价值观。

第四板块，总结升华。提出米尔顿·罗克奇的价值系统理论，展示终极型价值观和工具型价值观表格。

三、教学对象分析

（一）学生的一般特征分析

本节课依据高中一年级学生的心理特点而设计。

首先，高中一年级学生正处于青春期，相对于其他年龄阶段，高中一年级学生的自我意识、独立意识明显增强，对权威的认同不再是无条件的，这就使他们处于既依赖又独立、既认同又批判的心理冲突之中。这一阶段的学生常在价值判断中陷入困惑，但又不会随便接受教师的灌输，教师需要引导并且尊重他们的主体性。

其次,这一阶段心理健康教育的一个重要主题就是学生的自我同一性发展。高一的学生在接下来的两年中要面临关乎人生的选择——高考,高考不仅关于成绩,还关于学生对人生方向的思考。在这个阶段,高中生面临来自学业、家庭、师生、朋辈、自我等多方面的矛盾与冲突,同时也渴望独立、追求独特、渴望探索人生的价值和意义。价值辨析对于他们来说尤其重要,辨析价值观的过程实际上就是澄清、反思的过程,课堂教学的目的是培养这种能力,而非传递某种具体的观念。

四、教学目标

(一)认知目标

了解价值观是通过生命中的不同选择来体现的,每个人都有不同的价值观;了解终极型价值观和工具型价值观的含义。

(二)情感目标

认可自己选择的价值观,尊重他人的价值观。

(三)技能目标

能自主思辨自己的选择背后体现的是工具型价值观还是终极型价值观。

五、教学重难点

(一)教学重点

学会探索、澄清、反思自己的价值观。

(二)教学难点

如何让学生切身体会、认识并澄清自己现阶段的价值观,并依据终极型和工具型价值观框架归类。

(三)关于教学难点的突破问题

(1)采用视频短片,让学生通过主人公的选择来理解价值观的概念:价值观是我们在生活和工作中所看重的原则、标准和品质,是我们强大的内在驱动力,是引导行为的动力,是自我激励的机制。教师通过游戏活动,让学生澄清自己现阶段的价值观并进行反思。

(2)强调价值观的重要性:价值观在我们未来的发展中起到了极其重要的、决定人生发展方向的作用,其重要性甚至超过了兴趣和性格对我们的影响,尤其是当我们面对矛盾或冲突时,是妥协还是放弃,起决定性作用的就是价值观,让学生结合自己的实际生活,最后在教师的引导下,引发感悟,总结升华主题。

六、教法与学法

(一)教学方法

教师采用启发法、演示法等多种方法组织课堂教学。

(二)学生学法

学生通过合作学习、观察学习来学习本课内容。

(三)教学策略

拟采用体验式教学和价值澄清理论为依托,构建整体教学环节。其中,对于课堂知识的难点,拟采用情境教学法,选用独立思考和归纳式策略等多种策略相结合的方式解决该难点问题。

续表

七、教学准备
教学素材收集，课件制作。
八、教学流程

在运作流程上，依照"导入新课—提出定义—深化主题—总结讨论"四个教学环节展开教学过程。首先通过电影片段引入，让学生体会主人公的选择其及背后的价值观念。然后以课堂活动的方式，帮助学生通过自己的选择来认识自己的价值观。最后教师做总结升华，帮助学生理解课堂主题。

具体详述如下。

（每部分的目的要明确，最后总结的部分也要明确写出几点）

（一）引入（10分钟）（价值观就在选择的背后）

师：上课！

生：起立，敬礼，老师好！

师：同学们好，请坐。欢迎大家来到我们今天的心理课堂。我是来自华南师范大学的××，你们可以叫我×老师。

大家肯定很好奇，这堂课我们要讨论些什么。那在正式开始前，我想先和大家一起欣赏一个电影片段。片段来自《我不是药神》，有同学看过这部电影吗？

生：（略）

师：请一位看过的同学简要介绍一下电影剧情。

生：（略）

（播放电影片段，主人公是程勇，片段分别是程勇选择放弃卖印度格列宁，以及在朋友身亡之后重新选择卖印度格列宁）

师：老师想请同学们说说程勇的两次选择。第一次他为什么放弃卖药？第二次他又为什么重新回到这个"违法的""危险的"事情当中？

生：（略）

师：同学们说得都很不错。选择的背后所体现的就是程勇的价值观，最终他选择了生命的尊严和希望。

（教师提出价值观的定义）

（展示PPT："价值观就在选择的背后"）

（二）课程主内容（20分钟）（通过自己的选择去反思自己的价值观）

师：刚才电影里我们看的是别人的故事。现在老师想让你们每个人都成为电影的主角，波澜壮阔的旅程即将在你们面前展开，意想不到的事情即将在你们身上发生。现在，拿起笔，你们要执笔写自己的剧本。

（播放PPT，同时讲解规则）

作为电影/小说主角，请你：

携带最初的装备：（4件）（选取你现在所拥有的，你认为最有价值的四样东西）（2分钟）

可以是实物，也可以是精神；可以是人，也可以是动物；可以是你的某种品质（如勇敢、宽容），也可以是情感关系（如友谊、亲情）；可以是具体的，也可以是抽象的。

故事开场：选择你最想经历和实现的三种人生体验（表格）（2分钟）

帮助和拯救其他生命

在某一领域有卓著的成就(即便有时不为人所知)

做自己真正喜欢的事而不在乎他人眼光和世俗标准

去最神秘的地方冒险和探秘

承担比他人更多的责任

生活在自然和艺术的美中

优越的社会地位和周围人的仰视

充满爱的家庭生活,照顾自己的家人

为平等和正义挺身而出

解开科学未知的谜团

在个人成就上胜过绝大多数人

亲密无间的爱情

几个真正的知己

对生命意义和本质的睿智领悟

平静从容的平凡生活

故事中途:你有机会得到以下意外之喜。请选择三个(表格)(1分钟)

一亿英镑现金

一副完美外表

一张可以去世界任何地方的门票

一个吃了可以永葆健康的苹果

一份不会过期的好运气

一瓶用之不竭的灵感和创造力之"水"

一块能成倍提高学习/工作效率的大脑芯片

一个能增加勇气、克服困难的护身符

故事高潮:(2分钟)

灾厄之力:现在你无法保留全部珍贵的事物,为了保护你最想留下的,你必须从选项中舍弃一半。

故事结尾:最后你留下了什么?

请思考:你的选择写出了你怎样的人生故事?

(给大家5分钟的时间和你的朋友彼此分享)

师:请几位同学来分享一下自己选择了什么、留下了什么,以及为什么。

生:(略)

生:(略)

(三)总结(10分钟)(价值体系理论)

师:很感谢同学们刚才的精彩发言。可以看到,每个同学选择的和留下的事物都不同。

(用PPT展示价值体系理论)

终极型价值观	工具型价值观
舒适的生活（富足的生活）	雄心勃勃（辛苦工作、奋发向上）
令人振奋的生活（刺激的、积极的生活）	心胸开阔（开放）
成就感（持续的贡献）	能干（有能力、有效率）
和平的世界（没有冲突和战争）	欢乐（轻松、愉快）
美丽的世界（艺术和自然的美）	清洁（卫生、整洁）
平等（兄弟情谊、机会均等）	勇敢（坚持自己的信仰）
家庭安全（照顾自己所爱的人）	宽容（谅解他人）
自由（独立、自主的选择）	助人为乐（为他人的福祉工作）
幸福（满足）	正直（真挚、诚实）
内在和谐（没有内心冲突）	富于想象（大胆、有创造性）
成熟的爱（性和精神上的亲密）	独立（自力更生、自给自足）
国家的安全（免遭攻击）	智慧（有知识、善思考）
快乐（快乐的、休闲的生活）	符合逻辑（理性的）
救世（救世的、永恒的生活）	博爱（温情的、温柔的）
自尊（自重）	顺从（有责任感、尊重的）
社会承认（尊重、赞赏）	礼貌（有礼的、性情好）
真挚的友谊（亲密关系）	负责（可靠的）
睿智（对生活有成熟的理解）	自我控制（自律的、约束的）

价值观是一种抽象的目标，超越了具体的行动和环境；它来自我们对内心感受的评价，没有对错，只有真实与否；它提供给你工作与生活的内驱动力，是关于"什么是重要的"和"这些东西之间有什么关系"的观念。

——心理学家米尔顿·罗克奇《人类价值观的本质》

价值其实有许多类别。米尔顿·罗克奇的价值体系理论是现在价值研究中十分常用的工具。

①终极型价值观指的是个人价值和社会价值，用以表示一个人存在的理想化终极状态和结果；它是一个人希望通过一生的努力而实现的目标。

②工具型价值观指的是道德、能力等，是达到理想化终极状态所采用的行为方式或手段。

在刚才的活动中，每个人生情节其实都对应了一种或多种终极型价值观，大家可以看看自己的选择背后是怎样的价值观。而意外之喜则对应了一些工具型价值，比如金钱、外表、运气、创造力。同学们自己选择的初始装备，是现在对你们而言最重要的事，它们可能和你们的终极型价值观相契合，也可能和工具型价值观相契合。

当你选择工具型价值观的时候，可以进一步思考，问问自己，你需要这件工具其实是要追求什么样的生活？也就是，拥有什么样的终极型价值观？

　　同样的两个人,可能有相同的终极型价值观,却选择了不同的工具去抵达。同学们的选择体现了各自独特的价值体系。

　　(PPT展示重点)

　　价值的澄清:①价值观体现在选择中;②反思自己的选择背后体现了什么样的价值观;③每个人的价值观都有独特之处。

　　今天,同学们在有限的选项中选择了自己想要的故事,但这不是全部的道路,也不是最终的答案。老师希望今后,在座的各位能勇敢探索、大胆追求自己心目中的价值,写出真正属于自己的独一无二的人生故事。

　　……

　　下课!

　　(PPT end)

九、板书设计
<div align="center">价值与选择 ……</div>
十、预案设计
如果剩余时间充足,就多请一些同学分享;如果剩余时间不足,则在讨论环节少请一些学生分享。

第四章

心理健康教育课程案例分享之小学篇

本章数字资源

本章结构

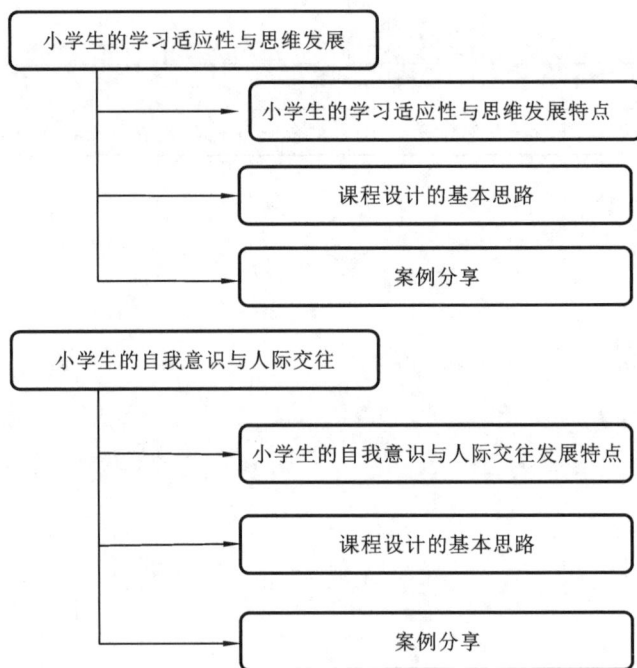

第一节　小学生的学习适应性与思维发展

一、小学生的学习适应性与思维发展特点

(一)小学生的学习适应性的基本特点

学习适应性发展水平具有随年级升高而下降的趋势,所谓"学习适应性",是指学生克服种种困难取得较好学习效果的一种倾向,即学习适应能力。小学阶段是儿童开始系统接受教育的重要时期,也是儿童心理发展的一个重要转折时期。从幼儿园教育过渡到小学教育,儿童会面临许多生理和心理上的转变与挑战,具体来说,主要是幼儿园与小学在作息时间安排、课堂形式、教学环境以及评价儿童发展水平的途径和方法等方面存在较大的不同。

小学伊始,小学生会表现出新鲜且习惯、好奇且好动、喜欢模仿等行为特点,具有直观、具体、形象等思维特点。此时,学习活动逐步取代游戏活动,成为小学生主要的活动形式,但是小学生往往在行为表现上带有明显的幼儿特点,很难做到专心听讲和信任老师。因而小学低年级学生一时难以适应小学生活,容易出现"陡坡效应",导致适应困难和适应缓慢,在学习方面表现得尤为明显。一般来说,小学生的学习既具有学生学习的基本特点,又表现出其年龄阶段所特有的特点。小学生的学习不仅具有更大的社会性、目的性和系统性,还带有一定的强制性。

小学生在学习适应性方面的发展特点可分为学习动机、学习兴趣、学习态度、学习策略等。

1. 学习动机

小学生的学习动机直接影响其学习态度和学习成绩。小学生的学习动机是多种多样的,且中国小学生的学习动机具有自身的特点。研究结果表明,小学生学习动机包括回报动机、求知动机、交往趋利动机、利他动机、学业成就动机、生存动机和实用动机,这些动机在我国小学生中广泛存在,并对小学生学习有着一定的影响。其中,在小学生的学习动机中,外部动机始终占据主导地位,内部动机还处于不断发展的过程中。另外,小学生学习动机的总强度随着年级升高呈现下滑趋势。小学高年级学生的学习内容增多、任务加重,外部压力较大,导致动机强度减弱;同时,随着小学生的自我意识发展,高年级小学生开始形成具有长远社会意义的自我实现动机。还有研究发现,小学生学习动机的总强度随年级升高呈下滑态势。由于动机受自我意识制约,三年级到五年级的小学生自我意识处于平稳发展阶段,所以这一阶段学生学习的动机由强向弱转化;而且小学高年级学生的学习内容增多、任务加重,外部压力较大,也会导致动机强度减弱。

教育工作者们在培养与激发小学生学习动机时应该充分考虑到学习动机发展变化的规律。一方面,由于小学生的学习动机以外部动机为主,因此在教育过程中应大量采用合理奖赏、及时反馈、定期考察、适度竞争等教育方式,激发其学习动机;另一方面,要有意识地引导

学生,培养学生的求知欲和学习兴趣,增强学生的自我效能感,促使其学习动机从外部动机向内部动机转化,调动学生自觉、主动学习的积极性。

2. 学习兴趣

兴趣是最好的老师,培养学习兴趣才是帮助小学生学习的第一推动力。小学生的学习兴趣从入学读一年级到六年级的过程中,大致有以下五个特征。

(1)小学生的兴趣从对学习过程、学习的外部活动的兴趣过渡到对学习内容的兴趣。

对于刚刚步入学堂的一年级小学生来说,学校是一个全新的世界,上课是一种有趣的活动。这时候他们感兴趣的可能是课堂上老师来回走动的样子、课本上五颜六色的插画,而对于生字、数字这些学习内容只是顺带记住的。

(2)从对外界一切事物感到好奇分化到对几个领域感兴趣。

上了小学之后的儿童不再对外界一切事物都感到好奇,他们不会像小时候那样无论播放什么视频都乐于观看,而是开始有了自己喜欢看的动画片和喜欢听的音乐。对于学习的内容,他们也会有自己的喜好。

(3)随着年龄的增大,游戏的作用逐渐降低。

孩子年龄还小时,一个小小的玩具球、恐龙玩偶都能玩很久,还会模仿电视中人物的语言和动作,但随着年龄的增长,儿童的此类行为会逐渐减少。

(4)阅读范围从课内阅读过渡到课外阅读。

儿童早期的课内阅读可以为他们的课外阅读积累经验并打下坚实的基础。同时,课内阅读使他们体会到文字所传达的故事的魅力,当课内的阅读内容满足不了他们的需求时,他们就会寻求课外的阅读。

(5)对社会生活的兴趣逐步扩大加深。

儿童步入学校之前的活动更多的是在家庭中开展的,当他们踏出这个范围步入学校,就会慢慢开始建立自己的社交圈。社会生活在逐渐影响着儿童,因此儿童的社会认知水平也在这种潜移默化的影响下逐步提高。

3. 学习态度

在小学的学习活动中,小学生初步形成了一定的学习态度,分别体现在对教师的态度、对集体的态度、对作业的态度和对评分的态度上。对于低年级小学生而言,教师的态度是影响其学习态度的主要因素,此时,儿童对教师怀有特殊的尊敬和依恋之情,开始理解分数和评分的客观意义,但是还没有形成班集体概念,同学之间缺少关心,还没有意识到作业是学习的重要组成部分,所以不能经常以负责的态度对待作业。进入中年级后,儿童逐渐对教师产生选择性怀疑的态度,开始进行有组织的、自觉的班集体生活,对学习和对集体的责任感有所提升,逐步形成对作业的自觉负责的态度,表现为能按一定时间来准备功课和完成作业,主动安排学习时间,能排除干扰从而细心完成作业。

4. 学习策略

随着年龄的增长,小学生的学习策略不断丰富,逐渐学会使用有效的策略去完成学习任务。但是研究表明,在低年级阶段,儿童多使用单一的学习策略,使用策略具有不完善、不稳定和刻板的特点。但是当学习任务从非技能性向技能性过渡时,策略运用的多重性表现得特别明显,例如儿童从单一运用数手指的方法做数学运算,变成运用记忆提取、将问题分解成小问题等多种策略解决问题。

具体发展分为三个阶段。

第一阶段,儿童不能自发地产生学习策略。而且,即使别人教给他们某种策略,他们也不能有效地使用。

第二阶段,虽然儿童不能自发地产生某种策略,但却可以在他人的指导下学会使用某种策略,从而提高认知水平。

第三阶段,儿童能自发地产生并有效地使用策略,能够举一反三并发现新的解决办法。

(二)小学生思维发展的基本特点

小学生思维由具体形象思维到抽象逻辑思维的过渡,存在着一个明显的"关键年级"——四年级。我国心理学家朱智贤早就指出,小学生思维的基本特点是从以具体形象思维为主要形式逐步过渡到以抽象逻辑思维为主要形式。但这种抽象逻辑思维很大程度上是直接与感性经验相联系的,仍然具有很大程度的具体形象性。一般认为,小学四年级(10～11岁)是儿童思维发展的关键时期,同时小学生思维的过渡性显示出思维结构趋于完整的特点,但有待完善,7～8岁时表现出辩证思维的萌芽。在具体到不同思维对象、不同学科、不同教材的时候,思维发展过程常常表现出很大的不平衡性,主要表现在概括能力、比较能力和分类能力三个方面。具体来说,小学生思维发展有以下几个特点。

1. 从以具体形象思维为主要形式向以抽象逻辑思维为主要形式过渡

小学低年级学生的思维虽然有了抽象的成分,但仍然以具体形象思维为主。比如,他们所掌握的概念大部分是具体的、可以直接感知的,他们难以区分概念的本质和非本质属性,而中高年级小学生则能区分概念的本质和非本质属性,能掌握一些抽象概念,能运用概念、判断、推理进行思考。小学生的思维由具体形象思维向抽象逻辑思维的过渡存在着一个转折期,一般出现在四年级。如果教育得当,训练得法,这一转折期可以提前到三年级。

2. 抽象逻辑思维发展不平衡

在整个小学时期,儿童的抽象逻辑思维水平不断提高,思维中抽象的成分日渐增多,但在不同的学科、不同的教学内容中表现出不平衡性。例如,对于熟悉的学科、难度小的任务,儿童思维中抽象的成分较多,抽象的水平较高;而对于不熟悉的学科、难度大的任务,儿童思维中的具体成分就较多。

3. 抽象逻辑思维从不自觉到自觉

小学低年级学生虽然已掌握一些概念,并能进行简单的判断、推理,但他们尚不能自觉地调节、控制自己的思维过程。而中高年级小学生,他们在教师的指导下,对自己的思维过程进行反省和监控的能力有了提高,能说出自己解题时的想法,能弄清自己为何出错,这表明他们思维的自觉性有了发展。

4. 辩证逻辑思维初步发展

抽象逻辑思维的发展要经历初步逻辑思维、经验逻辑思维、理论逻辑思维(包括辩证逻辑思维)三个阶段。小学生的思维主要属于初步逻辑思维,但却具备了逻辑思维的各种形式,并具有了辩证逻辑思维的萌芽。研究表明:小学生辩证逻辑思维发展水平随着年龄的增长而提高。小学一、二、三年级是辩证逻辑思维的萌芽期,四年级是辩证逻辑思维发展的转折期。在整个小学阶段,儿童辩证逻辑思维发展水平尚不高,属初级阶段。

二、课程设计的基本思路

(一)学情分析

一年级:儿童刚入学不久,对小学生活既有新鲜感但又不习惯,因而一时难以适应;对学习有好奇心,却很难做到专心听讲,很难独立完成作业;注意力不集中,情绪变化无常,容易疲倦;好动,自制力较差,容易冲动以及特别敏感;好奇心强、喜欢模仿,并且有直观、具体、形象等思维特点。

二年级:二年级学生已基本适应小学的学习生活。在上课听讲、完成作业、遵守公共秩序、尊敬师长、简单的自我服务性劳动等方面有了一定的基础,但从总体上说,对常规训练的认识不深刻,动作不到位,行为不规范;开始有了自我控制的能力,喜欢表现自己,竞争意识和上进心有所发展,能树立近期的奋斗目标,都想争取成为好学生;好奇、好动、好模仿,思维的直观性、具体性、形象性仍然是这一阶段小学生共同的特点。

三年级:三年级学生的学习心理和认知水平的发展,都将进入新一轮的低谷期,因为中段的学习要求和低段相比,在很多方面明显上升了一个台阶,此时学生学习需要拿出真本事,需要付出更多的努力;思维正处于由形象思维向抽象思维过渡的时期,能进行一定的抽象思维,但仍以形象思维为主;模仿性强,是非观念淡薄;由模仿性和再现性的想象向创造性的想象过渡;意志还很薄弱,自觉性、主动性、持久性都较差,遇到困难和挫折时容易产生畏难情绪。

四年级:随着年龄的增长和学校常规的学习训练,四年级学生学习的自觉性、组织纪律性有所增强。与此同时,四年级学生的学习能力伴随着生理的发育和心理素质的完善逐步发展起来。感知能力的发展,注意品质的进步,有意识记忆能力的提高,都为四年级学生的学习进步创造了条件;思维能力的发展处于由具体形象思维向抽象逻辑思维过渡的状态。在他们对事物的概括中,具体形象的外部特征或属性逐渐减少,抽象的本质特征或属性的成分逐渐增加。

五年级:五年级学生开始进入少年期,身心的发展正处在由幼稚趋向自觉,由依赖趋向独立,半幼稚、半成熟交错的矛盾时期。品德心理上具有以下特点:能认识和掌握一定的道理观念,开始关注社会现象,开始有独立见解,但他们的见解极易受外界影响而时常变化;道德感情开始多变而且不轻易外露,开始以一定的道德标准来评价人、事或社会现象,但仍有片面性;对学校的教育内容趋向于通过思考,选择接受;已有的行为习惯日趋稳定,但对新提出的行为要求则容易出现知行脱节;第二信号系统开始占优势,求知的欲望和能力、好奇心都有所增强,对新鲜事物开始思考、追求、探索,学习兴趣更为广泛。

六年级:六年级学生接触生活的面比以前广,吸取的信息也更多,对社会现象和国内外新闻比较关心,但选择和处理信息的能力还不强,还不善于正确地进行判断与辨析。六年级学生敬仰英雄和名人,爱抄名人名言,想当英雄,但在日常生活中却又缺少克服困难的意志和毅力;他们对小学生的日常行为要求比较熟悉,不会不屑于按要求规范自身。

(二)教学理念

根据建构主义理论,现代教育理念强调学生在学习活动过程中的主体地位。学生是知识意义的主动建构者,通过主动参与学习活动获取知识。教师是学生学习过程中的"脚手架",是教学活动的组织者、指导者和学生学习进程的促进者。纪伯伦说:"一个真正明智的教师不会引导学生进入教师的智慧空间,而是带领学生走进他们自己的智慧天地。"从这种教育观出发,教师设计的课前课堂教学活动要围绕学生的认知体验展开,以便引导学生进入学习知识的正确轨道;组织学生通过听、说、看、做等方式,发现认知过程中的疑问;鼓励学生对已有的现象质疑,促进他们经过思考、分析,利用相关知识解决问题。教师以学习者身份参与学生讨论,在与学生交流的过程中,调动他们的学习兴趣,激励他们深入探索,形成一种师生不断提问、不断探讨、不断解决问题、不断推动学习进程的课堂环境。

(三)选题依据

根据《中小学心理健康教育指导纲要(2012年修订)》,结合小学生不同发展阶段的特点,学习适应性与思维发展的专题设计重点也有所不同。具体表现为以下方面(节选部分内容)。

小学低年级主要包括:帮助学生认识班级、学校、日常学习生活环境和基本规则;初步感受学习知识的乐趣,重点是学习习惯的培养与训练;帮助学生适应新环境、新集体和新的学习生活,树立纪律意识、时间意识和规则意识。

小学中年级主要包括:帮助学生了解自我,认识自我;初步培养学生的学习能力,激发学习兴趣和探究精神,树立自信,乐于学习;增强时间管理意识,帮助学生正确处理学习与兴趣、娱乐之间的矛盾。

小学高年级主要包括:着力培养学生的学习兴趣和学习能力,端正学习动机,调整学习心态,正确对待成绩,体验学习成功的乐趣;帮助学生克服学习困难,正确面对厌学等负面情绪,学会恰当地、正确地体验情绪和表达情绪;培养学生分析问题和解决问题的能力,为初中阶段学习、生活做好准备。

结合上述内容,建议本专题课选择以下内容进行建构。①心理适应辅导,主要包括对规则、纪律、学习、新环境的认识与适应等。②学习心理辅导,主要包括学习动机、学习态度、学习方法、学习习惯和考试心理辅导等。③思维能力辅导,主要包括针对观察力、记忆力、思维能力、想象力和注意力等思维能力的辅导。此外,在设计中,建议侧重于提升学生的自学能力、判断能力和独立思考能力,让学生掌握科学的学习方法,增强学习信心,成为真正的思考者与创造者。

(四)相关理论

1. 学习对儿童心理发展的作用

学习促进儿童产生责任感并增强意志。学生学习不仅具有更大的社会性、目的性、系统性,还带有一定的强制性。儿童必须明确认识学习的目的,使自己的活动服从这一目的,并对这一目的的实现情况进行检查,在这种特殊的学习过程中,产生责任感和义务感,意志力也得到培养和锻炼。

学习使儿童掌握知识和技能并发展了抽象思维能力。儿童心理活动的有意性和自觉性都明显发展起来，思维活动也逐渐从具体形象思维过渡到抽象逻辑思维。

学习提升了儿童的自我意识、社会交往水平，并使他们形成了良好的道德品质。学习活动是以班集体为单位的，在共同的学习活动中，儿童不仅发展了社会交往技能，提高了社会认知水平，还培养了合作与互助的集体精神，自我意识也进一步发展。通过各种同伴团体，儿童掌握了各种基本的行为规范并发展出各种良好的品德。

2. 维果茨基的最近发展区理论

维果茨基认为，儿童有两种发展水平：一是儿童的现有水平，即由一定的已经完成的发展系统所形成的儿童心理机能的发展水平，如儿童已经完全掌握了某些概念和规则；二是即将达到的发展水平。这两种水平之间的差异，就是"最近发展区"。也就是说，儿童在有指导的情况下，借助成人帮助所能达到的解决问题的水平与独自解决问题所达到的水平之间的差异，实际上是两个邻近发展阶段间的过渡状态。它的提出说明了儿童发展的可能性，其意义在于教育者不应只看到儿童今天已达到的发展水平，还应看到其发展仍处于形成中的状态，正处于发展的过程中。所以，维果茨基强调教学不能只适应发展的现有水平，而应适应最近发展区，从而走在发展的前面，最终跨越最近发展区并达到新的发展水平。也就是说，"教学应该走在发展的前面"，即教学在内容、水平、特点和速度上决定智力的发展，教学的目的是引导儿童发展。维果茨基在最近发展区的基础上提出了学习最佳期限，即学习任何知识或技能都有一个最佳年龄或时期，为了最大限度地发挥教学作用而不造成发展障碍，要让儿童在最佳年龄学习相应的知识。

3. 皮亚杰的认知发展理论

皮亚杰把儿童心理或思维发展分成以下四个阶段。

(1)感知运动阶段(0～2岁)：形成客体永久性，表象思维开始出现，比如，有时不用明显的动作就能解决问题；出现延迟模仿。

(2)前运算思维阶段(2～7岁)：思维表现出符号性的特点；出现自我中心化，不能完成守恒任务。

(3)具体运算思维阶段(7～12岁)：去自我中心化，能够完成守恒任务。

(4)形式运算阶段(12～15岁)：思维具有抽象性，思维水平已经接近成人。

儿童认知发展具有以下阶段性的特点。各个阶段都有其独特的认知结构，从而表现出各个发展阶段的年龄特征；每一个阶段都是形成下一阶段的必要条件；前后两个阶段之间并不是截然分开的，而是有一定交叉的；从一个阶段向另一个阶段发展的顺序是不能改变的；在同一发展阶段内的各种认知能力的发展是平衡的。

4. 小学生思维能力的发展

1)思维的基本发展过程

(1)概括能力的发展：直观形象(低年级小学生)—形象抽象(中年级小学生)—初步本质抽象(高年级小学生)。

(2)比较能力的发展：从区分具体事物的异同发展为区分抽象事物的异同；从区分个别部分的异同发展为区分许多部分间的异同；从在直观感知条件下进行比较，发展为运用语言在头脑中对表象进行比较。

(3)分类能力的发展:小学二年级学生可以完成自己熟悉的关于具体事物的字词分类;小学三至四年级是从根据事物的外部特征向本质特征分类转折的时期。

2)概念的发展

概念的发展越来越深刻化、系统化、丰富化。

3)推理能力的发展

(1)直接推理能力的发展:小学一至二年级是第一发展阶段;小学三至四年级是第二发展阶段;小学五年级是第三发展阶段。其中,小学四至五年级是直接推理能力发展的转折期。

(2)演绎推理能力的发展:小学二年级学生已经能应用演绎推理来解释个别现象,但如果其解释的概念与事实不具有相似性,则推理中的逻辑关系将受到破坏。小学三至四年级学生,不仅能对直观感知的事实,而且能对言语提供的事实运用演绎推理进行解释,只要其解释的概念与事实具有相似性,就能比较容易地进行演绎推理;如果其解释的概念与事实完全缺乏相似性,他们则会感到困难。小学五六年级学生,能以较快的速度进行演绎推理,但是这是未展开的、不完全的。

4)思维品质的发展

儿童思维品质的发展有以下四个方面的特点。

(1)敏捷性:儿童的运算速度不断提高。

(2)灵活性:解决问题时表现为一题多解;灵活解题的精细性增加;组合分析水平提高;其发展是稳步的,没有突变转折。

(3)深刻性:小学三至四年级是儿童思维品质的转折期。

(4)独创性:比其他思维品质发展得晚,独创性思维更复杂,涉的因素更多。

案例分享

案例1~3的设计者均是郑小玲,案例4的设计者是朱琪馨。

案例1:"心"能量,新出发

一、学情分析

本次教学对象是小学五年级学生。小学五年级学生开始步入青春期,不仅身体迅速发育,出现第二性征,心理方面也产生了微妙变化,这些青春期特征给学生的个人心理、同伴交往、学习生活和亲子关系等带来了一定的影响和困扰。而且,自五年级开始,学业任务增多、学业难度加大,这对学生的学习能力和思维方式要求更高了。刚刚结束暑假悠闲生活,突然步入五年级的学生,难免在开学初期产生一些适应不良的现象。

本节课主要通过活动帮助五年级学生觉察并接纳开学初的适应不良状态,舒缓开学初期的焦虑与不安。同时,结合焦点解决短期心理咨询中的评量询问技术及"来访者是自身问题的专家"的基本理念,帮助五年级学生运用已有的方法和能力调整自身状态,更好地适应高年级的学习生活。

二、教学理念

人的学习过程分成两类:一类是左脑式学习,另一类是右脑式学习。左脑式学习就是我们过去很多年学校教育的特点,就是老师传授很多现成的理论和知识,让同学们记熟背会;而右脑式学习则是强调身体力行的"体验",就是从你的亲身感受中去学习及领悟。左脑式学习重理论,而右脑式学习重实践,右脑式学习也就是体验式学习。本课程以体验式学习理论为支撑进行设计。

（一）体验式学习理论

20 世纪 80 年代初,美国组织行为学教授大卫·库伯提出了体验式学习理论。他认为有效的学习应是这样的过程:始于体验,进而发表看法,由此引发反思,进而形成理论,并最终把理论所得应用于实践的过程。该理论强调教师不是单向地传递知识,而是为学生提供丰富的学习情境,寓教于乐,帮助和指导学生主动学习。

（二）体验式教学

体验式教学是指学生通过亲身经历或已有经验来认识周围的事物,并认识、理解、感悟教学内容的一种教学或学习方式。

目前,国内较为公认的体验式教学有 4 个环节。

（1）创设情境,启动体验。组织学生在参与某种活动或基于对某事物的深刻理解的前提下,激活学生的情感,从而获得体验。

（2）设计问题,激活体验。设计一些富有挑战性的问题,激发学生积极思维与体验,深化情境创设环节中所引发的体验。

（3）交流感悟,升华体验。引导学生基于情境和对问题的思考,开展生生之间、师生之间的分享环节,借此升华体验,获得某种知识的提升。

（4）评价反思,践行体验。作为教育学意义上的体验,其归根结底就是要让学生在体验中获得认识,因此,在评价与反思中帮助学生进行理性归纳与概括,最终实现知行统一是本环节的核心目的。

三、选题依据

《中小学心理健康教育指导纲要（2012 年修订）》中指出,心理健康教育的总目标是:提高全体学生的心理素质,培养他们积极乐观、健康向上的心理品质,充分开发他们的心理潜能,促进学生身心和谐可持续发展,为他们健康成长和幸福生活奠定基础。

四、教学目标

（1）认知目标:觉察自身当前的状态,了解开学焦虑是一种普遍现象。

（2）情感目标:接纳开学初的焦虑情绪,以积极心态迎接新的学期。

（3）技能目标:学会挖掘自身的支持力量,增强情绪调节能力。

五、教学重难点

（1）教学重点:挖掘自身的支持力量。

（2）教学难点:在挖掘支持力量的过程中,增强自信并积极体验生活。

六、教学时间

1 课时。

七、教学准备

（1）准备"我的'心'能量"活动卡。

（2）通知学生带彩笔。

(3)制作课件。

八、教学过程

(一)游戏导入:"大小风吹"

1.第一轮游戏规则

(1)被"大风"吹到的同学起立后再坐下,没被吹到的同学保持坐姿不动。

(2)被"小风"吹到的同学保持坐姿不动,没被吹到的同学起立后再坐下。

2.第二轮游戏规则

(1)被"小风"吹到的同学起立后再坐下,没被吹到的同学保持坐姿不动。

(2)被"大风"吹到的同学保持坐姿不动,没被吹到的同学起立后再坐下。

3.互动问答

(1)更改游戏规则后,为什么有更多的同学出错了?

(2)升入五年级后,你是否有第二轮游戏中类似的感受呢?

4.教师总结并引出主题

新的规则导致我们会有些别扭,有些不习惯,而升入五年级,面对新的教室、新的老师、新的学习要求等,我们也难免会不安、会焦虑,需要一段时间适应。这节课,就让我们一起积蓄"心"能量,快乐出发吧!

(教师板书课题)

(二)觉察状态:我的"能量条"

教师引导:了解自己,我们才能更好地出发。现在,请你想想,开学以来,你的状态究竟怎样呢?

1.当前"能量条"

(1)请在活动卡上填涂"能量条Ⅰ",并标注好自己目前的能量值(0～10)。

(2)请描述你目前的状态和感受。

(3)记下状态与你相似的组员的名字。

2.组内分享与小组代表分享

(1)小组成员目前的状态和感受如何?

(2)是否有能量值差距较大的组员? 原因是什么?

(3)在分享中,你们有什么发现?

(教师板书,记录学生目前的状态)

4.教师小结并引导

在刚刚的分享中,我们发现很多同学目前的能量值都不是很高,对于目前的状态也不是很满意,出现不安、紧张的情绪都是很正常的。大部分同学虽然还不是很适应新学期的生活,但却充满了希望和期待,渴望在新学期有更好的状态。想象一下,当你完全适应了新学期的生活以后,你会是怎样的状态呢?

5.期待"能量条"

(1)请在活动卡上填涂"能量条Ⅱ",并标注好自己期待达到的能量值(0～10)。

(2)请用积极、正面的词语尽可能具体地描述你期待的状态,比如"我期待自己的状态是:在学习上,可以做到每节课专心听讲、每天按时完成作业、每天记4个英文单词……在人际交往中，可以做到每天主动问候同学、有 3 至 5 个好朋友、每周至少为身边的同学提供一次帮助……在生活上，可以做到每天与父母谈心 15 分钟，每天做家务 20 分钟，每天运动 30 分钟……"。

6.组内分享与小组代表分享

(1)小组成员期待的状态是怎样的？与目前的状态差距大吗？

(2)小组成员描述的状态是否具体？是否可行？

（教师板书，总结学生的期待状态）

(三)调整状态：我的"能量瓶"

教师引导：游戏中，提升能量值的方法有很多，而在生活中，我们也有多种多样的能量来源。想一想，有什么能帮助你获取能量，让你感到安心、快乐，帮助你提升心理状态呢？

1.绘制"能量瓶"

(1)请在瓶子旁的方框内写出能给予你能量的行为或事物。

(2)选择不同的颜色代表相应的行为或事物，以你喜欢的线条或形状将它们装进能量瓶里，瓶子越满，说明它们带给你的能量越多。

2.组内分享与小组代表分享

(1)小组成员的能量源泉有哪些？

(2)还有其他的能量源泉吗？

(3)简单分享自己获得能量的一次经历。

（教师板书，总结学生的能量源泉）

3.教师小结

我们的能量不仅来自自身的努力，而且来自身边人的支持，还来自点滴的小事与温暖。日常生活之中其实蕴藏着无数不可或缺的"心"能量。

(四)课堂总结

1.分享收获

请用一句话总结你这节课的收获。

2.教师总结

每一次的不适应都是一次善意的提醒，提醒我们需要调整自己的状态，也提醒我们身边有许多支持力量。只要我们善于汲取能量，积极调整状态，就一定能够更好地迎接挑战，迎来新学期的精彩生活，迎来一个更好的自我！

案例 2：我是创造小达人

一、学情分析

本节课的教学对象为小学四年级学生。小学四年级学生正处于思维发展的关键期，逐步由具体形象思维过渡到抽象逻辑思维。此时是培养学生学习能力、思维能力的最佳时期。而小学四年级学生的思维方式仍具有很大程度的具体形象性，因此本课从实用方法入手去培养学生的创造性思维，并通过活动体验让学生自己动手解决问题，以更好地激发学生的创造力。

在课前调查中，笔者了解到小学四年级学生对创造力的概念已有初步认识，并能说出生活中体现创造力的例子,大部分同学也有富于创造性的经验或想法,但学生对创造力的理解整体偏向于科学类的发明,这无形中拔高了创造力的标准,使得创造力和学生的生活实际有了一定距离。因此,本节课旨在通过引导和体验,降低运用创造力的门槛,让学生感受创造力带来的乐趣和自信,认识到人人皆有创造力。

二、教学理念

同案例1。

三、选题依据

《中小学心理健康教育指导纲要(2012年修订)》指出:心理健康教育的总目标是提高全体学生的心理素质,培养他们积极乐观、健康向上的心理品质,充分开发他们的心理潜能,促进学生身心和谐可持续发展,为他们健康成长和幸福生活奠定基础。其中还指出,小学中高年级的教育内容包括着力培养学生的学习兴趣和学习能力,培养学生分析问题和解决问题的能力。

根据斯滕伯格等人的研究,创造力是指人们运用新的方法解决问题,并能产生新思想,发现和创造新事物的心理过程。创造力总是体现在问题解决的活动中,离不开学生的兴趣和意志。因此,培养学生的创造力有助于培养学生的积极心理品质,开发学生的心理潜能,提高学生分析和解决问题的能力,增强学生的学习兴趣。

四、教学目标

(1)认知目标:认识到创造力的多样性,了解人人皆有创造力。

(2)情感目标:体验创造力带来的乐趣及自信,加强对生活的关注和热爱。

(3)技能目标:掌握一些创造性的方法,培养创造性思维。

五、教学重难点

(1)教学重点:体验运用创造力的过程与乐趣。

(2)教学难点:掌握并运用富有创造力的方法。

六、教学时间

1课时。

七、教学准备

(1)制作课件。

(2)准备剪刀、丝线、胶水、卡纸等活动物品。

(3)让学生收集生活中可进行创造活动的各种材料或带回自己已有的创造成果。

八、教学过程

(一)赏一赏:身边的创造成果

(1)教师导入:上节课,我要求大家带回生活中的各种创造材料或自己的创造成果,这节课,就让我们一起来当 创造小达人。

(板书课题)

(2)教师引导:只要细心观察,我们就会发现生活中充满了各种各样的创造,我们先一起来欣赏身边的创造吧!

(3)学生通过图片欣赏身边的创造,认识创造的多样性。

(4)教师提问:创造是如何改变我们的生活的? 你发现了哪些创造的方法? 你还知道其

他创造的方法吗？

（板书：创造的方法）

（5）学生小组讨论，学生代表分享。教师总结学生回答并板书：加一加、减一减、变一变……

（6）教师小结：创造其实很简单，只要善于观察、巧用方法，每个人都可以成为创造小达人。

（二）做一做：创造小实践

（1）教师说明：接下来，请同学们借鉴刚刚了解到的方法进行集体创造或个人创造，可以利用带回的物品进行创造，也可以改造升级已有的创造成果，还可以用图文描绘自己的创意。要求创造的作品必须具有美观性或实用性。

（2）学生进行创造实践。

（3）教师巡视学生活动进展，指导学生以不同方式、不同层次参与到创造中来，包括引导学生生成创意、鼓励学生分享与合作、为学生提供材料帮助等。

（三）品一品：达人作品展

（1）教师：大家的作品让老师不禁啧啧称奇，让我们邀请一些创造小达人来分享他们的创造吧（教师引导学生分享"灵感来源、方法运用、困难解决"等，帮助学生梳理创造过程，积极点评，增强学生的创造信心）。

（2）学生展示作品并分享创造过程。

（3）学生互相品评作品，为作品打星，互相借鉴创意。

（四）延一延：课后小作业

（1）教师引导：这节课，每个同学都当了一回创造小达人。现在，请用一句话说一说这节课带给你们的感受或收获。

（2）学生分享课堂感受与收获。

（3）教师小结并布置作业：创造其实很简单，它不仅在我们的身边，也在我们的身上。请大家用创造的眼光去观察生活，发现身边的创意，并尝试用所学去解决生活中遇到的问题，使我们的生活更美好、更便利。

案例3：我坚持，我能行

一、学情分析

本节课的教学对象为小学五年级学生。进入小学高段，学习难度提高，学生容易出现适应问题。笔者在日常教学中发现，不少小学高年级学生难以坚持学习计划，尤其碰到困难就容易退缩，缺乏明确的追求目标，对学习容易失去热情。因此，开展培养坚持的课程，能帮助学生培养良好的意志力，帮助其在学习上坚持不懈地为了目标而努力。

二、教学理念

同案例1。

三、理论依据

坚持是指人在行动中能坚持决定，百折不挠地克服困难和障碍，完成既定目的的意志品质。它是意志品质中的一个重要指标，也是人们学习活动的重要的非智力因素。

积极心理学理论将"坚持"作为24项积极心理品质之一,其可操作性特征大部分与学习相关,包括:会坚持做功课,直到做完为止;如果任务太困难,也不会放弃;即使不想完成,该完成的工作还是会完成;做事会尽力,即使失败了也不放弃,说话算数;十分有耐心,一旦制订了锻炼或学习计划就会坚决执行。

四、教学目标

(1)认知目标:认识坚持的重要性,了解坚持的方法。

(2)情感目标:体验坚持带来的愉悦感和成就感。

(3)技能目标:尝试运用坚持的技巧解决学习上遇到的困难。

五、教学重难点

(1)教学重点:体验并认识坚持的方法。

(2)教学难点:掌握坚持的方法,并运用于解决学习中的实际问题。

六、教学时间

1课时。

七、教学准备

(1)制作课件。

(2)制作"我是坚持小达人"活动卡,每个学生一份。

八、教学过程

(一)引出主题,感悟坚持

(1)教师导入:今天,我想介绍一群同学给大家认识,他们来自广州的七星小学,大部分是留守儿童或是外来务工人员的子女,家庭经济条件不是很好。我们一起来看看他们的故事。

(2)学生观看视频《点点星光》。

(3)师生问题互动:请你思考,他们的训练辛苦吗?他们遇到了什么困难?如果他们没有坚持训练,现在的人生可能是什么样的呢?如果你有像他们一样的坚持力,在生活或学习中会发生什么?

(板书:我坚持,我能行)

(4)教师小结:坚持就像一把打开美好人生之门的金钥匙。接下来,我们将通过一个挑战活动,探讨获取这把金钥匙的方法。

(二)体验坚持,了解技巧

1.第一轮活动挑战

(1)教师说明"不眨眼挑战"活动规则:笔直站立,双手垂下,脸朝前,不动不出声;眼睛平视前方,坚持不眨眼,不四处看;眨眼了就坐下,记录坚持时长,保持安静。

(2)学生在活动卡的A面写下第一轮挑战目标,并进行活动挑战(见图4-1)。

(3)师生互动:你坚持实现挑战目标了吗?坚持的过程中,你的身体有什么感受,内心有什么想法?什么样的想法更有助于坚持?

(4)教师小结:获取坚持金钥匙的第一个秘诀就是要懂得自我激励。

(板书:自我激励)

(5)师生互动:你觉得这个游戏难吗?你的挑战目标与结果之间的差距大吗?目标的高

请你将自己的挑战目标和结果填入下表

活动挑战	第一轮	第二轮	第三轮
目标			
结果			

图 4-1　活动卡 A 面

低对过程和结果有什么影响？

（6）教师小结：坚持的第二个秘诀是目标要合理。

（板书：目标合理）

2.第二轮活动挑战

（1）小组讨论与分享：有什么方法可以使自己不眨眼睛？

（2）学生在活动卡上写好第二轮挑战目标，并进行活动挑战。

（3）师生互动：你实现挑战目标了吗？与第一轮相比，你是否坚持得更久？你是怎么做到的？

（4）教师小结：不断调整方法可以帮助我们坚持得更好。

（板书：调整方法）

3.第三轮活动挑战

（1）教师说明新的挑战规则（要求学生两两对视，其余规则与前两轮相同）。

（2）学生在活动卡上写下第三轮挑战目标，并进行活动挑战。

（3）师生互动：你坚持实现挑战目标了吗？坚持的过程中，你的身体有什么感受，内心有什么想法？什么样的想法更有助于你坚持下去？

（4）教师小结：获取坚持金钥匙的第三个秘诀就是要懂得自我激励。

（板书：自我激励）

（5）师生互动：你在第三轮挑战中遇到了什么困难？是怎么处理的？

（6）教师小结：获取坚持金钥匙的第四个秘诀就是要学会排除干扰。

（板书：排除干扰）

（三）案例分析，巩固技巧

（1）教师过渡：通过挑战，大家都变得更会坚持了。但生活中，不少同学还是有坚持力不足的烦恼，小 Q 就是一个。我们一起来看看小 Q 的来信。

（展示小 Q 的来信）

上五年级后，我的英语成绩就开始下降了。我很着急，很想努力赶上。所以，我打算每天做完作业后背 20 个单词。可是，我一边担心背不完，一边却背着背着就不自觉地开始玩书桌上的东西，在房间里走来走去，或者出去喝水，顺便跟家人说说话。有时，作业一多我就不背了，有时，背了几个我就放弃了。结果，成绩依旧赶不上。我觉得自己很差劲，根本不是学英语的料。

（2）学生开展小组讨论：如果你是小 Q 的好友，学了本节课后，你会给小 Q 提什么建议呢？

（3）学生代表发言，教师适时给予回应。

（四）课后拓展，学以致用

（1）教师过渡：坚持其实很简单，不过是一件事情持续地做、重复地做，日复一日。除了学习，生活中的很多理想和目标也是靠不懈坚持才能实现。活动卡B面是我们这节课的拓展作业，请你认真完成，下节课带回来和大家分享（见图4-2）。

请你想想自己在生活或学习中想要实现的愿望或目标，完成下表的填写

我是坚持小达人 👍

我的目标是_____，

我会通过坚持_____来实现目标。

我可能遇到的干扰是_____，

我会通过_____来抵御干扰。

遇到困难时，我会鼓励自己：_____。

图4-2　活动卡B面

（2）师生互动：上完这节课，你有什么感想或收获呢？

（3）教师小结：锲而不舍，金石可镂。祝愿大家都能从日常小事的坚持里，成为更好的自己！

案例4：考考你的观察力

一、学情分析

本课的教学对象为小学四年级学生。小学三年级学生正处在皮亚杰认知发展理论中的具体运算阶段。小学中年级学生从以具体形象思维为主，逐步过渡到以抽象逻辑思维为主。可见，如果在教学中增加直观、感性的经验，将有利于学生对知识的建构。

二、教学理念

同案例1。

三、选题依据

《中小学心理健康教育指导纲要（2012年修订）》指出：小学中年级心理健康教育的主要内容包括初步培养学生的学习能力。学生的学习活动是从感觉开始的，在感知觉发展的基础上，方能进一步发展认知，形成概念。可通过视觉、听觉、触觉、嗅觉、味觉等感觉训练，提高学生的感官灵敏度，进而培养学生的注意力、观察力等。

三、教学目标

（1）认知目标：学生认识到观察的重要性。

（2）情感目标：学生体验观察带来的快乐。

（3）技能目标：学生掌握观察事物的方法，养成良好的观察习惯。

四、教学重难点

（1）教学重点：老师让学生体验观察在学习和生活中的重要性。

（2）教学难点：老师让学生学会观察事物的方法。

五、教学时间

1课时。

六、教学准备

(1)制作课件。

(2)准备小纸片。

七、教学过程

(一)活动一："咸咸的醋"——观察很重要

(1)师：出示一个装满液体的玻璃杯，用手指蘸一下，然后用舌头尝一下，并说："是咸咸的"。

(2)请一位学生上来重复老师的动作，并说出自己的感受。

(3)学生发现杯子中的液体并不是咸的，而是酸的。

(师生讨论原因)

师：刚才我说你们要注意观察，可是你们都没注意到我伸到杯里的是食指，而伸到嘴里的是中指。这杯液体是醋，当然是酸的。可见，你们观察得还不够仔细啊。

这件事告诉我们什么道理？

(总结出观察很重要、观察要认真仔细等结论)

(4)讨论分享：同学们在生活和学习中有没有遇到和观察有关的事情呢？

(学生讨论，教师总结归纳)

师：在刚才的游戏里，我们都体会到了观察的重要性，那么在我们刚刚提到的这些事情当中，观察是不是同样非常重要呀？

生：是的。

师：大家说的都对。就好像医生通过观察来判断病人的病情，才能对症下药；地质学家要通过观察才能发现藏在地下的石油、煤炭等矿藏；天文学家要通过观察才能发现很多宇宙奥秘……同学们从小就要学会观察，只有会观察的人，才能掌握更多的知识，成为更加了不起的人。

(二)活动二：神奇的图片——观察有方法

1.神奇的图片

用PPT展示两幅图片，让学生观察，并说出图片的神奇之处。

(盯着图4-3的中心30秒，然后再看图4-4中凡·高的画，原本静止的画面会动起来。)

师：请同学们认真观察这两幅图片，说一说你们发现了什么。

师：观察这两幅神奇的图片之后，你明白了什么呢？

(观察的时候一定要集中自己的注意力)

2.找不同

用PPT展示一幅图片，让学生找找图4-5~图4-7中组图的不同之处(共7处不同)。

师：刚才在"找不同"的游戏中，有的同学找得又快又准，有的同学稍微慢些，同样是这个游戏，一样的图片，为何有不同的结果？

小组讨论：你是怎样又快又准地找到图片里面的不同的？

(观察的方法：观察有顺序)

图 4-3　　　　　　　　　　　　　　　图 4-4

图 4-5　　　　　　　　图 4-6　　　　　　　　图 4-7

用 PPT 再展示一幅图让学生找不同。

（学生效率提高,这说明按照一定的方法观察能提高效率）

3.猜影子

用 PPT 展示动漫影子的图片(如图 4-8 所示),让学生抢答,说出是什么卡通人物的影子。

师:你是从哪里知道这些影子是属于哪个卡通人物的?

小组讨论:怎样才能更准更快地辨别图片里人物的影子?

（观察的方法:找特点）

（三)活动三:练习环节

(1)出示小练习,请同学们进行独立观察,得出自己的答案,并将答案写在纸上。

师:观察不仅有趣,而且有很多用处。如果把观察用到我们的练习上,会有什么样的效果呢? 大家一起来试一试吧! 接下来请同学们自己独立观察,完成以下练习。做完的同学举手示意老师。

①请找出图 4-9 中各张图片缺少的部分。

图 4-8

图 4-9

②如图 4-10 所示,有两组图形,各由黑棋子和白棋子组成。问:怎样尽快知道这两组图形中各有多少黑棋子?

(2)师:请首先做完的几位同学分享经验,说说自己为什么能做得又快又准确。

(3)教师小结:只要我们集中注意力认真观察,并且按照一定顺序和重点进行观察,我们就能够把练习做得又快又好,效率翻倍。在生活中也是一样,我们要善于观察,做个有心人。观察时要集中自己的注意力、要有顺序、有重点地观察。希望同学们都能养成认真、持久的

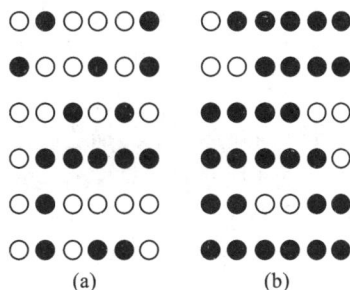

(a)   (b)

图 4-10

观察习惯,做一个小小观察家。

(四)活动四:总结感悟

(1)引导学生总结本次课程的内容,谈一谈感想。

师:通过这节课的学习,你的心情怎么样? 你学到了什么?(教师小结)

(2)选择节奏感较强的恰恰舞音乐,一边放音乐,一边让同学们随音乐节奏做动作。在轻松愉快的气氛中结束本次课程。

第二节　小学生的自我意识与人际交往

一、小学生自我意识与人际交往的发展特点

(一)小学生自我意识的发展特点

小学生自我意识的发展是随年龄增长从低水平向高水平发展的。在整个小学时期,小学生的自我意识不断发展,但不是直线的、等速的,既有上升时期,也有平稳发展时期。在小学阶段,小学生的自我意识处于客观化时期,是获得社会自我的时期。在这一阶段,小学生明显受到社会文化的影响,是角色意识建立的重要时期。角色意识的建立,标志着儿童的社会自我观念趋于形成。小学生的自我意识发展存在两个高峰期:一至三年级和五至六年级。一至三年级处于上升时期,一至二年级的上升幅度最大,是上升期中的主要发展时期,三至五年级处于平稳阶段,年级间无显著差异,五至六年级又处于第二个上升期。

随着小学生的抽象逻辑思维的逐渐发展和辩证思维的初步发展,小学生的自我意识更加深刻。他们不仅摆脱了对外部控制的依赖,逐渐发展了内化的行为准则来监督、调节、控制自己的行为,而且开始从对自己的表面行为的认识转向对自己内部品质的更深入的评价。

自我意识的发展主要分为自我概念、自我评价和自我体验三个方面的发展。

1. 自我概念

自我概念是个人心目中对自己的印象,包括对自己存在的认识,以及对个人身体、能力、

性格、态度、思想等方面的认识,是由一系列态度、价值标准所组成的有组织的认知结构,把一个人的各种特殊习惯、能力、观念、思想和情感组织链接在一起,贯穿于经验和行为的一切方面。

小学生的自我概念是由比较具体的外部特征的描述向比较抽象的心理术语的描述发展的。比如,在回答"我是谁"这样的问题时,小学低年级学生往往提到的是姓名、年龄、性别、家庭住址、身份特征、活动特征等方面的信息。到了小学高年级,学生开始试图根据品质、人际关系、动机等特点来描述自己。即使到了小学高年级,小学生对自己的认识仍带有很强烈的具体性和绝对性。

2. 自我评价

自我评价能力是自我意识发展的主要构成部分和主要标志。进入小学之后,儿童能进行评价的对象、内容和范围都进一步扩大,自我评价能力逐步发展起来。随着年级的升高,儿童的自我评价的独立性逐步提升,他们逐步减轻对他人评价的依赖性。同时,他们能从比较笼统的评价逐步发展形成对自己个别方面或者多方面的正负评价。在整个小学阶段,儿童自我评价的稳定性在逐步加强,其抽象概括能力和对内心世界的评价能力在迅速发展。另外,研究发现,自我评价高的学生更具有创造性,能更快被团体所接受并成为领导者,能更为自信、坦率地表达自己的意见,善于接受批评,学业成绩也较好,相反,低自我评价的学生往往比较孤独,有不良的行为习惯且学习成绩不好。小学阶段自我评价的发展主要表现在:①从顺从别人的评价发展到有一定独立见解的评价,评价的独立性随年级的升高而提高。②从比较笼统的评价发展到对自己的某个方面或多个方面的优缺点进行评价。③开始具有对内心品质评价的倾向。④自我评价的抽象概括性有了提高。⑤自我评价的稳定性有了一定的发展。

3. 自我体验

自我体验主要是自我意识中的情感问题,包括对自己产生的各种情绪情感的体验。在小学阶段,自我体验的主要表现为自尊心,自尊心强的儿童往往对自己的评价比较积极,反之,缺乏自尊心的儿童往往容易自暴自弃。

自我体验主要是自我意识中的情感问题,发生于学前,在 4 岁左右,在小学阶段有了较大的发展。自我体验的发展与自我意识的发展总趋势比较一致。小学生自我体验与自我评价的发展具有很高的一致性,自我体验的发展与自我认识、自我评价的发展密切相关。随着小学生理性认识的增加,他们的自我体验也逐步变得深刻。

(二)小学生人际交往的基本特点

小学生的人际交往主要包括三个方面,即与同伴的交往、与父母的交往、与教师的交往。

1. 与同伴交往的特点

小学生的同伴关系最初是建立在外部条件或偶然的兴趣一致的基础之上的,如住在同一街道、同一幢楼房,同桌,父母相互熟悉等。后来,他们逐渐建立了新的交往标准:其一,他们倾向于选择与自己的兴趣、习惯、性格和经历相似的人做朋友;其二,他们倾向于选择品行得到社会赞赏的人做朋友,如挑选学习成绩比自己好或能力比自己强的人做朋友。

小学生的同伴关系还具有一定的性别特点。心理学研究表明,小学生对他们最喜欢的同伴在性别上的选择态度随着年龄的变化而变化。青春期以前的学生,都倾向于选择同性同伴,这种现象在小学阶段呈上升趋势。之所以会出现这种现象,主要有以下两方面的原因:其一,同性别的小学生具有共同的兴趣和活动方式,便于相互合作和交流;其二,选择同性别的同伴也反映了小学生性别认同的作用。所谓性别认同,是指对自身性别的正确认识。小学生在社会生活中正确地理解自己的性别并使自己投身于同性别同伴的活动中去,是必要的。这样有助于小学生对自身性别的接受,逐渐形成符合社会期望、合乎社会规范的行为,并最终适应社会生活。

2. 与父母交往的特点

小学生与同伴的交往明显增多,同时他们与父母仍保持着亲密的关系,对父母仍有深厚的感情。因此,小学生与父母的关系在其成长中仍起着重要作用。一般来说,在家庭中,父母主要通过以下途径对小学生施加影响:第一,教导,即父母通过言传身教,直接向小学生传授各种社会经验和行为准则;第二,强化,即父母采取奖惩的方式强化小学生的行为准则,并巩固这些行为准则的地位;第三,树立榜样,即父母往往是小学生最早开始模仿的对象,他们效仿父母,学习父母的行为方式;第四,慰藉,即小学生对父母形成的依恋感使他们易于向父母倾诉不安和烦恼,以得到父母的安慰和帮助。

3. 与教师交往的特点

小学生与教师的关系是其人际关系中的一种重要关系。与幼儿园的教师相比,小学教师更为严格,既引导学生学习,使学生掌握各种科学知识与社会技能,又监督和评价学生的作业、品行。与中学教师相比,小学教师的关心和帮助更加具体而细致,也更具有权威性。

几乎每一个儿童在刚跨进小学校门时都对教师充满了崇拜和敬畏,教师的要求甚至比家长的话更有权威。对小学低年级学生来说,教师的话是毋庸置疑的,这种绝对服从的心理有助于他们很快学习、掌握学校生活的基本要求。但是,随着年龄增长,小学生的独立性和评价能力也随之发展。从三年级开始,小学生的道德判断进入可逆阶段,小学生不再无条件地服从、信任教师了。他们对教师的态度开始发生变化,开始对教师做出评价,对不同的教师表现出不同的喜好。心理学研究发现,小学生最喜欢的教师往往是讲课有趣、喜欢体育运动、严格、耐心、公正、知识丰富、能为同学着想的教师。小学生对教师的评价还影响着小学生对教师的反应,他们对自己喜欢的教师往往报以积极的反应,而对自己不喜欢的教师往往报以消极的反应。例如,同样是批评,如果来自小学生喜欢的教师,他们就会感到内疚、羞愧;如果来自小学生不喜欢的教师,他们就会反感和不满。因此,教师努力保持与学生的良好关系有助于其教育思想的有效实施。

二、课程设计的基本思路

(一)学情分析

一年级:小学生的自我意识在一年级到三年级时是上升时期,其中小学一年级到二年级时期的上升幅度最大。进入小学之后,人际交往范围的扩大,学习任务的增加为他们提供了自我意识迅速发展的条件,但同时新的环境也对小学生自我意识的发展提出了挑战,此时要有针对性地开展相关辅导；人际交往方面，从幼儿园来到小学，面对新的环境，新的人际圈子，有些一年级的学生不知道如何去处理人际交往中的问题。他们离开原来熟悉的环境和小伙伴，进入一个新的环境，结交新朋友，适应新的班级、新的老师，容易感到陌生和有压力。

二年级：孩子的自我意识进入了一个重要萌发期和发展期，他们开始不断地进行自我评价，开始出现了自尊的意识，有时他们很自信，但有时他们又非常自卑；他们对自己的认识会由外在特征转向内在特质，对他人的认识由具体转为抽象。这时他们已经能够区分公开的自我和私下的自我；到了二年级之后，学生会根据自己的兴趣爱好自建一个小的朋友圈，他们会开始在乎同伴的评价，也会特别在意自己的缺点。

三年级：三年级小学生自我意识逐渐发展，逐渐学会道德原则的评价标准，评价能力开始发展起来。不管是语言表达，还是社会规则感都有很大的提升，他们的社交也会有相应的发展。他们的友谊开始建立在自建的小规则上了，这时候多会出现"拉帮结派"的现象。

四年级：四年级是一个由中年级到高年级的承接期，他们的自我意识越来越强，已经能够独立学习和游戏，不需要家长或者年龄大一点的孩子带着他们玩了，这时他们的主要玩伴和竞争对象是和自己年龄相仿的孩子，也会开始比较运动能力、外貌、衣着等。此时的他们已经不那么关注家长的评价，而更多关注同龄人的评价。

五年级：自我意识有所发展，开始注重穿着打扮，自尊心进一步增强，对自主性要求的渴望日趋强烈，但仍然缺乏自我约束的能力；同学间的交往比较简单，往往偏重于情感，有时分不清是非。

六年级：六年级学生独立意识和成人感增强，他们不希望老师、家长把他们当小孩对待，但他们在独立处理人际关系和其他实际问题时还很不成熟，需要成人的指导和帮助；这时的他们处于儿童期的末尾以及青春期的开端，身体会开始有一些变化，例如身体明显长高。有一些发育较早的孩子，这时候就会出现第二性征，会开始关注异性的评价，甚至有的孩子在这时候开始早恋。

（二）教学理念

同第四章第一节。

（三）选题依据

根据《中小学心理健康教育指导纲要（2012年修订）》，结合小学生不同发展阶段的特点，自我意识与人际交往专题设计的重点也有所不同。

小学低年级主要包括：培养学生礼貌友好的交往品质，使其乐于与老师、同学交往，并在谦让、友善的交往中感受友情；使学生有安全感和归属感，初步学会自我控制；帮助学生适应新环境、新集体和新的学习生活。

小学中年级主要包括：帮助学生了解自我，认识自我；帮助学生树立集体意识，使其善于与同学、老师交往，培养自主参与各种活动的能力，以及开朗、合群、自立的健康人格；帮助学生树立正确的角色意识，培养学生对不同社会角色的适应能力；增强时间管理意识，帮助学生正确处理学习与兴趣、娱乐之间的关系。

小学高年级主要包括：帮助学生正确认识自己的优缺点和兴趣爱好，在各种活动中悦纳自己;开展初步的青春期教育,引导学生进行恰当的异性交往,建立和维持良好的异性同伴关系,扩大人际交往的范围;积极促进学生的亲社会行为,使学生逐步认识自己与社会、国家和世界的关系。

根据上述规范化要求,本专题内容的具体界定如下。自我意识教育主要表现为,在认识过程中,培养小学生客观、全面地认识自我、评价自我和悦纳自我的能力,在情感过程中就是自尊、自信、自爱,在意志过程中就是努力发展身心潜能,发展抗挫折能力。人际关系教育主要包括学习人际交往技巧,养成良好的人际交往品质,包括倾听、尊重、换位思考、合作、分享、合理拒绝等,旨在帮助小学生发展良好的人际关系,做一个受欢迎的小学生。

(四)相关理论

1. 埃里克森的心理发展观

在埃里克森看来,社会和文化为发展中的个体呈现了随年龄而变化的特定挑战。他认为,人们的成长会经历八个明显不同的阶段,每一个阶段都以人们必须解决的冲突或危机为特征。人们努力解决这些冲突的体验引导着人们发展出持续终身的自我意识。因此,埃里克森提出了心理发展八阶段(如图 4-11 所示)。

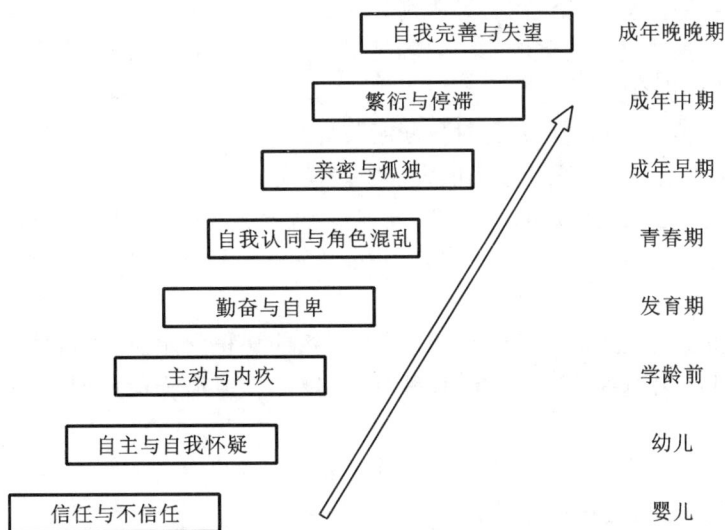

图 4-11　心理发展八阶段

第一阶段:信任与不信任(0～2 岁)。获得信任感和克服不信任感。

第二阶段:自主与自我怀疑(2～4 岁)。获得自主感,克服羞怯和疑虑。

第三阶段:主动与内疚(4～6 岁)。获得主动感,克服内疚感。

第四阶段:勤奋与自卑(6～12 岁)。获得勤奋感,克服自卑感。

第五阶段:自我认同与角色混乱(12～18 岁)。建立同一感,防止同一性混乱。

第六阶段:亲密与孤独(18～25 岁)。获得亲密感,避免孤独感。

第七阶段:繁衍与停滞(25～50 岁)。生命繁殖,避免停滞感。

第八阶段:自我完善与失望(老年期)。获得完善感,避免失望感。

其中,小学生的自我发展主要处于第四阶段,勤奋与自卑阶段从 6 岁持续到 12 岁,其特征是儿童为了应对由父母、同伴、学校以及复杂的现代社会提出的挑战而付出努力。随着年龄的增长,小学生不仅要努力掌握学校要求学习的大量知识,还要找到自己在社会中所处的位置。如果这一阶段顺利度过,儿童将拥有一种掌握感和熟练感,以及逐渐增长的能力感。反之,若度过该阶段有困难,儿童就会获得一种失败感和自卑感,随后可能在学业追求和同伴交往中退缩,表现出较低的兴趣和取胜动机。另外,研究发现,小学生勤奋感的获得对掌握感和熟练感的建立有着持久的影响,儿童期勤奋感与成年期成功之间的关系比智力或者家庭背景与成年期成功的关系要密切得多。

2. 儿童观点采择能力的发展

观点采择是指儿童能采取他人的观念来理解他人的思想与情感的一种必需的认知技能,是自我意识发展的重要组成部分。

1)弗拉维尔关于儿童观点采择能力的发展模式

第一,存在阶段。儿童了解他人具有与自己不同的观点、经验和知识等,并了解到这种区别是客观存在的,在这个阶段中,交融着自我中心和非自我中心的两种表现。

第二,需要阶段。儿童产生推断他人观点、意志等需要,而且这种需要经常是指向人际交往中的某种具体目标的,如试图去说服别人等。

第三,推断阶段。儿童心理的操作内容已超过了手头的信息,即能根据当前线索对他人较隐蔽的心理活动进行推断。

第四,应用阶段。儿童能应用通过推断所获得的信息,决定自己下一步的行为。

2)塞尔曼关于儿童观点采择能力的发展阶段模式

阶段 0:自我中心或无差别的观点(3~6 岁)。儿童不能认识到自己的观点与他人不同。

阶段 1:社会信息角色采择(6~8 岁)。儿童开始意识到他人有不同的观点,但不能理解其产生的原因。

阶段 2:自我反省式角色采择(8~10 岁)。儿童能认识到即使面临同样的信息,自己和他人的观点也可能会有冲突,已经能考虑他人的观点,但还不能同时考虑自己和他人的观点。

阶段 3:相互性角色采择(10~12 岁)。儿童能同时考虑自己和他人的观点,能以一个旁观者的身份对事件进行解释。

阶段 4:社会和习俗系统角色替换(12~15 岁)。儿童能够利用社会标准和信息去衡量和判断事件。

3. 塞尔曼的儿童友谊发展阶段

友谊是指与亲近的同伴、同学等建立起来的一种特殊的亲密人际关系。友谊对儿童的发展有重要影响,它为儿童提供了相互学习社会技能、交流合作和自我控制,以及体验情绪和进行认知活动的机会,并可为儿童提供情感支持,消除儿童的孤独感,提升儿童的自尊,为其人际交往能力的发展奠定基础。

小学生已经很重视与同伴建立友谊。儿童友谊的发展表现在亲密性、稳定性和选择性等方面。随着年龄的增长,友谊的特性也不断发展变化着。美国著名儿童心理学家塞尔曼认为,儿童友谊的发展有五个阶段。

第一阶段(3～7岁):儿童还未形成友谊的概念。儿童间的关系还不能称为友谊,而只是短暂的游戏同伴关系。对这个阶段的儿童来说,友谊就是一起玩,朋友往往与实利和物质属性以及时空上的接近相关联。他们认为朋友就是与自己一起玩的人,与自己住在一起的人。

第二阶段(7～9岁):单向帮助阶段。这个阶段的儿童要求朋友能够服从自己的愿望和要求。如果顺从自己就是朋友,否则就不是朋友。

第三阶段(9～12岁):双向帮助但不能共患难的合作阶段。这个阶段的儿童对友谊的交互性有了一定的了解,但是仍具有明显的功利性。

第四阶段(12～15岁):亲密共享阶段。儿童有了朋友的概念,认为朋友间可以相互分享,朋友间要互相保持信任和忠诚于彼此,甘苦与共。儿童出于共享和双方利益而与他人建立友谊。在这样的友谊关系中,朋友间可以倾诉秘密,讨论、制订计划,互相帮助,解决问题,但是此时的友谊具有强烈的排他性和独占性。

第五阶段(15岁以后):自主的共存阶段,这是友谊发展的最高阶段。它以双方互相提供心理支持和精神力量,互相获得自我的身份为特征。因为择友更加严格,所以建立起来的朋友关系持续时间都比较长。

以上阶段的变化反映了儿童随年龄的增长,对友谊有着不同的理解。对小学生而言,最初(小学一、二年级),只是根据一些表面的行为和关系来定义朋友,认为朋友就是住得较近、有好玩的玩具、喜欢与自己一起玩、玩自己喜欢的游戏的同伴;到后来(小学三、四年级),慢慢发展为将友谊视为更抽象的相互关心、互享情感、互相安慰的内在关系,认为朋友就是互相支持、互相忠诚、合作、彼此不打架;最后(开始于小学五年级),将友谊看成是可以进行自我表露和倾吐彼此秘密的特殊同伴关系,朋友就是有共同兴趣、互相了解、互相透露个人小秘密的人。

在小学阶段,儿童大都喜欢选择同性而不是异性朋友,因为在他们看来,同性朋友可以拥有共同的兴趣,并从中获得快乐。此外,女性朋友间比男性朋友间更注重人际关系,因而也更愿意分享彼此的秘密,而男性朋友间则更看重活动本身及其成就。

4.非暴力沟通

著名的马歇尔·卢森堡博士发现了一种沟通方式,依照它来表达和倾听,能使人们情意相通,和谐相处,这就是非暴力沟通。非暴力沟通的四要素分别是:观察、感受、需要和请求,即通过观察事实,感知自己的内在情绪,合理表达自己的需要与请求,并学会倾听他人的需要和请求(如表4-1所示)。

表 4-1　非暴力沟通四要素

表达 (诚实地表达自己,而不批评或指责)	倾听 (关切地倾听对方,而不解读为批评或指责)
观察	
我所观察(看、听、回忆、想)到的有助于(或无助于)我的福祉的具体行为:"当我观察(看、听、回忆、想到)……"	你所观察(看、听、回忆、想)到的有助于(或无助于)你的福祉的具体行为:"当你观察(看、听、回忆、想到)……"(有时在倾听中不说出来)

续表

表达 （诚实地表达自己,而不批评或指责）	倾听 （关切地倾听对方,而不解读为批评或指责）
感受	
对于这些行为,我有什么样的感受(情感而非思想):"我感到……"	对于这些行为,对方有什么样的感受(情感而非思想):"你感到……吗?"
需要	
什么样的需要或价值(而非偏好或某种具体的行为)导致我有那样的感受:"因为我需要/看重……"	什么样的需要或价值(而非偏好或某种具体的行为)导致对方有那样的感受:"因为你需要/看重……"
请求	
清楚地请求(而非命令)那些能丰富我生命的具体行为:"你是否愿意……"	关切地倾听那些能丰富对方生命的具体请求,而不解读为要求:"所以,你希望……"

案例分享

案例 5~8 的设计者均是郑小玲。

案例 5:我是独一无二的

一、学情分析

进入小学中高年级,学生的自我意识逐步发展,其自我认识也从比较具体的外部生理特征逐步转向比较抽象的内部心理特征,逐渐形成生理的自我、心理的自我和社会的自我等不同层次的自我认识。我校四年级学生已基本能对自我进行抽象性评价,但自我评价的依赖性比较强,容易受到学业表现和他人评价的影响,难以看到自己的独特性,而且也比较容易极端化,容易只看到自己的优点或缺点,导致自大或自卑。因此,本课通过活动体验帮助学生感知自我的独特性,尝试接纳自我与他人的优缺点。

二、教学理念

同案例 1。

三、选题依据

《中小学心理健康教育指导纲要(2012 年修订)》指出:心理健康教育的总目标是提高全体学生的心理素质,培养他们积极乐观、健康向上的心理品质,充分开发他们的心理潜能,促进学生身心和谐可持续发展,为他们健康成长和幸福生活奠定基础。

四、教学对象

小学四年级学生。

五、教学目标

(1)认知目标:认识自己的特点,了解到每个人都有自己的优点和不足。

(2)情感目标:感受自己的独特性,提升自爱、自信,增强对他人的尊重与包容。

(3)技能目标:初步掌握通过分析自身的经历、性格、爱好等多方面的优点与不足来了解自己。

六、教学重难点

(1)教学重点：较为全面地认识自己的特点，感受自己的独一无二。

(2)教学难点：以积极的态度接纳自己的缺点，包容他人的不同。

七、教学时间

1课时。

八、教学准备

(1)准备空白A4纸。

(2)制作课件。

九、教学过程

(一)感知自我

1."找回我的手"活动规则

(1)将一只手放在A4纸上，另一只手拿笔画出手掌轮廓。

(2)小组长将手掌画收上来，打乱顺序，摊开放在桌面。

(3)每个人找回自己的手掌画，最快完成的小组获胜。

2.互动问答

(1)你是如何认出自己手掌的？

(2)除了手，你与别人还有哪些不同？

3.教师总结并引出主题

我们每个人都与别人存在不一样的地方，请跟我一起大声说出"我是独一无二的"（教师板书课题"我是独一无二的"）。

(二)认识自我

1."猜猜我是谁"活动规则

(1)在手掌画中写下形容自己的词语。

(2)在纸张右下角写上自己的姓名，并将纸张对折上交组长。

(3)教师从每一组中随机抽取手掌画进行描述，请大家猜猜是哪位同学。

2.学生进行"猜猜我是谁"游戏

3.互动问答

(1)为什么有的同学比较容易被猜出来，而有的同学比较难猜？

(2)可以从哪些方面完善描述，显示自己的独特性呢？

（教师根据学生回答，板书自我认识的各个方面。）

4.教师过渡

我们对自己了解得越多，认识得越全面，就越能感受到自己的独一无二。现在，请各小组长拿回手掌画，下发给每个同学。请同学们补充词语，完善对自己的描述，并在自己喜欢的特点旁边打"√"，不喜欢的特点旁边打"×"。

5.学生完善自我描述

学生从各方面描述自己。

（三）接纳自我

1.小调查

（1）在特点标记中，只有"√"，没有"×"的同学请举手。

（2）在特点标记中，只有"×"，没有"√"的同学请举手。

2.教师引导

世界上没有完美的人，即使是很优秀的同学，也会有不足之处；世界上也没有一无是处的人，只要用心，你会发现每个人都有自己的优点。

3.组内分享与小组代表分享

（1）观察你的五根手指，你最喜欢哪一根？ 最不喜欢哪一根？ 为什么？

（2）如果你的五根手指都长得一模一样，会发生什么？

4.教师小结

五根手指各有自己的粗细长短，也在不同的方面发挥着自己的作用。我们的优缺点也是一样，在不同的场合中，优点可能变成缺点，缺点也可能变成优点。如果每个人都只有优点，没有缺点，那我们也就失去了自己的独特性。

5.思考与互动

（1）你喜欢的自己身上的特点是否曾带给你困扰？

（2）你不喜欢的自己身上的特点是否影响到你的生活和学习，可以怎么改善呢？

（四）课堂总结

1.分享收获

请用一句话总结你这节课的收获。

2.教师总结

我们每个人都跟手上的五根手指一样，各有所长，也各有所短。手指之间互相配合协作，才能发挥手的最大用处。希望我们不仅是独一无二的个体，更是互帮互助、团结友爱的班集体。

案例6：我是助人小天使

一、学情分析

本课的教学对象为小学五年级学生。五年级学生助人行为越来越具有规划性、选择性和利他性，从帮助别人是为了获得个人利益和赞许转向考虑社会规则、责任和他人的感受。他们有过不少助人或受助的经历，也基本掌握了助人的方法。但是，由于青春期自我意识的增强与人际交往顾虑的增多，五年级学生的助人行为较低年级有下降的趋势。帮助学生体验助人行为给自己带来的快乐和成就感，不仅可以促进他们的助人行为，也能让学生心怀他人，避免以自我为中心的意识，从而促进学生积极心理品质的培养。

二、教学理念

同案例1。

三、选题依据

助人行为是指以特定的个体或群体为对象的亲社会行为，包括纯利他性的助人行为和具有个人意图的助人行为。《中小学心理健康教育指导纲要（2012 年修订）》提出，在小学高年级阶段,要促进学生的亲社会行为,其中就包括要促进学生体验助人给自己与他人带来的快乐。因此,本课主要通过引导学生体验助人给自己和他人带来的快乐,培养学生助人的情感倾向,从而激发学生的助人动机,促进学生的助人行为。

四、教学目标
(1)认知目标:认识到帮助他人是社会生活的需要。
(2)情感目标:体会到帮助他人带来的快乐,增强助人的意愿。
(3)技能目标:学会从身边的小事着手去帮助他人。

五、教学重难点
(1)教学重点:体会到帮助他人带来的快乐。
(2)教学难点:认识到帮助他人的意义,增强助人意愿。

六、教学时间
1课时。

七、教学准备
(1)准备爱心贴纸。
(2)制作课件。
(3)制作"爱心存折"。

八、教学过程
(一)活动导入:快乐帮帮操

1.出示活动规则
(1)每组选一名代表戴上眼罩扮演盲人。
(2)第一轮中,"盲人"需要独自从讲台出发,穿越"障碍",走到指定位置。
(3)第二轮中,"盲人"可以邀请一位同学扮演天使,"天使"可通过言语提示提供帮助。
(4)其余同学保持静坐,仔细观察活动过程。

2.学生进行活动

3.交流分享
(1)"盲人"分享:独自"过街"时,你遇到什么困难? 得到帮助后,你有什么感受?
(2)"天使"分享:当你看到"盲人"独自"过街",你有什么想法? 当你帮助"盲人"顺利"过街"后,你有什么感受?
(3)观察者分享:观察过程中,哪个画面最打动你?

4.教师总结并引出主题
无论是在游戏,还是在生活中,我们都离不开互帮互助。这节课,就让我们一起来当"助人小天使"(教师板书课题)。

(二)分享经历:爱的援手

1.视频欣赏
播放公益广告短片 One Day。

2.互动问答
(1)你从视频中看到了什么?
(2)你有什么感受或想法?

(3)如果视频里的每个人都不愿去帮助别人,会发生什么?

3.教师小结

无论是从视频中,还是从疫情等灾害中,我们都能深深感受到,帮助别人不仅给别人带去了温暖,也给我们自己带来了快乐,我们生活的世界也因此变得更加幸福、美好(教师板书"帮助别人,快乐你我")。

4.小组讨论

(1)生活中,你是否曾向别人伸出爱的援手? 你是怎样提供帮助的?

(2)为别人提供帮助时,你有什么感受?

(3)同学的助人经历,对你有什么启发?

5.各小组代表分享

6.教师小结

帮助别人其实很简单,可能是一句鼓励、一个微笑,也可能是一个手势……很高兴我们班的同学们都是助人小天使,善于去发现身边人的需要,也善于在点滴小事中伸出自己爱的援手(教师板书"从身边出发,从小事做起")。

(三)体验活动:爱的传递

1.教师引导

同学们想一想,班里的其他同学为你们提供过哪些帮助?

2.出示活动规则

(1)小组长给每位同学发一张爱心贴纸。

(2)每位同学以接龙方式为班上另一位同学贴上自己手中的爱心贴纸,并对他说:"感谢你,小天使! 因为你曾经帮助……"

3.教师示范

教师先为班上一名同学贴上爱心贴纸,并说:"感谢你,小天使! 因为你曾经帮助我把教具拿回办公室。"

4.学生进行爱的传递活动

5.分享感受

(1)当你收到贴纸和感谢的时候,你是什么心情?

(2)上完这节课,你有什么收获或体会吗?

(四)课后拓展:爱心存折

1.教师总结

互帮互助,才是一个有爱的集体。一个小小的助人举动,就能大大改变我们的生活。帮助别人,快乐你我。让我们一起从身边出发,从小事做起,做个助人小天使。

2.作业布置

填写爱心存折。请你把自己的助人行动和感受记录下来,看看你收获了多少幸福和快乐。

案例7:合作愉快

一、学情分析

本课的教学对象为小学五年级学生。五年级学生已有一定的集体生活经验,在校内外活动中也积累了一定的合作技能。但现阶段不少学生仍为独生子女,或与"全面二孩政策"后出生的弟弟妹妹年纪相差较大,学生缺乏与同龄人相处的机会,导致很多人仍存在以自我为中心的观念,缺少协作精神,在合作活动中也时常与同伴发生矛盾。因此,本课旨在通过一系列活动让学生认识到合作的重要性,提高学生的合作能力,并增强学生的合作意识。

二、教学理念

同案例1。

三、选题依据

合作是指两个或两个以上个体一起活动以实现共同目标的行为。合作行为是人类生存的基本形式之一,是儿童社会化的一个基本方面。而小学高年级是儿童亲社会行为发展的重要时期,培养学生的合作行为,能帮助学生体验人际交往的快乐,提高学生的沟通交流能力,增强学生的群体归属感和自我价值感,为学生的社会性发展奠定良好基础。

四、教学目标

(1)认知目标:认识到合作的重要性。

(2)情感目标:体会合作成功的喜悦,增强集体归属感。

(3)技能目标:初步掌握友好合作的方法,能够在合作中协调沟通、尽责尽力、包容他人。

五、教学重难点

(1)教学重点:认识到合作的重要性,并体会合作带来的愉悦。

(2)教学难点:学会友好合作,能在合作中协调沟通、尽责尽力、包容他人。

六、教学时间

1课时。

七、教学准备

(1)准备乒乓球若干个(根据班级小组数决定)。

(2)制作课件。

(3)要求学生按小组围圈坐好。

八、教学过程

(一)主题导入:"单指拿球"挑战

(1)师:这节课我想先请同学们一起来参加"单指拿球"挑战。每个小组的桌面上都有一个乒乓球,如果哪个同学可以不借助任何东西或其他身体部位,只用一根手指将球拿起来,就可以得到乒乓球。

(2)学生轮流挑战"单指拿球"。

(3)师:有没有挑战成功的同学?(生回答)那要怎样才能拿起来呢?(生回答)

(4)师:生活中有不少事情就像"单指拿球"一样,对于个人来说是无法或很难完成的。你能想到那些事情呢?(生回答)

(5)师:面对这些事情,我们可以怎样做选择?(生回答)是的,合作无处不在,这节课我们要探讨的主题就是合作愉快(板书课题)。

(二)合作初体验:游戏示范

(1)师:接下来,我们有一个合作游戏,需要每组先派出一名代表来学习游戏的玩法。请各小组在30秒内讨论决定,选好的小组代表请起立。30秒内未选出代表的小组,不可以参加接下来的游戏。

（2）学生小组讨论并选派代表。教师观察各组讨论情况，关注各小组的分歧和解决办法。

（3）师：时间到。我观察到第1组最快选好，你们是怎么决定的？（生回答）第4组选得比较慢，是什么原因呢？最后怎么统一意见的？（生回答）第2组一开始有两名代表同时站起来了，为什么会出现这种情况？站起来又坐下的同学是怎么想的？（生回答）

（4）师：所以，在合作中要以集体利益为重、互相谦让、学会妥协、发挥成员优势……（根据学生回答板书）

（5）师：请各小组代表在讲台前围成圆圈，每人伸出一根食指。我们接下来要玩的游戏是"食指传球"。游戏开始前，乒乓球由起始同学与下一名同学用食指合作拿好，游戏开始后，成员用食指依次传球，当球传到最后一名同学与起始同学手中时，游戏完成。先传完的小组获胜。传递中，如果乒乓球掉落，则从起始同学重新开始传递（学生代表示范）。

（三）合作再体验：传球比赛第一轮

（1）师：对游戏规则还有疑问的同学请举手。没有疑问就请各小组代表起立，准备开始游戏。

（2）学生分小组进行传球。教师观察各组合作情况。

（3）教师采访各组学生。

①采访获胜组：你的心情怎样？有什么诀窍吗？

②采访失误组：发生了失误，你的心情如何？你是怎么看待同伴的失误的？怎样才能合作得更好呢？

师：所以在合作中，我们还需要心怀集体、讲究方法、密切配合、彼此包容、互相帮助……（根据学生回答板书）

（四）合作优化：传球比赛第二轮

（1）师：我们已经了解了不少合作的方法，在进行第二次传球游戏前，请各组先讨论并尝试如何更好地完成游戏。

（2）学生以小组为单位进行讨论、尝试。

（3）学生进行第二轮传球比赛。

（4）师：基本每个小组都比第一轮完成得更快了，你们是怎么办到的？（生回答）

（5）师：的确，成功的合作需要我们群策群力、多加尝试、积累经验……（根据学生回答板书）

（五）合作有感：分享收获

（1）师：几轮游戏下来，大家在合作中获得了不少新的感悟，回想你之前与同学的合作，过程中是否有不愉快或不成功的体验？是怎么导致的？如果能够回到当时，你会怎么做？请你在笔记上写下来。

（2）学生代表分享合作经历和改进方法。

（3）师总结：在合作中学会放下"小我"，融进"大我"，才能更好地发挥集体的力量，也才能让自己收获更多的成长和欢乐。

案例8：沟通两代人

一、学情分析

本课的教学对象为小学六年级学生。六年级学生开始步入青春期，渴望父母像对待大人一样对待自己，对于父母的管教总觉得唠叨、烦躁。自新冠疫情在全球暴发以来，由于学生居家时间增多，亲子冲突时有发生，有的学生还会在一时冲动下做出伤害自己或他人的事情。六年级学生已基本具备了换位思考能力与一定的人际交往技巧，因此，若能引导学生体察父母管教的苦心、感受父母唠叨背后的关爱，帮助学生运用已有的沟通技巧化解亲子冲突，便能促进亲子间展开良好沟通，密切亲子关系。

二、教学理念

同案例1。

三、选题依据

《中小学心理健康教育指导纲要（2012年修订）》指出：心理健康教育的总目标是提高全体学生的心理素质，培养他们积极乐观、健康向上的心理品质，充分开发他们的心理潜能，促进学生身心和谐可持续发展，为他们健康成长和幸福生活奠定基础。其中还指出，小学中高年级的教育内容包括着力培养学生的学习兴趣和学习能力，培养学生分析问题和解决问题的能力。

小学高年级阶段是学生自我意识发展的第二个上升期，他们对父母由依赖逐步走向自主。他们渴望得到父母的理解、尊重与认可，对于父母的管教往往觉得不耐烦，开始质疑、不服，甚至出现逆反情绪和行为。而良好的亲子关系对学生健康成长至关重要。亲子间的良好沟通不仅会影响良好亲子关系的建立，也会影响到学生人际交往技巧的发展，影响学生与教师、同伴等其他人的交往。因此，本课从亲子沟通的日常情境入手，帮助学生在活动中理解、感恩父母，掌握化解亲子冲突的方法，从而促进学生形成正确的沟通方式与人际交往观念。

四、教学目标

（1）认知目标：认识到良好的沟通在亲子相处中的重要性。

（2）情感目标：感受到亲子对话中父母的爱与期待，更愿意与父母好好沟通。

（3）技能目标：面对父母的唠叨，能恰当地表达自己的需求与对父母的理解。

五、教学重难点

（1）教学重点：体会到父母在日常唠叨背后的爱与期待。

（2）教学难点：增强与父母展开良好沟通的意愿，在亲子对话中能恰当地表达自己的需求与对父母的理解。

六、教学时间

1课时。

七、教学准备

（1）课前调查学生的人际沟通情况。

（2）制作课件。

（3）准备人物头饰、心语卡片等教具。

八、教学过程

（一）活动导入："你手画我心"

（1）师：同学们好！这节课我给大家带来了一个小游戏——"你手画我心"。我画了一张图，接下来，我会用语言描述它的样子，请你根据描述画出来，不与同学讨论。

（2）师：请先画一个长方形，接着画一个三角形，然后画一个圆形，最后再画一个长方形。画完请举手。

（3）师：请你看看身边同学的图，你画的跟他们完全一样吗？想不想知道老师画的是什么？画得跟我不一样的同学请鼓掌。为什么根据一样的描述，大部分同学画出来的图却不一样呢？（生回答）

（4）师：面对同一个事物，每个人都会有自己的理解和想法，因此，在日常生活中，我们往往需要通过沟通来交流彼此的想法（板书"沟通"）。

（二）感同身受：被唠叨的烦恼

（1）师：其实，很多人都会有沟通上的困扰。在课前对高年级146名同学的调查中，就有超过一半的同学表示，最困扰他们的是亲子沟通问题。这节课，就让我们一起聊聊如何通过沟通，拉近两代人的亲子关系（板书"两代人"）。

（2）师：老师平时也经常收到咨询亲子沟通的来信，我选了一封，我们一起来看看（师展示求助信，点名一生朗读）。

（3）师：小C的烦恼是什么？（生回答）有过相同烦恼的同学请举手。

（4）小组讨论：在小组内分享交流父母对你的唠叨，并总结一下小组成员经常与父母在哪些事情上沟通不畅。

（5）小组代表分享。

（6）师：看来大家跟小C一样，也有不少来自父母的唠叨。小C觉得妈妈总是唠叨他，是在嫌弃他，根本不爱他，是这样吗？（生回答）大家觉得小C爱不爱妈妈呢？（生回答）但小C却经常与妈妈发生口角，我们一起来看看是怎么回事。

（三）读心剧场：唠叨背后的爱

（1）师：这是小C与妈妈的日常对话场景，请你思考他们接下来的对话发展，与同学分角色演一演（小组内扮演）。

（2）小组展示：邀请1～2组同学上台表演。

（3）师采访小演员：你的心情怎样？你觉得女儿理解你的苦心吗？你的心情怎样？你觉得妈妈懂你的需求吗？

（4）师引导：妈妈为什么催促小C复习呢？小C看课外书，只是为了惹妈妈生气吗？（生回答）

（5）师小结：是的，妈妈有她的担忧，小C也有他的需求。

（6）师：接下来，请大家一起来当读心小神探，想想以下日常情境里，小C都有什么需求，而小C妈妈又会有什么担忧（师展示三个场景，生思考回答）。

（7）师小结：如果我们能更好地理解父母的担忧，表达自己的需求，就能与父母更好地沟通了。

（四）角色重演：爱的沟通

（1）师：现在，请你与同伴重现一次场景，帮助小 C 和妈妈好好沟通。

（2）小组角色重演，教师巡视并询问沟通技巧。

（3）师：看到大家沟通得其乐融融，我已经迫不及待地想邀请同学们来展示你们的沟通对话了（个别小组展示沟通情景，教师询问小演员感受，学生点评沟通表演并总结沟通技巧）。

（五）诉说心语：爸妈，我想对您说

（1）师：现在，请你回想与父母之间一次不愉快的对话，如果再给你一次机会，你会怎么和他们沟通呢？请结合本节课所学，把你想对父母说的话写下来。

（2）学生填写心语卡片。

（3）学生代表分享心语和课堂收获。

（4）师总结：看来同学们已经学会了更好地与父母沟通，希望大家与父母互相理解，好好沟通，让爱流动，点亮亲情。

第五章
心理健康教育课程案例分享之初中篇

本章数字资源

本章结构

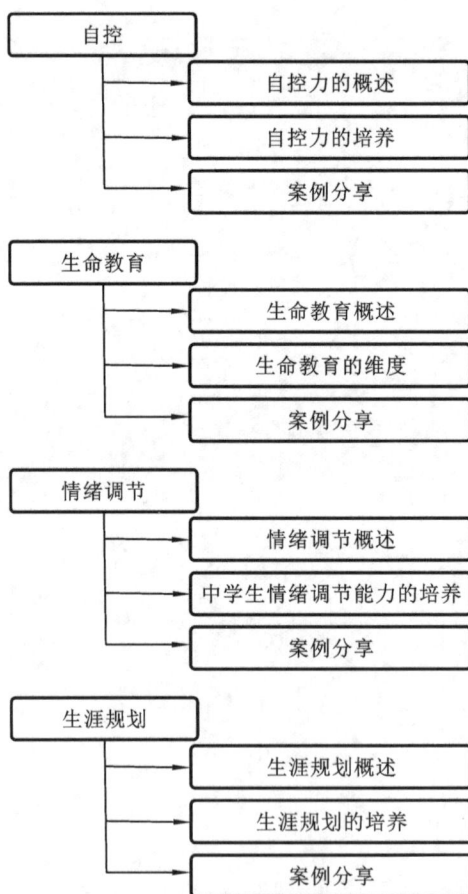

第一节 自 控

案例分享

某初中教师关于拖延症的教学设计中,以一幅漫画作为导入活动。其导入环节设计组图如图5-1所示:

图5-1 关于拖延症的教学课程组图

你是否经历过这样的场景:明天就要交作业了,可是到现在还没有写;写了满满的假期计划还没开始,可是离开学只剩一周了;马上就要出远门了,可是行李还没有收拾……最后你是否会自责"我怎么老是控制不住我自己"? 人们常说,自律即是自由,你不够成功,那是因为你没有自控力。那么自控力到底是什么呢? 为什么有的人常常及时享乐,而有的人却可以延时满足? 本节将以此为契机,探讨自控力这一话题及其在初中课程教学中的应用。

学习导航

一、自控力的概述

(一)自控力

在早期的研究中,弗洛伊德从精神分析的角度出发,对自控力进行了深入探讨。他提出自控力是个体相对稳定的人格特征,是对诱惑的抵制,能够延迟满足,为将来的快乐而忍受眼前的痛苦,并能监督个体行为,使其符合社会道德标准。内化是获得自控力的重要机制。社会学习理论家把自控力定义为个体在缺乏外界监督下对诱惑的抗拒,为将来的目标而推迟满足、压制冲动、延迟自我奖赏,使其符合社会需求。

在现代研究中，艾森伯格（Eisenberg）对自控力的阐述是个体对自身行为、思想等模式进行改变的过程。芬克纳尔（Finkenauer）指出自控力是个体抑制自身与社会规则不相符的行为的能力，主要强调自控力的抑制作用。我国心理学教授刘金花在《儿童发展心理学》中写道，自我控制是指儿童在没有外界监督的情况下，能够自我控制冲动、抵制诱惑、忍受挫折，并能够遵守道德规则，学习时不分心，为了将来的目标而牺牲当前的利益的一种能力和行为，表现在认知、情感、行为及人际交往等方面。自控力是一个人为了改变现状而控制情绪、思想和行为的能力。

以上观点虽然有所不同，但是却没有太大的本质差异，均认为自控力的主要功能包括延迟满足、抑制冲动、为追求长期目标而牺牲眼前的利益。由此可见，自控力是一个多层次多维度的心理系统。

（二）延迟满足

最早对"延迟满足"进行讨论的是精神分析理论创始人弗洛伊德，他在其理论中阐释，"本我"侧重快乐原则，"自我"侧重现实原则，当"本我"与外界需求出现矛盾时，追求即时满足的"本我"能够根据环境合理地向追求延迟满足的"自我"过渡，个体即产生延迟满足。弗洛伊德认为延迟满足是个体从"本我"向"自我"过渡的标志，并用"幻觉意向"（hallucinatory wish-fulfilling images）来解释整个延迟满足的过程。他认为"幻觉意向"是儿童对实际上不存在的、需要延迟满足对象的假想。弗洛伊德关于"幻觉意向"的探讨为后来研究延迟满足的认知因素提供了理论基础。

米歇尔（Mischel）从20世纪60年代起进行了大量关于延迟满足的研究，他将"延迟满足"（delay of gratification）定义为一种为了更有价值的长远结果而主动放弃即时满足的抉择取向，以及在等待中展示自我控制的能力。这种延迟建立在有选择机会的基础上，个体可以随时放弃延迟等待而选择即时奖励物，因此也被称作"选择性延迟满足"（choice delay of gratification）。

林崇德主编的《心理学大词典》将延迟满足的定义进行了扩展：延迟满足是指个体为了获得更大的满足，或者以最好的方式获得满足，对自己的即时欲望加以控制，延迟对某种快乐的满足。

（三）拖延症

谈到自控力，我们常常会联想到拖延症。拖延是一种十分常见的心理现象。随着社会的进步、时代的发展，各种信息化技术层出不穷，拖延也变得越来越普遍。我们经常可以听到身边的人抱怨自己患有拖延症，甚至还听到有人形容自己是"拖延症晚期""拖延症重症患者"等。谈到拖延，你对下面的场景肯定不会陌生：上大学时，论文总是一拖再拖，不到最后一刻总是难以动笔或者总是一边写一边玩，难以保持长时间的专注；工作后，项目中的最后期限像一把剑一样悬在空中，缺乏计划或执行力让我们一拖再拖，压力与焦虑与日俱增；生活中，我们总是容易被各种琐事耽搁，晚上总是很晚才睡，总感觉自己平时很忙碌。于是，在各种社交网站上，我们总能看到饱受拖延困扰的人不断发出想要治疗"拖延症"的呼声，他们中的很多人用了"懒癌"一词。最重要的是，他们渴望摆脱却难以摆脱拖延的困扰。

可以看出,拖延现象如今已经普遍存在于我们的学习、生活和工作中。尽管我们每个人都或多或少有拖延行为,但是一部分人已经拖延成性,让拖延形成了一种习惯,并严重影响其学习效率、生活状况以及工作状况。国外研究表明,80%～95%的大学生有过拖延行为,大约有75%的大学生认为他们是拖延者,并且将近50%的大学生拖延成性。拖延现象不仅在大学中广泛存在,在普通大众中也司空见惯,并且长期影响着15%～20%的成年人。

1."拖延症"不是"症"

"拖延症"最早是网络用语,网友在聊天时常常调侃自己是"拖延症晚期患者",实际上,"拖延症"并非一种"病症",它只是人们对于反复的拖延行为的自我调侃。而拖延行为背后的心理原因也各有不同,但大多数都没有达到"病症"的程度,在较常用的美国精神卫生诊断与统计手册中也没有对"拖延症"的描述,换言之,"拖延症"与"抑郁症""焦虑症"不同,前者只是用于自我调侃的网络用语,而后者是精神障碍。

2.拖延的六大表现

1)缺乏自信心

在工作中,人总要面对这样或者那样的难题,难免遭遇重大挫败,而不够自信的人,就会有强烈的逃避心理,认为自己能力不够,遇事就想逃离,能不面对就不面对,根本就不能处理好工作,即使处理也是拖拖拉拉。

2)只想不做

有些人有雄心壮志,对工作任务、对工作规划充满幻想,说起来也滔滔不绝,但却迟迟不愿意付诸实践,想和做永远不在一个层面,这也是拖延的一种表现。

3)懒散

有些人总觉得工作十分困难,总是暗示自己处理不了,不愿主动地积极地处理工作,工作状态懒散、颓废,感觉做什么都很难。

4)胆怯

有些人处理问题胆怯,做事毛手毛脚,对自己的工作没有十足的把握,每做一件事都害怕影响工作或怕为别人带来麻烦……各种各样的担心最终延误了工作。在受到上级或同事的催促、指责后,心中更会感到焦虑,愈发害怕工作失误,于是更想逃避,导致拖延行为越来越严重。

5)缺乏干劲

做一天和尚撞一天钟的人,工作干劲不足,不愿意花大力气去做事,感觉都是在做无用功。每当被分配任务,心里面会不由自主地反感,于是能拖就拖,能推就推。

6)执行力差

对于领导交代的工作任务,总是不去执行,一拖再拖,到了实在不能拖的时候就随便应付下交差。

3.拖延与完美主义

完美主义常常被认为是造成拖延症的重要原因之一。凯利·麦格尼格尔在《自控力》这本书中,提出了意志力损耗极限的理论。他认为意志力像肌肉一样,存在着极限,肌肉用多了,就会疲惫,人的意志力用久了,也会疲惫,人的自我控制能力会下降,注意力很难集中,工作效率也就自然下降。而完美主义者总是误以为意志力是完全主观的能随人的意愿而改变。如果他们表现出松懈，就认定这不是意志力的客观限制而是自己在偷懒。曾在某个阶段保持专注和高效后，他们也容易误以为自己在每个阶段、每个任务中都应该保持这样的专注和高效，否则就是拖延。这就像他们曾经用 12 秒跑了 100 米，在跑马拉松的时候仍认为自己应该保持这样的速度。这些人之所以会这样想，常常是因为他们心里都有一个过于理想的自我，和这个理想的自我相比，现实的自我永远都做得不够好。他们觉得，正常的自己就应该是一直专注且高效的，像台上紧发条的机器，永不疲惫。而当现实的自我表现得并非如此时，他们就开始对自己心生不满，常常会恶狠狠地责备自己，也常常觉得拖延症拖了他们的后腿，成了他们成功路上的障碍。他们对自己有拖延症确信不疑，经常这样问自己"为什么别人看起来更有效率，我却不行？""为什么我前一段时间心无旁骛，效率非常高，现在却不行？""如果以这样的效率，我就没法达到自己的预期目标了，这难道不是拖延症害的吗？"除了塑造过于理想化的自我、对成功和改变的强烈渴望，他们很少这样想：偶尔出现的拖延，会不会不是一个问题，而是一个提醒？它提醒我们，生活的其他方面出现了问题，比如工作时间太长，侵占了正常的生活。

（四）与自控相关的理论

1.有限资源模型理论

有限资源模型理论由鲍迈斯特（Baumeister）等人于 1994 年最早提出，之后他们又证实了该模型。该理论认为自我控制是对自我思想、情感、行动进行的控制及调节，自我控制是一种有限的资源，就像肌肉在频繁使用之后会变得很疲劳，但不久之后又会恢复力量一样。人们能够投入自我控制中的力量是有限的，如果在一件事情上消耗了一部分力量，在接下来的事情上自我控制的力量就会受到限制。就像一个人刚跑完 10 千米，再让他去打篮球，他会没力气一样。鲍迈斯特等人提出了几个概念以帮助人们理解其模型理论。

1）自我损耗

自我损耗指由于前期自动任务所导致的暂时的自控资源的短缺状态，此时人们很难再执行自控任务，其任务完成的效果也将会降低。鲍迈斯特等人在一项实验研究中发现抵制诱惑会损耗人们的自控资源，使人们处于自我损耗状态。

2）特质自控和状态自控

由于自控资源会随着人们的使用而被消耗掉，并且在休息之后能够得到恢复，每个人的自我控制水平存在着状态差异。鲍迈斯特等人认为自控包括特质自控和状态自控。特质自控是一种稳定的、个体间的自控能力，而状态自控是个体会因为自我损耗而出现自控水平暂时降低。

3）自控资源的存储假设

穆拉文（Muraven）等人在 2006 年提出了自控资源的存储假设。他们认为，自我损耗有时并不是由于自控资源被消耗掉了，而是自控资源被存储起来了，并且这种存储是无意识的过程。如果面临一个并不重要的自控任务，人们不会投入很多自控资源而是保存资源；如果自控任务很重要，失控会带来严重的后果，那么人们将会投入较多的自控资源。因此自控是一种具有高度适应性的心理机制调节过程，它可以根据活动的情况来决定控制或控制多少。

2. 自我决定理论

德西(Deci)等人指出,个体有一种天性,相信他是凭自己的意志力来活动的——是因为他想做,而不是他不得不做。他们认为人们形成了影响解释信息的不同因果取向:个人取向和非个人取向。从个人取向这个角度来看,可以分为两种:一种是个体把自己知觉为自己行为的原因,这称为因果的内在点,又叫作自主取向;另一种是个体相信他们的行动是为了获得奖赏或取悦他人,或是因为外部因素的影响,这称为因果的外部点,又叫作控制取向。当人们的因果点是内部而不是外部时,人们更可能受内在激发来行动。一个人的因果取向形式决定其行为是自我决定的还是非自我决定的。自我决定行为基于人们对需要的认识,并且是自主选择的行为,而非自我决定行为不包含真正的选择,所以可以说是自动的。这样,自我决定理论就把人类行为分为两大类:自我决定行为和非自我决定行为。由于非自我决定行为是无动机的,它不是德西的自我决定论研究的重点。

根据该理论,当一个人为满足内在需要自主选择采取某项活动,而不是为了实现某个外部目的时,同样的活动更可能会让其感觉更快乐,如图 5-2 所示。如快乐阅读,指人们选择书或文章来阅读,而不是被迫完成学校作业。非常幽默的是,如果两位室友阅读同一本书,自己选择来阅读这本书的人,会津津有味地读;而当作作业来完成的人则会敷衍了事。

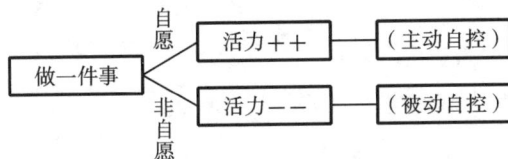

图 5-2　课程组图 1

3. 内隐自控理论

内隐自控理论是由卡罗尔·德韦克(Carol Dweck)提出的,其理论体系一个最大的特点就是增长观(图 5-3)。她认为,一个人做事情的目标可能有两个:①把这件事做好;②从这件事中收获经验。当一个人持第一种目标的时候,就会回避挑战,止步不前。当一个人持第二种目标的时候,就会不断进步、成长。后来她的理论进一步发展为能力内隐观,即如果一个人认为自己的能力是可以成长的,那么没有什么可以阻止其成长;如果一个人认为自己的能力是止步不前的,那么其表现也只会一般。该理论秉持着对有限资源的批判,认为重要的并不是自控资源到底是不是有限的,而是我们是否相信自控资源是有限的这样一种认知。

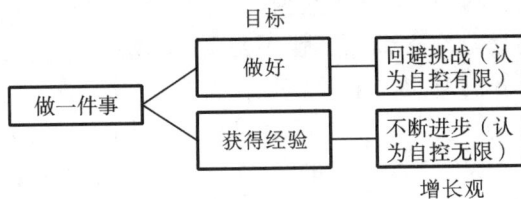

图 5-3　课程组图 2

4. 神经科学理论

神经科学理论从决策最优化的角度来理解自控力。神经科学理论认为自我控制实际上是一种认知过程，即评估—决策—执行。

（1）评估。当一个长远的、收益更大的行动，和一个短期的、收益很小，甚至没什么收益的行动，交给大脑来做一个四维尺度上的抉择，它会怎么办？它会用很简单的一个方式，就是把四维空间简化，把时间转换成收益，也就是经济学上所说的"时间折现率"。每个人的折现率是不一样的。大脑中有一个奖赏回路，能够对预期的收益做出反应，所有的信息最后都会转换成对奖赏回路的激活。

（2）决策。在经历评估阶段后，两个行动都转换成为同一个时间点的收益，两个收益现在就可以进行比较了。但是除了比较收益之外，还要比较成本——付出的劳动。大脑的背侧前扣带回负责处理决策任务，它会选出投入回报比最优的方案，交给执行控制系统去执行。

（3）执行。背外侧前额叶、辅助运动区、运动皮层等一系列的脑区都与执行控制相关。它们负责向人的身体发出行动指令，指挥并且监督身体完成决策的行动。

神经科学理论认为，自我控制其实是一种当下的决策，工作很长时间之后，大脑和身体感到疲惫了，工作效率下降，继续工作已经无法带来最大收益，所以人们选择停下来休息。

二、自控力的培养

（一）减少意志力的消耗

根据自我控制的有限资源模型，我们每时每刻的决策都会消耗自控力，自控力就像肌肉，过度使用就会疲惫。"哈佛幸福课"的主讲人认为，保证我们每天高效运转的其实是我们的习惯，因为习惯会减少决策认知成本，一旦我们养成习惯，我们就可以减少意志力的损耗。

习惯的养成依赖触机、惯性行为、奖励等。

（1）触机。即触发习惯的原因，可以将其想象成手枪的扳机，按下扳机，子弹就打出去了。习惯的触机有很多，可能是时间、地点或场景。早上刷牙的触机是起床这个动作；去吃午饭是因为时间到了或者肚子饿了；有人习惯睡前刷微博，那么触机就可能是躺下来盖上被子的行动。触机本身没有好坏之分，决定习惯好坏的是它引发的惯性行为。

（2）惯性行为。之所以叫惯性，是因为它是无意识的，比如有人一打开电脑就先上网看看娱乐新闻，睡前一定要刷一下朋友圈。在建立新习惯的过程中，我们的自制力就用于修正那些引起拖延的旧行为，将其替换为新的惯性。在更正坏习惯时，我们需要格外留意引发它的触机，同时关注自己的行为，不断提醒自己不要重蹈覆辙。这一步是最消耗时间和精力的过程，可能要与旧习惯反复拉锯，因为良好惯性行为的建立不仅需要有自制力去克服旧的行为，还需要在行为结束时获得正向的反馈，也就是下面要说的奖励。

（3）奖励。这是习惯养成中至关重要的一环，它往往被人们忽略。为什么坏习惯容易养成且难以改变？因为它们的奖励往往即时且明显——打游戏、刷网页、吃零食等哪个不是这样？好习惯难以形成，也恰恰因为短期的奖励不够明显。背单词、健身、练书法等行为往往需要较长的时间才能看到效果，有些人天生能从过程中获得精神激励，但很多人不行，需要人为地赋予自己奖励，比如记录自己的成长和进步，时不时发个微博鼓励下自己，达成一些小目标时吃顿大餐庆祝下等。

(二)对拖延行为的干预

1.了解拖延行为的产生

知道自己是怎样拖延的与知道自己为什么拖延一样重要。知道拖延行为是如何进行的,是战胜拖延行为的第一步。大家可以通过对消极模式的观察来将自己的能量重新导向积极的方面。认清自己平时的拖延行为对于改善拖延至关重要,一旦认清了拖延,就可以在实践中主动地改变。

1)弄清楚自己是如何利用时间的

首先,拿出一个星期的时间,尽量按照平常有拖延行为的状态进行学习、工作、生活。客观地观察自己并进行记录,不要批判自己,也不要分析自己的行为,暂时只需要觉察自己目前的行为模式就可以了。观察自己的时间都花在了什么地方:效率很高时,自己是在做什么? 这与忙而无果的时候有什么不同?

切实可行的时间管理和一种专注于所承担义务的精密安排是从拖延转变为高效的必要工具。如果自己长期迟到,琐事层出不穷且难于应付,在手足无措时才猛然惊醒;如果一个又一个项目都是拖拖拉拉,而且没有时间用于休闲和维护人际关系,那么你在时间管理上就存在问题了。

目前,对于人们为什么难以进行时间管理存在很多种理论。但对于我们大多数人来说,不管这些理论怎么样,困难始终是不折不扣存在的。我们需要有一种精密的时间安排,使自己留意到时间的消耗和我们利用时间的方式。对三天中的每一种活动做一个记录,是掌握时间流向的方法之一。注意花在每一种具体活动上的总体时间,然后将这个总数除以3,就可以得到每一种活动所花费的日均时间。在若干天内保留自己的记录,将会让我们对自己如何花费时间有一个很好的估计。在总结某个典型星期里的活动时,我们可以把花费在打电话、读邮件、吃饭、交往、工作等方面的时间汇总出来,这将会揭示出一些我们希望改变的模式和另外一些我们希望取得进步并在一天当中较早进行的模式。

我们可能会吃惊地发现,生命中逝去的很大一部分时间都与最重要的工作、学习没有直接联系。不要期望每天都能有8小时的高质量工作时间,一生中很大一部分的合理活动与生产效率都没有直接关系。或许我们也会发现,在真正开始投入之前,要花上一个多小时的时间去"进入状态"。如果一大早我们就开始从事最重要的项目,而不是优先读邮件或打电话的话,我们的效率水平会受到什么样的影响呢? 要有所改变,我们就得摆脱"自动驾驶"的习惯,根据记录,找出拖延或重要工作之前的那些活动,知道是哪些活动诱发了自己的消极习惯,这样就能够帮助我们转换到更加有效率的行为模式中去。

测量出如何花费时间之后,我们对一天中鼓励拖延的那些弱点就有了一个清晰的认识。我们或许还能发现,记下花费在重要项目上的时间,能使我们对时间的分配有一个更好的把握,更容易无忧无虑地享受闲暇时间,并鼓励我们高质量、专心致志地进行工作。

2)拖延日志

记下花费时间的方式,将会使我们注意到许多低效的领域和浪费掉的时间段,但它不会提供实际环境中的补救方式。在实际的工作和学习中,如果要避免退回到旧有模式中去的话,需要注意力的转移。为此我们要做一份拖延日志,这份日志将拖拉的活动与对工作、学习任务的态度,运用拖延的办法,拖延的借口联系起来。

对目前的行为和思想有了一些记录之后,我们会知道要在哪些地方进行纠正。要知道没有记录的话,从过去的错误中吸取教训基本上是不可能的。回想过去的一周,做了哪些事情? 多少时间是被浪费掉的? 对于那些导致拖延的事情我们又有过什么样的感受? 我们恐怕都已经不记得了。所以我们应该对自己的活动和想法做一些记录,这样能提供一套更利于把握自己的时间与行为模式的机制。

拖延日志将让我们注意到自我对话以及它们是如何帮助或阻碍目标实现的。意识到自我对话以及它与我们的拖延模式有着什么样的联系,将使我们获得最大化的收益。

2.通过自我对话改变拖延行为

自我对话对改变拖延很重要,不是因为仅仅改变语言就能改变拖延的习惯,而是因为我们与自己对话的方式决定了我们的感受与行为的态度和所坚持的信念。拖延者的自我对话常常无意识地暗示并强化了受害感、疲惫感和对权威的抵触感。以这样的语言建立起来的图景和情绪,所带来的结果常常是以拖延作为一种显示自信与反抗的行动。通过学会挑战并替代消极的自我对话,我们将能从那些不适合自己目前年龄、智力和能力的态度中解放出来。

1)反效率信息

当我们以权威式的声音跟自己对话时,那就表明我们觉得去做某件事情有一定的压力,而且当我们自身的一部分在接受这种压力的时候,另一部分却不希望做这件事情。用"我不得不做""我应该做"之类的话来激励自己,的确是一种惯常的做法,但这样的话向自己的大脑大声地传达着这样的意思:"我不想做,但我必须逼迫自己去做。"内在的自我异化和这种对话中的潜意识信息导致了内部冲突和拖延行为。

通过反效率信息,我们企图用威胁的办法来激励自己,而这种威胁的办法暗含的意思是,摆在我们面前的任务是不愉快的,是我们想逃避的。所以这些信息暗示我们,工作是我们不能自由选择从事的事情,从而激起我们的焦虑和对工作的消极情绪。这样的信息不仅是反效率的,而且还不能指向你所希望决定选择从事的事情。

为了弥合自我异化和权威式声音与反叛行为之间的内部冲突,我们需要学会一种语言,它将使我们不必再与那些控制着我们的人发生冲突。改变与自己对话的方式,是消解踟蹰不前与优柔寡断的拖延模式的有效工具。通过一种选择与承诺的语言,我们将学会把自己的能量导向某个目标,并且充满力量感而不是受害感。

2)拖延者区别于高效者的五种自我陈述

(1)用"我选择做"取代"我不得不做"。高效者的语言、态度和行为可以通过特定的练习来获得。"我不得不做"产生的犹豫感和受害感会让拖延行为变得合理化。而"我选择做"会让你用一种增强自我能力的态度去挑战任务和工作。拖延的时候马上选择工作或者选择承担自己推迟的责任,运用对消极想法或态度的认识,反过来让自己拥有高效者的选择式、力量式的态度。

(2)用"我什么时候开始"取代"我必须完成"。"我什么时候开始"是高效者的一条警句。它表现出对任务完成情况的焦虑和对现在能处理事务的明确专注。这句话起着一个反馈器的作用,它能把任何摇摆不定的注意力推回到任务和工作的起始处。而当我们不能从现在开始的时候,"我下一次能从什么时候开始"这样的问法能让我们向好像可见的未来径直而轻松地出发,让我们清楚地看到,将在什么时候、什么地点、以什么事情作为开始。

(3)用"我可以走出一小步"取代"这个任务大且重要"。每当我们在一个大型的任务面前感到无所适从的时候,试着提醒自己:"我可以走出一小步。一小步可以是一份简单又粗糙的草稿、一个不完美的框架。现在我所需要做的仅仅就是这些。"我们不可能一下子就建起一座大厦,现在能够做的所有的事情只是给地基浇筑混凝土、钉钉子、筑墙——一次一小步。一个简单而微小的步骤使我们知道能在现在完成的全部事情,与巨大的事业相比较,这个可操作的步骤会给我们留下时间,在一系列小步骤的间隙中,学习、休息、休整。每一个步骤中,我们都有时间来欣赏自己的成就,对前进的方向获得新的认识,并再次在长远目标上下定决心。

(4)用"我完全是一个凡人"取代"我必须做到十全十美"。以接受但不是顺从的态度承认自己的人性极限,取代对完美结果的要求。接受所谓的缺憾其实是正常学习过程中的一个重要部分。在日常的学习、生活、工作中,不可避免地会面临风险,这个时候我们需要用一种自我同情而不是自我批评的态度去支持自己勇敢地努力。当我们认识到作为一个新手,必须踏出笨拙的第一步才能保证成为一位大师时,我们会乐意对自己特别温柔。当我们学会接受项目早期出现的缺憾时,会让坚持成为自身的一部分,也会为从困境中得以恢复而做出更好的准备,因为我们有一张用同情织成的安全网。

(5)用"我可以花时间玩"取代"我没时间玩"。对于锻炼与和朋友一起进餐、一天中适当的休息以及一年中适当的休假,如果能保证花在上面的时间是固定的,那么就会增强我们的自我价值感和自尊心,而这也正是改变拖延所需要的核心内容。知道自己在可见的未来有所期盼,对休闲、与朋友一起玩的坚定承诺会让你减少对困难工作的畏惧。

运用以上五种积极的自我陈述,会减轻与任务联系在一起的痛苦,同时会让你有更多的机会发现你要做的工作或任务本身就是有益的。另外,工作质量的提高也会增加自己无忧休闲的快乐程度,因为那是你问心无愧地赢得的。而不断地对微小进步施以回报,会带来持续进步。

唯有更多地了解拖延及其背后的心理,我们才有可能更好地运用时间管理的各种技巧和方法。当你真正明白自己为什么要改变以及要改变什么时,时间管理的各种技巧和方法才能真正起到作用。

🎬 案例分享

案例 1 的设计者是许梓彦。

案例 1:我脑中住了只猴

1. 设计理念

一谈到自控力,我们常常会联想到拖延症,对于初中学生,当前正是培养延迟满足的能力、养成好习惯的黄金期。本次课程旨在从自控力理论出发,结合叙事疗法中的外化命名技术,给学生们开展一节绘声绘色的拖延症心理课。整节课全部围绕"及时行乐猴""理性决策

理健康教育课程设计与组织（第二版）

人"以及"惊恐怪兽"开展，以故事的形式，从神经科学的角度，通俗易懂地向学生阐述什么是延迟满足的能力，以及如何提高延迟满足的能力。

2.教学目标

（1）认知目标：认识拖延症是如何影响我们决策的。

（2）情感目标：体验延迟满足与及时行乐的差异，产生珍惜时间的心向。

（3）技能目标：学会提升自己延迟满足能力的方法。

3.教学时间

1课时。

4.教学对象

初一学生

5.教学重点

引导学生发现延迟满足与及时行乐背后认知过程的差异。

6.教学难点

促进学生思考提升延迟满足能力的方法。

7.教学过程

第一环节（导入环节）：棉花糖实验（视频截图见图5-4）

播放米歇尔博士的棉花糖，实验引出什么是延迟满足能力，同时教师给每位学生发一颗棉花糖并告诉他们："同学们可以在上课中的任何时候吃掉，但如果能坚持到下课还没吃，会有惊喜。"

第二环节：瞧！那儿有只猴子！

通过展示非拖延者和拖延者的大脑形象图，阐述延时满足和即时满足的区别（见图5-5）。

图 5-4　棉花糖实验视频截图

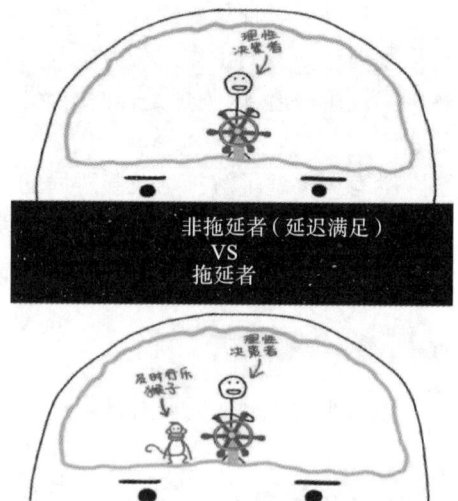

图 5-5　"我脑中住了只猴"课程组图1

第三环节：小明的故事

通过小明现实生活中遇到的故事来开展小明大脑中的"及时行乐猴""理性决策人"以及

"惊恐怪兽"发生的故事(如图5-6)。

图5-6 "我脑中住了只猴"课程组图2

第四环节:猜猜我在哪

介绍大脑中额叶皮质和大脑边缘系统的作用以及它们之间的关系,让同学们猜猜看"理性决策者"和"及时行乐猴"分别住在大脑中的哪个位置(见图5-7)。同时教师从神经可塑性的角度阐述前额叶是可以通过后天训练来进一步发展的——自控力就像肌肉一样,越练越强。

第五环节:练就一身"防猴神功"

结合形象图讲解训练前额叶、提升延迟满足能力的方法。同时邀请同学们来设计自己专属的"防猴神功"(见图5-8、图5-9)。

图 5-7 "我脑中住了只猴"课程组图 3

04 训练前额叶，提高延时满足力

2.练习金刚不坏防猴神功——设置延时满足时间

图 5-8 "我脑中住了只猴"课程组图 4

想想还有其他防猴功法嘛?
画出你的专属功法并且给出"功法说明书"

图 5-9 "我脑中住了只猴"课程组图 5

第六环节:猴子!其实你也不错!

教师提问"如果现在有一项技术可以消灭你大脑中的那只'猴',你会愿意尝试吗",引导学生思考本我(猴子)和超我(理性人)、情感(猴子)和理智(理性人)、本能(猴子)和规则(理性人)各自的重要性。

课外拓展

学科前沿

"不得不"与"应该"

1."不得不"——压力信息

拖延中模棱两可的自我对话——"我不得不做"传递出的是受害、抵触、紧张和困惑等消极情绪,"不得不"话语强化了那种别人逼着你违背意志做事的观念。这造成的结果是构筑起一种想象:你被生活中的一些小任务打败,疲惫不堪,努力工作却没有快乐。你会形成一种强烈的感受:在外部压力之下,自己变成了一个无助的受害者,这时以拖延作为防备的条件成熟了,你有保护自己的正常需求,那么对于那些以"不得不"开始的任务,就不可避免地产生矛盾、憎恨和抵触情绪。

受"不得不"话语的困扰,你踟蹰不前——包括精神、身体和情绪。想通过纪律约束来施加压力,从而解决停滞不前的问题,只会把事情弄得更加糟糕。这些都只会加深那种工作任务可怕且痛苦的印象——如果能够自由选择,你不会从事这种任务。你在孩童时期,那些控制着你的食物、住所的人告诉你,你必须要去做某些你不愿意做的事情;现在的感觉就和那个时候的感觉很类似。所有人都了解矛盾、压力和威胁以及伴随着它们的憎恨和抵制的情绪。然而我们在跟自己对话的时候,仍然是一部分像个小孩子,必须向以严父式口吻说话的另一部分做出交代。

2."应该"——抑郁信息

内心整天重复"应该"的话语,会给大脑灌输一种消极的潜意识信息:"我很糟糕,我的处境很糟糕,我的学习能力很糟糕,我的生活水平很糟糕……没有任何一种状态是我所应该存在的状态。"就像"不得不"会引发压力一样,"应该"会引发抑郁。数数10分钟之内,你的大脑当中有多少"应该"和"不应该",你就能够对自己的抑郁程度有一个很好的估计。反复进行"应该"的自我对话会让你有一种负重感、受害感和失败感。

(资料来源:[美]尼尔·菲奥里.战胜拖拉[M].张心琴,译.北京:东方出版社,2013.)

心理训练

自控力增强计划手册

(1)定个可量化的目标。

(2)给目标评分(0~10分):目前我的分数是多少?我期待达到的分数是多少?

（3）书写计划。

（4）寻找资源：当我想拖延的时候，我会怎么帮助自己？

（5）设置评分反馈间隔，每隔一段时间给自己重新打分，得到反馈，修正计划，发现新资源，重新执行。

第二节　生命教育

案例分享

某教学以一个视频引入。

视频中的每个人都收到了写有自己死亡时限的短信（见图 5-10）。

贝努瓦 你将在14年6个月零4天后死亡

罗伯特 你将在0天后死亡

还剩102年 世界纪录耶

嗨 我是凯文 还有62年 我来亲自检验一下

图 5-10　课程组图 3

他们的情绪反应各式各样，有悲伤的、欣喜的、痛苦的……相应的行为结果也大不相同。如何度过余生是视频中的人们此时此刻最关心的问题。

如果你是视频里的人，你也收到了属于自己的死亡预告，你会做出什么的反应？在剩余的时间里，你又将如何度过？在本节中，我们将探讨生命教育的相关理论知识及其对应的课程设计思路。

学习导航

一、生命教育概述

(一)生命教育的内涵

生命的内涵复杂且深奥,于人类而言,生命的存在不仅意味着生命体的"活着",而且意味着包括生命意识在内的多方面存在,这就决定了生命教育的复杂性及多样化。尽管生命教育在众多国家和地区早已开展,但对于其内涵至今还没有达成共识。总体而言,生命教育可以分为狭义和广义两种。

1. 狭义的生命教育——针对生命问题

生命教育源于青少年生命发展中的自伤、自杀、吸毒、伤人、欺凌、暴力等问题。1968年,美国学者詹姆斯·唐纳德·华特士(James Donald Walters)正式提出了生命教育,主要针对的就是吸毒、自杀、他杀、性泛滥等生命伤害现象,旨在唤起人们对生命的热爱,消解对生命的威胁。这也是最开始的生命教育的定位与内涵,这个时期的生命教育就被定位为应对暴力、毒品和性泛滥等社会问题的对策,诸如自杀干预、禁毒教育、生命安全教育等。

学术界将这种基于解决生命实际存在的问题而提出的生命教育,称为狭义的生命教育。目前,狭义的生命教育主要包括安全教育、身体教育、死亡教育、伦理教育、法治教育等内容,它从性质上来讲是治疗性的。

2. 广义的生命教育——针对生命发展需要

广义的生命教育是指向生命整体的教育,不是从生命问题出发,而是从人的生命发展需要出发,从对人生的思考出发。这种生命整全的理念,体现在一些学者的研究中。孙效智从人生的三大问题出发,思考和设计生命教育,对应人生三大问题:人为何而活? 人该怎么活着? 人如何能活出应活出的生命? 生命教育包含相互关联的三个领域——终极关怀与实践、伦理思考与反省、人格统整与灵性发展,它们统合构成了完整的生命教育。冯建军提出,生命教育应该基于生命的完整需要,致力于生命的统整,呵护自然生命,拓展社会生命,激扬精神生命,实现生命的和谐发展。从性质上来讲,广义的生命教育是发展性的。

(二)生命教育的研究现状

1. 新生命教育

《国家中长期教育改革和发展规划纲要(2012—2020 年)》明确提出了"学会生存生活""重视生命教育"等概念,并把"生命教育"作为促进人的全面发展的重要内容之一。基于此,中国学者朱永新提出新生命教育理念。

新生命教育与上述广义的生命教育的内涵较为一致。它区别于以往工具化的生命教育,是一种发展性的生命教育。它以过一种幸福完整的教育生活为核心理念,以生命为中心和原点,围绕人的自然生命、社会生命和精神生命展开教育,旨在引导学生珍爱生命,积极生活,成就人生。

依据此理念研发的课程,称为新生命教育课程。它以人的生命发展为主线,以呵护人的自然生命、完善人的社会生命、提升人的精神生命为价值追求,围绕生命活动和生活而组织,旨在帮助学生更好地理解生命的意义,确立生命尊严的意识,高扬生命的价值,提升生命的质量,使他们能拥有美好幸福的人生。

新生命教育课程由六大领域构成,分别是:生命与安全、生命与健康、生命与养成、生命与交往、生命与生涯、生命与价值。这六大领域又包括 12 个模块,分别是:安全与健康领域的居家安全、校园安全、社会安全、身体健康、心理健康、两性健康等 6 个模块;养成与交往领域的习惯养成、社会交往、与自然相处等 3 个模块;生涯与价值领域的生涯规划、价值信仰、生死智慧等 3 个模块。

在这样一个基本架构中,结合不同年龄阶段(小学 1~3 年级、4~6 年级、初中阶段和高中阶段)学生生命发展的特点,根据该阶段学生生命发展的需要和面临的问题,设计不同阶段生命教育的主题,这些主题整体上呈现螺旋上升的趋势。每一个阶段的主题既反映生命的本质需要,具有相对稳定性,又能够反映不同时期生命发展面临的问题,具有生成性。

2. 初中生生命教育现状

初中阶段处于人生发展的关键期,此阶段的学生面临由小学生向初中生的转变,不仅包括生理上的改变,还有心理上的变化。虽然他们的生理发育趋于成熟,但心理发展却相较迟滞。正是身心发展的矛盾性使得初中生容易出现心理不成熟甚至扭曲的现象,从而导致其漠视生命。因此,在这个阶段应当注重引导学生认识青春期生理和心理的变化与发展特点,让他们掌握必要的自我保护技能和灾害应对能力,培养积极的自我认同感和生命意识,学会悦纳自我与他人。

二、生命教育的维度

(一)生存能力教育

生存能力教育使人学会适应现实的要求,具备生存的能力和本领,它更倾向于上述狭义的生命教育的内涵。具体来说,生存能力教育包括以下基本内容:让学生远离意外伤害的教育,教会学生有效逃离火灾、地震等自然灾害的技巧,使学生能够具有救护和自我救护的能力,性知识的教育,等等。

(二)生命意识教育

生命意识教育使人敬畏生命,尊重生命,明确人生的目的和意义,具有正确的人生观和价值观。生命意识教育主要从以下几个角度进行研究和开展课程设计。

1. 生命意义感

生命意义的概念是由意义治疗大师费兰克(Frankl)最早提出的,他认为每个人都要为自己的存在找到意义,寻求意义是人类的基本动机之一,也是人灵性的一种表达。斯蒂格(Steger)等学者则首次对生命意义感的认知和动机维度进行了清晰的界定,其中认知维度为拥有意义,也即意义体验,是个体在多大程度上认为自己的生命是有价值、有意义的,反映了意义体验的丰盈与深刻程度,强调结果;动机维度为追求意义,也即意义寻求,是指个体试图建立或增强自己生命意义时所做出的积极的、动态的努力,反映了人在追寻意义时的活动强度、活跃度与紧张度,强调过程。

许多研究结果表明,意义寻求与意义体验并不存在固定的线性关系,它们可能表现出正相关或负相关的关系。个体可能由于缺乏意义,一直苦苦追求意义感,而对生命意义的寻求也可能会带来生命意义体验的增加。并且,笔者认为,处于不同年龄阶段的青少年,其意义寻求和意义体验也存在较大的差异。一般来说,初中生正处于青春期早期,心智发展尚未成熟,因此,对于初中生寻求生命意义感的培养和引导至关重要。

2. 生命价值观

生命价值观是指人们关于什么是生命价值、怎样评判生命价值、如何创造生命价值等问题的根本看法和根本观点。它涉及人们怎样认识自身的价值、实现自身的价值,如何有意义地度过自己的一生。

当代青少年面对纷繁的信息与文化输入,面临多种价值观的碰撞,他们的思想变得具有跳跃性和不稳定性。针对这一时期的青少年,引导其分辨和塑造正确的生命价值观是至关重要的。

3. 尊重与敬畏生命

生命只有一次,每个人的生命都是独一无二的,每一个人的生命都具有不同于其他生命的特殊性。人只有认识和理解生命的珍贵性和独特性,才能学会尊重和敬畏生命。

(三)死亡观教育

生与死是一体两面、不可分离的。死是依据生而存在的,谁想要避免死亡,谁就要首先消除自己的存在;谁忽视了死亡,谁就是对自己的生命不负责任。死亡观教育就是要人们正确认识和理解死亡,使人们意识到死亡是人生命的终点。死亡观教育不是教我们害怕和逃避死亡,而是教我们意识到人生命的有限性,从而促使我们更加珍惜和热爱生命,通过社会实践实现有限生命的无限价值。

案例分享

案例2的设计者为黄佳铃。

案例2:生如夏花

1. 设计理念

中国学者对生命教育的研究始于20世纪90年代,但是学者关于生命教育的内涵并没有形成统一的观点。著名教育学家冯建军教授认为,生命教育是有目的、有计划、有组织地进行生命意识熏陶、生存能力培养和生命价值提升的教育。生命教育的内容是多重的:一是帮助学生正确认识自己及他人的自然生命,使学生重视生命、热爱生命、珍惜生命,正确处理与他人、与自然的关系;二是教育学生认识到生命的有限性,引导学生正确认识死亡,树立健康、理性的生死观;三是让学生明确生命的意义,提升生命的质量,培养健全的人格,实现自己生命的意义。

2021 年 1 月 19 日，教育部再次强调：把生死教育融入课堂教育教学。重视课程主渠道建设，不断拓展课程教育平台，将生死教育纳入思想品德教学、心理健康教育、思想政治理论课教学，扩大生死教育工作覆盖面，融入中小学教育教学。并针对初中生年龄特点，指出初中思想品德课程要求学生"认识人的生命的独特性，珍爱生命"。据此，本课以珍爱生命、探索生命意义为主题，以死亡为切口，穿插死亡教育进行教学内容设计。

2.教学目标

认知目标：帮助学生理解死亡的意义，使其珍惜生命，珍惜时间。

情感目标：激发学生思考自己的人生意义和追求。

技能目标：帮助学生通过具体的活动，切身体会到生命和时间的可贵。

3.教学时间

1 课时。

4.教学对象

初中生。

5.教学重点

帮助学生理解生命和死亡的意义。

6.教学难点

激发学生思考自己的人生意义和追求，做出一定的抉择，初步明晰自己的人生观和价值观。

7.教学过程

第一环节：热身活动——词汇联想

引导学生对"生命"一词展开想象，调动学生的课堂积极性，同时引入课程主题："如果提到生命，大家可以想到什么呢？什么样的词、画面、声音等？"

第二环节：生命清单

在这一生中，有哪些事情是自己必须完成的呢？在这个环节中，让学生思考和计划，并在"生命清单"里写出超过十件在这一生中最想要完成的事情。通过这个环节，学生可初步明晰自己的价值取向，同时为下一个活动做铺垫。"生命清单"设计见图 5-11。

"生命清单"

1.		11.	
2.		12.	
3.		13.	
4.		14.	
5.		15.	
6.		16.	
7.		17.	
8.		18.	
9.		19.	
10.		20.	

图 5-11 "生如夏花"课程组图 1

第三环节:未来已来

观看《当收到自己的死亡日期》的视频片段。视频内容是人们收到预计自己死亡时间的短信后,产生的各种各样的情绪和行为反应。让学生在观看过程中观察和思考:当视频中的人们收到自己的死亡日期时,他们的心情是怎样的? 他们选择了如何度过自己剩下的时间? 通过视频的引入,让学生联想自身:如果自己收到了类似的生命时限短信,又会如何选择?

分组讨论:每组派代表抽取一个信封,信封内容是以手机短信截图的形式,告知收到的成员其剩余生命时限,分别是剩余 1 天、1 个月、1 年、10 年(见图 5-12)。让学生静下心来认真想象,如果这就是剩余的生命期限,你的心情会是怎样的,又会选择如何度过自己的余生? 并且按照对应的时限在活动纸上写下"你将如何度过你的余生",小组内自愿分享后,按照时限从长到短,每组派代表在全班分享。

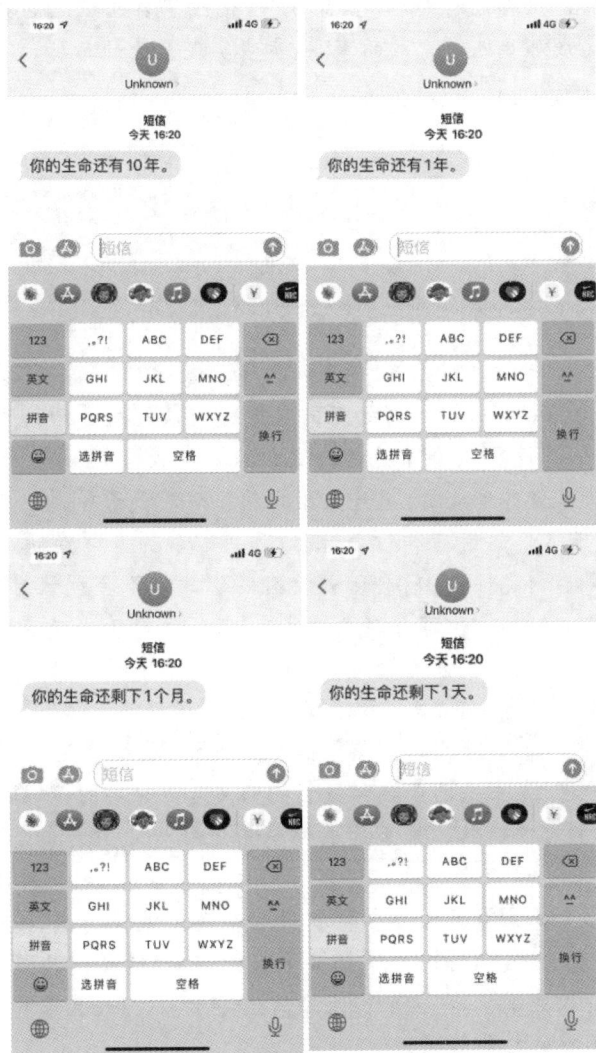

图 5-12　"生如夏花"课程组图 2

第四环节：我的一生

通过分享国内外名人的墓志铭引入。

我的墓志铭：在70年后、80年后甚至90年后，大家走到了生命的尽头，即将离开这个美丽的世界，那时候肯定会有很多感触。让学生为将来的自己撰写一份有特色的墓志铭。可以是一句话、一段话甚至一篇文章，作为自己对这个世界的告别或是对自己一生的总结和感悟。通过书写自己的墓志铭，让学生勇敢地正视生老病死的问题，加深对死亡深刻认识的同时，能将这种认识转化为珍惜生命健康的动力，进而思考人生的意义和目标。

课程总结：在活动中知道自己的"生命时限"时，可能会发现自己还有许多想要做，但到目前为止还没有来得及做的事情，也发现很多目标尚未达到，愿望也尚未实现。我们会开始删减，开始被迫抉择，在这个过程中也会逐渐明晰，对于目前的自己而言，什么是最重要和最迫切的。通过墓志铭活动，我们将"事件和目标"转化成了自己赋予的独属的意义。从今天开始，我们一步步去完成那些还未完成的事，一步步实现自己的目标，实现自己的人生价值，让自己的人生不留遗憾。

课外拓展

学科前沿

死亡焦虑

死亡焦虑（death anxiety）是对即将到来的或终将到来的死亡产生恐惧、焦虑、不安的心理状态。虽然大部分人都没有体验过明显的死亡恐惧与焦虑，但是生活中有许多事件可以诱发死亡焦虑，如丧失挚爱的亲人、患有危及生命的疾病或遭遇重大创伤等。

死亡焦虑能够影响人们的情绪和行为，有时还可表现为身体症状。死亡焦虑的本质特征有四个方面：一是具有内隐性，人们有时并没有意识到或不会承认自身存在死亡焦虑；二是具有普遍性，大部分人终其一生都存在死亡焦虑，它还可能转化成其他心理问题而表现出来；三是具有不可消解性，人们必须直面它；四是具有两面性，它既会给人造成不安、焦虑和恐慌，也会促使人更加珍惜生命，寻求生命的意义。

托马尔（Tomer）等学者提出了死亡焦虑的综合模型，该模型认为死亡焦虑是由三个因素直接决定的：过去的遗憾、未来的遗憾和死亡的意义性。过去的遗憾指个体本应该实现一些抱负却没有实现而存有的遗憾。未来的遗憾是指随着生命的衰老或过早的死亡，一些愿望没有机会在将来得以实现而存有的遗憾。死亡的意义性（meaningfulness of death）是个体对死亡的概念化，如个体认为死亡是一件积极的事还是消极的事、是否有意义、死后是否有来生等。与无法改变的过去和解，紧紧把握未来的方向，能够建构死亡的积极意义，从而消除对死亡的恐惧，并以死观生，树立珍惜生命的生存意识，把握生命中重要的事，达到有效缓解死亡焦虑，积极面对死亡的效果。

［资料来源：白福宝.论死亡焦虑的本质[J].医学与哲学，2015(19)：40-42.]

心理训练

找一找：通过书籍或网络，搜索名人的人生观或价值观，并说说从中得到的收获和启发。

第三节　情绪调节

案例分享

某教学以一个猜谜游戏引入，逐渐带入课程主题，如图5-13所示。

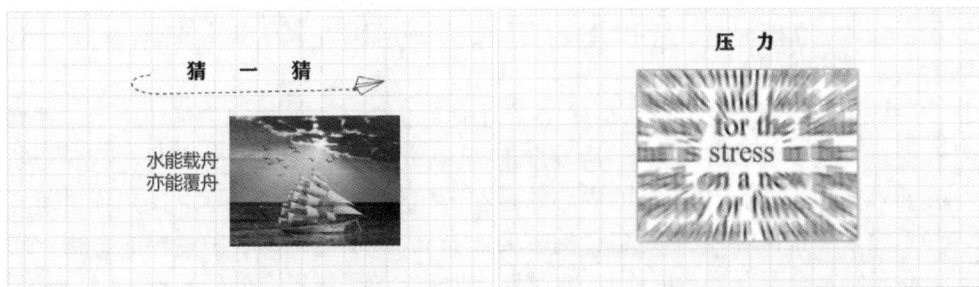

图5-13　课程组图4

情绪问题是中学生最常见的心理问题，进入初中，学生们开始面对来自方方面面的压力，如人际压力、学习压力、家庭压力。如何看待这些压力，如何处理好随之而来的各种负面情绪，对于初中生的学习、生活，以及心理健康都至关重要，因此我们这一节将主要探讨初中生的情绪问题以及相应的课程设计思路。

学习导航

一、情绪调节概述

(一)情绪调节的定义

情绪是一种流动且复杂的过程，它既涉及神经系统、内分泌和肌肉变化的生理过程，又包含特定的动作准备、有限的注意力集中、稳定的认知评价和独特的情感感受的心理过程。情绪不仅涉及主观体验的变化，还涉及以某种方式采取行动的倾向，情绪相关行为包括面部行为、姿势变化和特定情境的工具行为；情绪有助于个体适应生活环境，不同文化环境中，情绪的表现也有很大差异。

情绪调节一直被认为是个体情绪发展和社会发展的核心部分。人们对于情绪调节有多种定义，汤普森（Thompson）认为情绪调节是为实现个体目标，从而监控、评估和改变情绪反应，尤其是情绪的频率和持续性的内部过程和外部过程。科尔（Cole）认为，情绪调节是指社会情境中的个体为了快速适应和保持良好的人际关系而以社会接受的方式对情绪做出反应的过程。格罗斯（Gross）基于情绪生成的情态过程，认为情绪调节是个体影响自身有何种情绪，何时有情绪，以及主动调整主观体验与情绪表达的过程。

（二）情绪调节理论

总结出情绪调节的定义之后，不少学者开始致力于研究情绪调节的过程，并提出与之相关的各种理论。比如拉撒路（Lazarus）等人提出情绪调节的情境观，将情绪调节看成是一种心理反应；格罗斯等人提出情绪调节的过程观，认为情绪调节在情绪发生过程中开展；基姆（Kim）等人提出情绪调节的结构观，重视情绪调节的构成成分。前人的研究为我们认识情绪调节理论提供了新的视角。其中，格罗斯的过程与策略理论属于集大成者，概括了情绪调节过程的基本形式。

格罗斯认为情绪调节是一个系统过程，在个体产生情绪之前或产生情绪之后，情绪调节就已经存在。其主要包括情境选择、情境修正、注意分配、认识改变、反应调整这五个阶段。当一个人面对几种社会情境时，他的内心总是在做出某种选择，他一旦选择某种情境，就会采取各种手段来修正情境，以满足自己的需要。当然，情境中充满各种各样的事物，个体不可能对每种事物都分配同样多的注意力，这时，他就进入了注意力分配阶段，并对其认知加以一定程度的调整，确定对自己有利的意义。当个体在情境中被诱发出某种情绪之后，他会迅速采取相关策略来调整自己的反应，抑制冲动，使自己的行为符合社会准则。这就是格罗斯的情绪调节理论，通过这个理论，我们知道情绪调节有着非常重要的作用，对我们每个个体都必不可少。

拉撒路提出了情绪调节具有两种不同的方式：一是以问题为中心的调节，即个体通过努力改变引发情绪的环境来调整、控制情绪；二是以情绪为中心的调节，即个体运用相关生理认知活动来减少负面情绪，维持正能量。举个简单的例子，一个人在面对恐惧时，如果采用逃离恐惧现场的办法，则是以问题为中心的情绪调节方式；如果采取分散注意力、想象快乐的事情的方式来克服恐惧，则是以情绪为中心的调节方式。个体与个体之间的心理承受能力各有不同，只有找到适合自己的情绪调节方式才能从容面对生活的挑战。

二、中学生情绪调节能力的培养

（一）情绪调节在中学的发展特点

初中生处于身心从稚嫩走向成熟的阶段。在情绪方面，情绪波动大、情绪两极化、情绪内向化的特点导致初中生更易受到情绪问题的困扰。学者的调查研究发现初中生心理健康状况并不乐观，有50.34％的初中生存在不同程度的心理健康问题，其中女生的心理状况明显不如男生，并且各个年级的学生呈现出具有差异化的心理健康问题。

情绪调节能力影响着初中生各方面的发展。情绪调节的缺陷和高频率的消极情绪表达、青少年行为问题以及较差的同伴关系密切相关。相反,高水平的情绪调节能力有利于学生的学业发展,进而促进其社会适应能力和人格发展,提升其心理健康水平。由此可见,在教育工作中帮助学生提高情绪调节能力对促进其健康成长有重要作用。

2012年,教育部发布了《中小学心理健康教育指南》,把通过实施相应教育干预提升学生情绪情感的感知能力,学会控制自己不良情绪作为心理健康教育的内容。可以看出,初中生的情绪调节能力已逐渐成为教育工作者关注的焦点。因此,如今的学校教育要逐渐改变"成绩至上"的教育理念,更多地关注学生的情绪情感问题,逐步培养青少年良好的情绪调节能力。

(二)中学生情绪调节能力的培养目标

中学生情绪调节能力的培养应当将以下几个方面作为目标。

1. 认识自己的情绪

当情绪产生的时候,学生要知道自己的情绪是愉快的还是不愉快的,程度怎么样,以便有针对性地进行调节。

2. 学会对情绪进行理性思考

一件事发生时,每个人都会产生许多想法。这些想法中有理性的,有非理性的。理性想法是符合现实的、客观、合理、合乎逻辑的想法。非理性想法则是不合理的、缺乏清楚思考,易引起负性情绪的荒谬想法。有学者把非理性想法分为"绝对化""夸大、糟糕化""以偏概全"三类。若要除去情绪困扰,就要驳斥并放弃非理性想法,进行理性思考。

3. 了解情绪调节的类型

情绪调节的类型通常分为内部调节和外部调节;修正调节、维持调节和增强调节;原因调节与反应调节;良好调节和不良调节。常用的有内部调节和外部调节。内部调节来源于个体内部,如个体的生理、心理和行为等方面的调节;外部调节来源于个体外部的环境,如人际的、社会的、文化的以及自然的等方面的调节。

4. 掌握自我调节情绪的方法

自我调节情绪的方法有自我教育调节法、主动与人沟通法、自我活动转移法、呼吸法、肌肉放松法、自我暗示法、自我激励法、升华法、克制法、认同法、宣泄求助法等。

5. 积极处理诱发事件

如果引起不良情绪的事件可以解决就尽力解决,积极应对,将诱发事件处理好,情绪自然就好了。如果暂时不能解决就放下,想办法调节情绪。

6. 进行情绪调节训练

进行有针对性的情绪调节训练。比如,当生气、愤怒时,可以拿镜子照一照自己生气的样子,明白愤怒的样子并不好看,并暗示自己"愤怒不能解决问题,如果冲动,还可能带来严重的后果",从而降低愤怒程度。同时,可以探讨并总结什么情况下用什么方法可以调节好情绪,以便情绪产生时能及时有效调节。

7. 认清现实,承认不良情绪的存在

正视自己的不良情绪,把它适当地表达出来。抓住当前,少追悔过去,可以减轻消极情绪的不良影响,掩饰、压抑反而可能会诱发过度的情绪反应。

8.树立正确的人生观,培养乐观性格

实践证明,有远大理想、正视现实、热爱生活的人,才能主宰自己的情绪,不致产生强烈而持久的情绪波动。性格乐观开朗、诙谐幽默的人,即使遭遇强大的刺激,也更容易想得开、放得下,更不会为日常琐事、闲言碎语而耿耿于怀、抑郁消沉。

知识链接 5-1

青少年情绪调节能力

我国学者嵇家俊认为情绪调节是信息"输入—加工—输出"的过程。在这个过程中,情绪知觉是信息输入的过程,情绪评价与控制是信息加工的过程,情绪调节与反思是信息输出的过程,而高度的自我信任感以及超强的策略应用能力是催化剂,有助于促进这一过程的完成。他指出,青少年情绪调节能力应该包含以下几个方面:情绪知觉能力、情绪评价能力、情绪控制能力、有效应用情绪调节策略的能力、情绪调节的自我效能感、情绪调节反思能力。

1.情绪知觉能力

它是指大脑对于输入的情绪信息进行整合的能力,是个体对自身产生何种情绪以及为何会产生这种情绪的理解能力。知觉的过程是个体集中注意力来观察自身的情绪反应状态是否发生变化以及自身的情绪反应状态是否强烈,察觉之后,进一步进行分析与整合。

2.情绪评价能力

它是以情绪知觉为基础的,只有正确地感知情绪,才能正确认识与评估其产生的情绪意义。个体对于情绪事件的反应与认识不同,导致所产生的评价不同。

3.情绪控制能力

这主要体现在个体对所发生的情绪事件具有相应的掌控力。格罗斯主张合理的表达、适当的调控,是情绪控制的重要体现。个体在发生情绪反应事件时能够克制自身的冲动,是情绪控制能力较高的表现。

4.有效应用情绪调节策略的能力

它是指个体利用自身的意志力采用一定的方式与策略来降低自身的负性情绪反应。从这一角度上看,它是认知策略与行为策略发生变化的过程,也可以表达为认知重评和表达抑制的过程。人们采用某种方式来降低相应反应,从而使问题得到解决。

5.情绪调节的自我效能感

它是指个体对自身调控相应情绪反应的自信程度。个体带有较高的自我效能感,则对自身调控相应的情绪反应具有很大的自信;自我效能感低的个体则表示通过自身的调控或改变自身的认知难以帮助其改善自身产生的消极情绪。

6.情绪调节反思能力

它是指个体根据自身状态,评估情绪调节的适宜程度,在外界刺激状态下识别自身情绪,并做出评价性反应的过程。反思活动不仅能够丰富自身的情绪调节经验,还能够在一定程度上提高个体的情绪调节能力。

案例分享

案例3~4的设计者是王盈双。

案例3:你好,情绪

1.设计理念

接纳承诺疗法(acceptance and commitment therapy,ACT)是认知行为疗法第三代浪潮中的代表理念,是认知行为的最新发展方向,又被称作"基于语境主义的CBT"。该理论于20世纪90年代初由斯蒂芬·海斯提出,以功能性语境主义和关系框架理论为承载,运用各种临床练习和隐喻故事,以提升个体的心理灵活性,以便更积极地投入有价值的生活中。ACT是"反直觉"的,强调问题解决模式向正念欣赏模式的转变,其核心是行为疗法。它的真实含义是:接纳那些你无法控制的,然后采取那些能丰富自己生活的行动,去开创丰富、充实且有意义的生活,从根本上改变人与问题的关系。有研究表明,ACT在改善情绪和提高生活质量方面有较好效果。本课程设计将接纳承诺疗法的治疗理念融入情绪调节的课程中,让学生认识情绪,了解情绪背后的故事,正确看待情绪。

2.教学目标

(1)认知目标:了解、体验情绪的类型。

(2)情绪目标:认识到负面情绪的积极意义。

(3)技能目标:从更加客观的角度去看待自己的情绪。

3.教学时间

1课时。

4.教学对象

初二学生

5.教学重点:了解、体验情绪的类型;认识情绪的积极意义。

6.教学难点:从客观的角度看待自己的情绪。

7.教学过程

第一环节:认识情绪

1)通过猜谜语导出本节课的主题——情绪

谜语:有时它让你多愁善感,有时它让你焦躁不安,有时它让你慌乱紧张,有时它让你兴高采烈,有时它让你豁达开朗。

2)通过提问的方式来介绍情绪

我们平时都有哪些情绪?基本情绪有四种,大家知道是哪四种吗?(答案:喜、怒、哀、惧)

那平时我们通过什么方式可以感知到别人的情绪呢?(答案:表情、动作、声音)

下面我们通过一些活动来认识一下不同的情绪吧。

3)看图猜情绪

给同学们呈现一些情绪人像图(图 5-14),让他们判断这些是什么情绪。

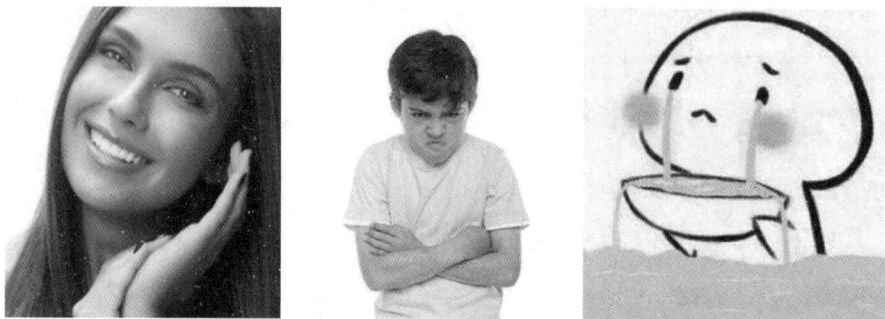

图 5-14 "你好,情绪"课程组图 1

第二环节:情绪的功能

1)导入

请同学们尽可能多地写出一些与情绪相关的词汇,教师将情绪词板书,让同学们回答这些词汇有什么特点(如:比起正面情绪,我们拥有的负面情绪种类更多)。思考为什么负面情绪明明在我们的观念里是不好的,而且很多时候大家都讨厌它们,但它们在进化过程中却没有被淘汰掉,反而比那些正面情绪更丰富、多样。

2)申诉状

邀请同学们完成负面情绪的申诉状(见附件一),为负面情绪找意义。可以引导学生分享在自己的生活中,这些负面情绪是否带给过自己积极的意义。

3)阐述功能

用提问的形式给同学们展示并解说一些负面情绪的功能。比如,请同学们想一想"恐惧"和"羞愧"这两种情绪有什么样的功能。

4)教师总结

在产生负面情绪的时候,思考这个负面情绪会不会有助于我们,如果会,就允许自己待在这个负面情绪一会儿,因为它是有意义的。

第三环节:直面情绪

1)导入

克服恐惧的最好方法是直面它,那么我们接下来也一起来面对情绪。首先,仔细地观察它。

2)让学生感受自己此时此刻的情绪

让学生在任务纸(如图 5-15 所示)上的小人下面写下自己的情绪,如果有多种情绪,找到对自己影响最强烈的情绪;在任务纸上的小人那里,圈出这个情绪在身体的哪个部位,继续思考并写下这个情绪带给身体怎样的感受,并具体评分(0 分是没有感受,10 分是感受十分强烈)。

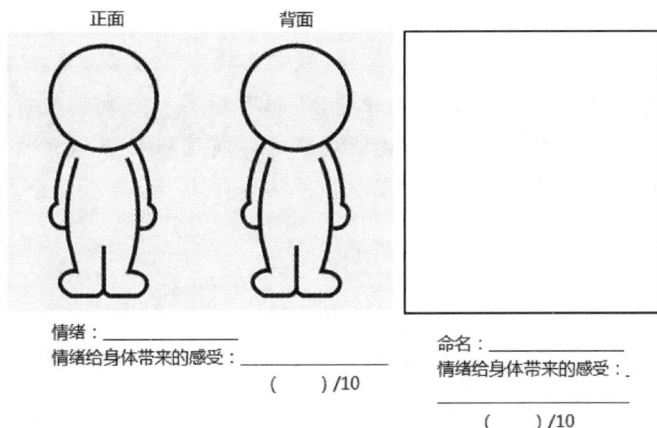

正面　　　　背面

情绪：_____
情绪给身体带来的感受：_____
（　　）/10

命名：_____
情绪给身体带来的感受：_____
（　　）/10

图 5-15 "你好,情绪"课程组图 2

（指导语）

现在,我想邀请你,以最舒服的姿势坐好。你可以选择闭上眼睛,也可以选择盯着某个物品。当你整个人完全放松时,会有下坠的感觉。这没有关系,我们都会有这样的感觉。请深深地吸气(停顿)、呼气(停顿)、吸气(停顿)、呼气(停顿)。

现在,请你感受一下在身体各个部位里,有哪个部位是不舒服的。你可以试着把手放在那里。请你感觉一下,这个不舒服的地方,是什么情绪,如果 0 分是没有感受,10 分是感受十分强烈,你觉得现在的情绪是多少分?

3)试着画出来

让学生在任务纸上的方框处尝试着画出这个情绪的形象,细节越多越好。并感觉一下,把这种情绪从身体里拿出来之后身体的感受,这种感受现在有几分? 在任务纸上写下来。

（指导语）

现在,请你把这个情绪从身体里捧起来、拿出来,放在你眼前看得到,而且觉得比较舒服的位置。请你仔细看看它,从身体里拿出来之后,它发生变化了吗?

它是什么形状? 它有多大?(停顿)……它是透明的还是不透明的?(停顿)……它是什么颜色的?(停顿)……它是固体、液体还是气体?(停顿)……它是干燥的还是潮湿的?(停顿)……它是粗糙的还是光滑的?(停顿)……它是温暖的还是冰冷的?(停顿)……它会动吗? 它运动的方向是怎样的呢? 它是缓慢移动的,还是快速运动的? ……

当老师从十倒数到一时,做好准备,你可以睁开眼睛。请你继续深深地吸气(停顿)、呼气(停顿)、吸气(停顿)、呼气(停顿)……十,九,八,七……三,二,一……你回到了这里。请你环顾一下四周,活动你的脖子、肩膀、双手。

4)学生分享

请几位学生上台分享自己的感受。

5)安放情绪

让学生给刚才画出来的形象,取一个名字,在画像下写出来。四人小组之间相互交流分享自己画出的形象是怎样的，以及为什么要取这个名字。

6）教师总结

情绪，看不见、摸不着，但当它出现的时候，我们容易被它支配，难以思考。而通过刚才的活动，我们可以将情绪与我们这个人区分开来，拉开距离。当我们这样做的时候，我们便从情绪的沼泽中抽离出来，更加平和、客观地观察它。将这张任务纸保存好，放在身边。想象这种情绪感受正陪在我们的身边。你可以和情绪和平共处，而不过分沉浸其中，现在，你可以去做你想做的事情了。

附件一：

申 诉 状

恐惧：我能让人＿＿＿＿＿＿＿＿＿＿（例如：我能让人远离危险，在上古时期，我帮助人类远离豺狼虎豹。）

愉悦：我能让人＿＿＿＿＿＿＿＿＿

焦虑：我能让人＿＿＿＿＿＿＿＿＿

愤怒：我能让人＿＿＿＿＿＿＿＿＿

悲伤：我能让人＿＿＿＿＿＿＿＿＿

嫉妒：我能让人＿＿＿＿＿＿＿＿＿

内疚：我能让人＿＿＿＿＿＿＿＿＿

恶心：我能让人＿＿＿＿＿＿＿＿＿

案例4：调节情绪，我能行

1. 设计理念

20世纪中期，合理情绪疗法（rational emotive therapy，RET）由美国著名的心理学家阿尔伯特·艾里斯提出，它被广泛应用于临床领域。阿尔伯特·艾里斯坚持不懈地在心理治疗的一线领域钻研出一套具有独特性、针对性的心理咨询理论。合理情绪疗法强调情绪来源于个体的想法和观念，若个体保持合理适度的观念、正确的价值观，就能在一定程度上保持良好稳定的情绪；若个体看待事物的标准受过去生活经验和早期生活经历的影响，其中一些不合理的信念、价值观则会造成个体剧烈的情绪波动，产生严重的情绪问题。该理论认为个体的情绪问题是由不合理的观念、看法引起的，只有从源头上改变不合理信念，情绪问题才能得以解决。合理情绪疗法认为使人们难过和痛苦的根源，是个体对事件的不合理认识和评价。事件本身是客观的，但当人们赋予事件意义，并结合自身的评价标准予以评价时，相应的情绪体验便产生了。本课程介绍合理情绪疗法，旨在让学生学会辨别和纠正自身的不合理信念，并调节由此带来的不良情绪。

2. 教学目标

（1）认知目标：了解并掌握情绪合理的宣泄方式，懂得如何分析和调节自己的不良情绪。

（2）情感目标：学会理性反思，树立积极向上的良好心态。

（3）技能目标：明白情绪与个人信念之间的关系，辨别不合理的信念。

3. 教学时间

1课时。

4.教学对象

初中学生

5.教学重点

了解并掌握合理的情绪宣泄方式,懂得如何分析和调节自己的不良情绪。

6.教学难点

明白情绪与个人信念之间的关系,辨别不合理的信念。

7.教学过程

第一环节:击鼓传花

(1)导入语。

每个人在生活中都不可避免地会遇到让自己生气、难过的时刻,在这个时候你们会用什么方法调节自己的情绪呢? 接下来,我们用击鼓传花的方式来了解一下在座的各位有哪些情绪调节的方法。

(2)教师播放音乐,并随机暂停音乐。

(3)音乐开始时,座位上的同学传递"花",在音乐停止的时候,接到"花"的同学提供1～2种情绪调节的办法。共传递8～10轮。

(4)教师在黑板上记下每位同学的方法。

第二环节:情绪宣泄方式

(1)导入:观看"踢猫效应"视频。不良情绪可能会传递,最后让无辜的人受伤害。告诉同学们不良情绪的危害。

(2)提出疑问:打架、喝酒、暴食这样的宣泄方式是合理的吗? 有哪些合理的情绪宣泄方式呢?

(3)提出调节不良情绪的几种方法。

①注意力转移法。把注意力从导致你情绪不佳的事情上移开,如转移话题、做感兴趣的事等,使负面情绪得到缓解。

②合理宣泄法。谈话法——找朋友、老师、家长或其他可信赖的人倾诉;书写法——通过写日记发泄自己的情绪;运动法——打球、跑步等;哭泣法——在适当的场合大哭一场。

③理智控制法。用意志控制不良情绪,如自我激励、自我暗示、学会升华等方法。

(4)请同学们将击鼓传花活动中提出来的几种情绪调节方法进行归类,看看它们属于上述提到的三类方法中的哪一类。

第三环节:情绪 ABC 理论

(1)介绍情绪 ABC 理论。

A、B、C 分别代表的是诱发情绪的事件;个体针对此诱发事件产生的一些信念,即对这件事的一些看法、解释;个体产生的情绪和行为。该理论认为诱发事件 A 只是引发情绪和行为后果 C 的间接原因,而引起 C 的直接原因则是个体对诱发事件 A 的看法和解释 B。

举例说明:假设你的好朋友说周末会找你去看电影,但整个周末他都没有和你联系。

让同学们回答出有可能的想法,以及该想法可能会导致的情绪反应。教师整理同学们的答案,并且给出好的和坏的两方面的想法和导致的情绪。

(2)介绍常见的不合理信念。

灾难化,过度概括化,贸然下结论:过度夸大事件的不良后果,如:"老师这样批评我,简直糟糕透了!"

只注意负面讯息,曲解正面讯息,如:"他每次看到我就皱眉头,一定是对我不满。"

完美主义,给自己制定太多缺乏弹性的目标,如:"我必须每件事情都努力成功。"

(3)纠正不合理想法。

导入语:原来,很多消极的情绪是由我们对事件的不合理想法引起的,那么下面请大家想想,生活中那些由于自己不合理的想法导致消极情绪出现的情况,如果自己换个角度想想会怎样呢?

给学生发放不合理想法表(表5-1),让他们在上面写出具体的事件,以及当时导致消极情绪的不合理想法,并思考当时如果怎样想会更好。

写完之后抽取几位同学进行分享。

(4)教师总结:原来情绪与一个人的态度有关,当面对同一个问题时,我们的态度不同,情绪也会不同。保持积极乐观的态度,往往会有更多的积极健康的情绪表现。

表5-1 不合理想法表事件

当时的不合理想法	换个角度,换种心情

课外拓展

学科前沿

情绪调节能力发展的预测变量

经济合作与发展组织(Organization for Economic Co-operation and Development, OECD)在测评中通过背景、学生、教师、学校和家庭5大类30多个变量考察相关水平,这些变量对10岁组和15岁组学生情绪调节能力具有一致性的显著影响,以正向积极的影响居多。从背景变量看,父母学历越高,家庭拥有物和藏书量越多,学生的情绪调节能力就越好;从学生变量看,安全感、朋友关系、室外活动时间、成长型思维等对情绪调节能力有显著正向影响,也说明了友谊关系和课外活动的重要性,而沉溺网络会给学生情绪调节能力的发展带来负面作用;从教师变量看,师生关系与学生情绪调节能力呈现正向相关,而教师参与社会与情感能力培养的相关培训有助于学生情绪调节能力的发展;从学校变量看,学校归属感、学校合作氛围、校外活动3个变量对学生情绪调节能力发展具有显著影响,尤其是学校归属感的效应更明显;从家庭变量看,理解型父母尤其是理解型父亲会对孩子情绪调节能力的发展带来积极效应,而存在亲子问题的家庭会对学生情绪调节能力发展带来负面效应。

[资料来源:刘志,朱锐锐,崔海丽,等.情绪调节:中国青少年社会与情感能力测评分报告之二[J].华东师范大学学报(教育科学版),2021(9):47-61.]

心理训练

试一试:尽可能多地写出你能想到的描述情绪的词语。

1. 正面的词语:＿＿＿＿＿＿＿＿＿＿＿＿

2. 负面的词语:＿＿＿＿＿＿＿＿＿＿＿＿

第四节　生涯规划

案例分享

某教学设计中,教师指导学生使用"兴趣金字塔"进行兴趣探索,具体如图5-16所示。

我的兴趣升级之旅

感官兴趣	自觉兴趣	志趣
看b站视频	制作视频	b站大up主

图5-16　"兴趣金字塔"素材组图

如果在针对初中学生的生涯规划系列课程中使用上述案例中的工具,你将如何设计?你会把该操作放在生涯的觉察阶段、探索阶段、决定阶段、规划阶段,还是其他阶段?……要回答这些问题,需要了解生涯规划的基本内涵以及相应的理论,并根据初中学生的需求、自身的教学风格与习惯等多方面因素,进行综合论证。现在让我们一起来探索一下吧。

学习导航

一、生涯规划概述

(一)生涯辅导

生涯辅导是依据一套系统的辅导计划,通过辅导人员的协助,引导个人探究、评判、整合，并运用有关知识、经验而开展的活动。这些知识、经验包括对自我的了解，对职场及其他相关影响因素的了解，对休闲活动对个人生活的影响与重要性的了解，对生涯规划和生涯决定中必须考虑的各种因素的了解，对在工作与休闲中达到目标或自我实现所必须具备的各种条件的了解等。职业辅导是帮助学生选择职业，并在职业中取得成功的过程。职业辅导只是生涯辅导中的一个环节，生涯辅导的范围比职业辅导宽广。

生涯辅导更符合促进个人生长的发展性心理健康教育的本意，具体来说，生涯辅导具有以下三个特性。第一，发展性。生涯辅导的实施必须遵循人类生理、心理、职业及社会发展的原理，通过对个人进行有关生涯的意识、认识、试探、引导、准备、规划、决定、体验、评价等一系列辅导活动实现个体的生涯发展目标。第二，广泛性。生涯辅导的内容具有广泛性，生涯辅导的重点是工作价值、职业观念和服务精神的培养以及个人志趣、潜能的发挥，但生涯辅导同时要满足个人、社会及国家的实际需要，还需要注重人类认知、学习、职业、社会及娱乐生活必需的知识和技能。第三，综合性。生涯辅导的实施需要学校全体教师、学生团体、社会团体、家长、社区等多方面互相配合，共同为生涯辅导服务。

学校生涯辅导是根据一定的社会发展要求和学生的发展需求，有目的、有计划、有组织地对学生施加影响，以达成生涯发展目标的教育手段。

（二）生涯规划

生涯规划是指个体在自我认识和环境分析的基础上，对各种可能的发展方向进行评估，并做出生涯决定，而后制定和实施相应的生涯行动方案，并在方案施行的过程中对各个环节进行实时评估和调整，以实现生涯目标。个体在进行生涯规划的时候，应注意将生涯规划的内容覆盖个体生活的每一个层面。首先，生涯规划要对自身的健康做出规划。身体是革命的本钱，一个人要立足于社会，就必须有一个健康的身体。其次，生涯规划的重点在于对个人的工作和职业进行规划。工作是一个人安身立命的根基所在，人要顺利地活下去，就必须积极工作，满足基本的生存需要。在一定程度上说，"职业是人的第二生命"。并且，工作、职业也是实现自身价值和社会价值及其相互转换的基本途径。最后，生涯规划离不开对家庭生活、公共生活和休闲生活的规划。家庭生活、公共生活和休闲生活与职业生活一样，是个体生活不可或缺的一部分。人生的幸福同样离不开这三个方面的有力支撑。

生涯规划是对于人的整体生命过程的设计，因此对于人的生存、发展和幸福至关重要。

个体在进行生涯规划的过程中，需要遵循生涯规划的特定规律，做到按客观规律来办事。在生涯规划的过程中需要遵循以下三个原则。第一，整体性原则。人的生涯是一个有机的整体，这个整体表现在生涯既是由一连串相衔接的生命阶段构成，又是由各种不同的且不可缺少的生命活动组成。生涯规划既要从生命发展的整体过程出发，又要考虑到生命活动的多种类型的需要。第二，客观性原则。从某种意义上来说，生涯规划实质上就是一种自我负责的过程，自己要对自己的命运负责。因此，在生涯规划当中，我们需要遵循客观性原则，如实地面对自身及外部环境，这样才能使生涯规划具有客观实在性，才能避免由于主观臆断而带来的风险。第三，可行性原则。生涯规划的过程就是确立人生的目标和追求的过程。对于未来的规划需要遵循可行性原则，这样才有将理想转化为现实的可能。

（三）生涯辅导理论

1. 霍兰德职业兴趣理论

霍兰德职业兴趣理论认为，每个人都有自己独特的性质，这些独特的性质体现在人格、价值、需要、能力和兴趣等方面。霍兰德职业兴趣理论对人格类型进行了划分，主要有以下6种：现实型（简称R）、研究型（简称I）、艺术型（简称A）、社会型（简称S）、企业型（简称E）和传统型（简称C）。根据固定顺序，将这6种类型组合成六角形，如图5-17所示。

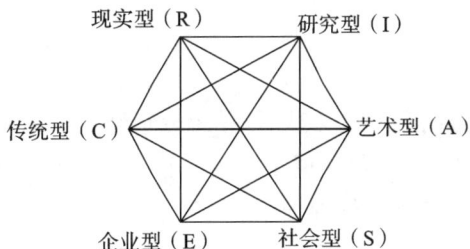

图 5-17　霍兰德职业类型

霍华德职业兴趣理论认为，个体的兴趣与职业之间的关系非常密切。当职业特性与个体兴趣、人格特征相匹配时，个体在工作中就会感到幸福，否则个体会感到煎熬和痛苦。

（1）现实型（R）。这种人格类型的人顺从、坦率、谦虚、坚毅、实际、有礼、害羞、稳健，喜欢有规则的具体劳动和需要基本操作技能的工作，缺乏社交能力，不适合社交性质强的职业。其典型的职业包括技能性职业（如修理工等）和技术性职业（如机械装配工）。

（2）研究型（I）。这种人格类型的人聪明理性，独立谨慎，好奇心重，有批判精神，喜欢观察学习、分析评估和解决问题，但缺乏领导能力。其典型的职业包括科研人员，以及数学、生物方面的工程师等。

（3）艺术型（A）。这种人格类型的人冲动、无秩序、情绪化、有创意、不重实际，喜欢运用想象力和创造力，喜欢在自由的环境中工作，但不善于做事务性工作。其典型的职业包括艺术方面（如演员、画家等）、音乐方面（如音乐家、作曲家等）和文学方面（如诗人、小说家等）。

（4）社会型（S）。这种人格类型的人具有友善、慷慨、助人、负责、善解人意、善言谈、洞察力强等特质，关心社会问题，喜欢教导、帮助、启发和训练别人，但缺乏机械能力和科学能力。其典型的职业包括教育工作者和社会工作者等。

（5）企业型（E）。这种人格类型的人自信、独断、精力充沛、富于冒险精神、乐观、追求享受、善于说服和领导别人、追求政治和经济上的成就，喜欢从事领导性质的职业。其典型的职业包括政府官员、企业领导、销售人员等。

（6）传统型（C）。这种人格类型的人顺从、谨慎、保守、自控、踏实稳重、做事有效率，喜欢有系统有条理的工作任务、有文字与数字能力。其典型的职业包括秘书、办事员、会计、出纳员、图书馆管理员、交通管理员等。

2. 帕森斯的特质因素理论

特质因素理论以"职业辅导之父"帕森斯关于职业辅导的三要素为基础，后来在威廉姆逊的努力下得到进一步的发展。1909 年，帕森斯在其《选择职业》一书中首次提出了人与职业相匹配是职业选择的关键的观点，人职匹配是特质因素理论的核心。

特质因素理论认为，个别差异现象普遍存在于个人的心理与行为中，每个人都具有自己独特的能力模式与人格特质，某种能力模式和人格特质又与某些特定职业存在着相关性。每个人都有选择与自己人格相适应职业的机会。人的特质是可以客观测量的。特质理论指导下的职业辅导就是要解决个人的兴趣、能力与工作机会相匹配的问题，帮助个人寻找与其特质相一致的职业。

3. 心理动力理论

心理动力理论创立于 20 世纪 60 年代，以精神分析理论为基础，吸取了特质因素理论和心理咨询的一些概念和技术，是一种强调个人内在动力和需要等动机因素在个人职业选择过程中的重要性的职业选择和生涯辅导理论。

心理动力理论认为职业选择是个人综合快乐原则和现实原则的结果。职业辅导的重点应在于自我功能的增强，若心理问题得到解决，则包括职业选择在内的日常生活问题将可以顺利解决而不需要加以辅导。心理动力理论认为影响个人职业选择的动力来源是个人早期经验所形成的适应体系、需要等人格结构。职业辅导最根本的目的是帮助个体发展良好的职业自我概念，实现自己选择自己的职业。

4. 生涯发展理论

舒伯是这一领域的集大成者，他系统地提出了有关生涯发展的观点。他从发展、测评、职业适应以及自我概念等领域进行纵横研究，提出了一系列有关人职关系的假设，奠定了生涯发展理论的基础。其假设主要有以下几点。第一，个体在能力、兴趣以及人格上均具有不同的特征，而每种职业均要求个体具有特殊能力、兴趣与人格特征。但两者又具有很大的弹性，即每个人均适合从事多种职业，不同的人也能从事同一种职业。第二，个人的职业兴趣、能力、工作、生活环境和自我概念，会随着时间和经验而改变，因此职业的选择与适应是一种持续变化的过程。职业发展的过程即自我概念的发展过程。第三，职业发展过程是个人与社会环境之间、自我与现实之间的一种调和过程，而个人的职业形态或职业发展模式的性质受社会环境个人能力、人格特征和机遇影响。第四，工作满意的程度与自我概念实现的程度呈正比。工作满意度与生活满意度基于两种情形而定：一为个人的工作与其能力、兴趣及人格特征等配合的程度；二为个人在成长与探索经验上是否使自己觉得称职。

5. 生涯规划金三角理论

生涯规划金三角模型是由美国伊利诺伊大学教授斯温(R. Swain)提出来的，他认为我们在做生涯决策时，需要考虑"个人""环境""信息"三个方面的因素(图 5-18)。个人部分包括个人的能力、性格、兴趣、需求、价值观等因素；环境因素包括家庭的期待、家庭经济状况、社会经济状况及其所形成的助力或阻力因素等；信息因素包括了解生涯选项的外部资料收集、发展趋势等。

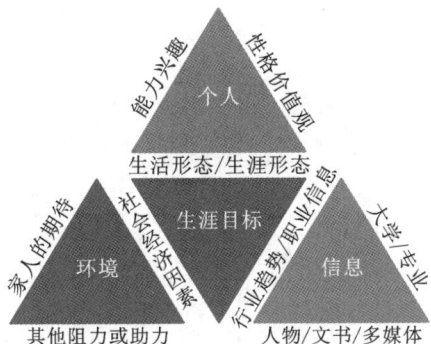

图 5-18 生涯规划金三角模型

6. 兴趣金字塔理论

兴趣有三个不同的发展阶段,分别是感官兴趣、自觉兴趣和志趣(如图 5-19 所示)。

兴趣金字塔

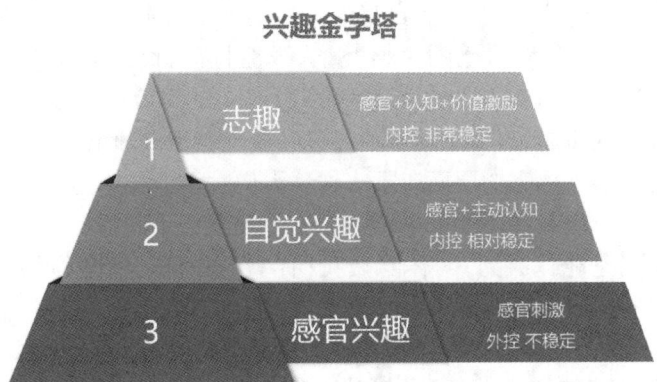

图 5-19 兴趣的三个发展阶段

感官兴趣也称为直观兴趣,是通过直接的感官刺激产生的兴趣,是我们最原始的兴趣。感官兴趣的长度和强度是由外界的刺激决定的,因而感官兴趣无法让我们专注于任何一个事物上,从而形成能力。感官兴趣是兴趣的初级阶段,是不稳定的、短暂的,它的吸引力仅存于外在的、表层的部分。

自觉兴趣是有认知行为参与的兴趣。自觉兴趣比感官兴趣更高级,是因为自觉兴趣有了思维的加入,并且不再依赖外界刺激而可以由自己把控,这让我们的兴趣可以更加持久并定向在一个领域,从而在脑子里形成回路,产生能力,而能力又反过来让我们体会和学习更多,更有兴趣投入。

最后一层,也是兴趣的最高水平——志趣。当兴趣成为长久陪伴你的朋友,就成了志趣。志趣也称为潜在兴趣,是一种更加强大而持久的兴趣,但凡能持续一生的兴趣都属于志趣。志趣不仅涉及感官和认知能力,还涉及更深一层的内在动力——志向与价值观。

二、生涯规划的培养

（一）自我认识

初中学生的自我意识迅速发展。在初中生的生理发育和社会化过程中，自我概念的确立对个体成长、成熟起至关重要的作用，对中学生的生涯规划也会产生重要影响。同样，生涯的选择与对生涯的投入程度对初中生的自我定位、自我发展也会产生极大影响。"我将会成为怎么样的人""我的将来会是什么样子的"等问题会一直存在于中学阶段，乃至人生发展的每一个阶段。

生涯规划是在充分认识自我的基础上进行的。对自我了解和分析得越透彻，生涯规划也就越有针对性。每个人都需要认识自己，并进行实事求是的自我分析和评估。

一般来说，自我分析和评估的内容包括：分析自己的性格兴趣和爱好；认识自己的价值观；了解自己的特长领域；了解自己的能力和所拥有的资源等。在生涯辅导理论中，特质因素理论和人格类型理论对于了解自我的性格类型都有很好的指导作用。在学生成长过程中，教师应当指导学生对自己的性格类型、个性特征、价值取向进行不断深入的探索和了解。

人具有自我保护的机制，自身所理解的自己和展现在别人面前的自己会有所不同，并且在面对不同的人时所表现出来的层面也不一样。人们对于不同的角度下表现的自我应当清楚把握。鲁夫特（Luft）和英格汉（Ingham）根据自我展现的不同层面，将自我分为四个部分：有一部分可能只有自己能体会到，叫作隐藏我；有一部分自己清楚，别人也清楚，叫作开放我；有一部分别人清楚而自己不知道，叫作盲目我；还有一部分是自己和他人都不知道的，叫作未知我。所以个体认识自己的时候，不仅要从自己的角度来思考，更要听取别人的看法和观点，看看别人眼中的自己是怎样的，还要比较自己所体验到的自我和别人看到的自我有哪些不一样。

（二）了解职业和升学

职业生涯是贯穿于人一生的重要部分。虽然初中生对就业的要求并不是那么急切，但是，初中时期学生一些能力的培养、兴趣的发掘、价值观的形成，都会对以后的职业选择和生涯发展产生较大的影响。所以，在初中生的生涯辅导中，需要引导学生对自己的能力、兴趣、价值观、性格进行了解和探索，唤醒学生的生涯意识，促进学生确立自己的生涯目标。同时引导学生认识和了解外部世界，了解各种职业的分类以及从事该职业所需的素质与能力。

在新高考改革的背景下，学生需要提前对专业、职业、生涯有一定的思考：需要对自己的能力和兴趣进行了解，为高中选科提供一定的现实依据；需要了解不同高校、不同专业在不同地域的录取情况。在多元升学路径的背景下，学生应尽可能多地进行自我探索和外部探索，以找到最适合自己的发展路径。

知识链接 5-2

多元升学路径有普通高校招生全国统一考试、综合评价录取、强基计划、三大专项计划、艺术类招生、高水平艺术团、体育单招、高水平运动队、公费师范生、公费医学生、保送生、军校招生、公安院校招生、三大招飞、民族班和民族预科班、中外合作办学招生、港澳高校内地招生等。

案例分享

案例 5 的设计者是张雁双。

案例 5：我的兴趣升级之旅

1. 设计理念

个体在进行生涯规划的时候，首先需要对自我做一个全面的认识，自我认识包括对自己的兴趣、能力、价值观、性格等多方面的了解。本次课程旨在从兴趣发展理论出发，让学生对自己的兴趣有深入的了解，并且树立探索兴趣、发展兴趣，并且将兴趣与专业、职业、生活联系起来的生涯理念。

2. 教学目标

(1)认知目标：认识和理解"兴趣金字塔"。

(2)情感目标：通过活动找到自己的潜在志趣，并思考如何培养志趣。

(3)技能目标：能够将课上习得的内容运用到实际生活中。

3. 教学时间

1 课时。

4. 教学对象

初一学生。

5. 教学重点

引导学生探索和发现自己的兴趣。

6. 教学难点

促进学生思考兴趣与自己的专业、职业、未来发展的关系。

7. 教学过程

第一环节：兴趣大碰撞

【课前小调查】提到兴趣，大家会想到什么呢？（听音乐、看电影、做饭、美妆、游戏，等等。）通过词汇联想，引入课程主题，同时让学生对兴趣展开想象，这有助于学生更好地沉浸在课堂中。

第二环节：寻找我的兴趣

【教师分享】我喜欢心理学，虽然它是我的工作，但也是我的爱好，周末的时间我也用来参加各类心理学的沙龙、培训活动，乐此不疲。我也爱好摄影，摄影总能把异域事物变近、变亲密，也能把熟悉的事物变远、变陌生，因此除了用手机随时在身边摄影，每年我也争取能外出一趟拍点东西。最后，我和你们中的大多数一样，闲暇时会看视频，也爱吃美食。

【选选说说】接下来发放活动单，引导学生勾选和补充自己的兴趣，请同学分享（图5-20）。

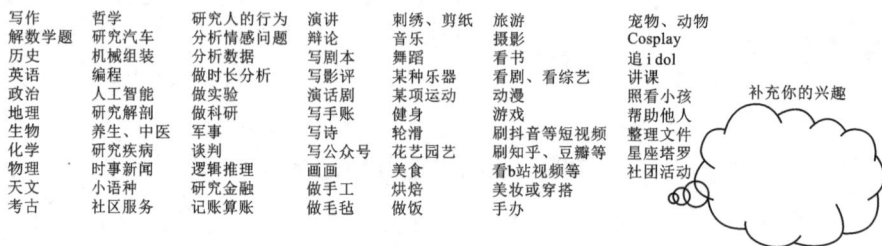

写作	哲学	研究人的行为	演讲	刺绣、剪纸	旅游	宠物、动物
解数学题	研究汽车	分析情感问题	辩论	音乐	摄影	Cosplay
历史	机械组装	分析数据	写剧本	某种乐器	看书	追 i dol
英语	编程	做时长分析	写影评	某项运动	看剧、看综艺	讲课
政治	人工智能	做实验	演话剧	动漫	照看小孩	
地理	研究解剖	做科研	写日账	健身	刷抖音等短视频	帮助他人
生物	养生、中医	军事	写诗	轮滑	刷知乎、豆瓣等	整理文件
化学	研究疾病	谈判	写公众号	花艺园艺	看b站视频等	星座塔罗
物理	时事新闻	逻辑推理	画画	美食	美妆或穿搭	社团活动
天文	小语种	研究金融	做手工	烘焙	手办	
考古	社区服务	记账算账	做毛毡	做饭		

补充你的兴趣

图 5-20 "我的兴趣升级之旅"课程组图 1

第三环节："兴趣金字塔"

【理论介绍】我们都有丰富的兴趣，但是在时间有限的情况下，我们的兴趣不得不分出高低。兴趣有三个不同的发展阶段，分别是感官兴趣、自觉兴趣和志趣。

【想想填填】在了解了"兴趣金字塔"（图 5-16）后，请同学们将兴趣填入图中三个水平，看看你最愿意把时间花在哪儿。

第四环节：兴趣升级之旅

【活动导入】在任意一个领域，如果你的了解足够深，都能成为这方面的专家。我知道我们身边就卧虎藏龙，不少同学有着自己的"专家领地"。但在了解大家前，我们先来看一个视频，看看这位大家都认识的"游戏专家"。

【观看视频】学生观看视频《老番茄的兴趣升级之旅》，并思考在老番茄的兴趣升级之旅中最不容易的是什么。分小组，根据视频内容完成老番茄兴趣升级之旅的学习单，搜集和思考老番茄在不同年龄、不同年级时所做的事情。

【我的兴趣升级之旅：喜欢到热爱的距离】我们从视频中看到了老番茄如何从喜欢看游戏视频到成为游戏区自媒体人，那么同学们如何成就自己的兴趣呢？接下来请大家填写自己的"兴趣升级之旅"作业单并分享（见图 5-21 和图 5-22）。

第五环节：分享与总结

【分享】先根据自愿原则选出 3~5 名学生进行分享，可选择"开小火车"的方式让同学们分享。

【教师总结】教师首先对学生的回答做简单的反馈，然后引导大家在生活和学习中不断地探索自己感兴趣的事情，培养兴趣、发展兴趣。

老番茄的生涯漫旅

暂时搁置
① 原因：(1)
......

再次隐退
① 原因：(1)
......

| 初二 | 高一 | 高二 | 高三 | 高三暑假 |

_____兴趣初探
① 产生兴趣：
② 做了什么：
③ 遇到的挑战：
④ 结果：

兴趣升级——_____兴趣
① 做了什么：
② 挑战：
③ 进步：
④ 人际：

兴趣再升级——_____
① 做了什么：
② 挑战：
③ 成就：

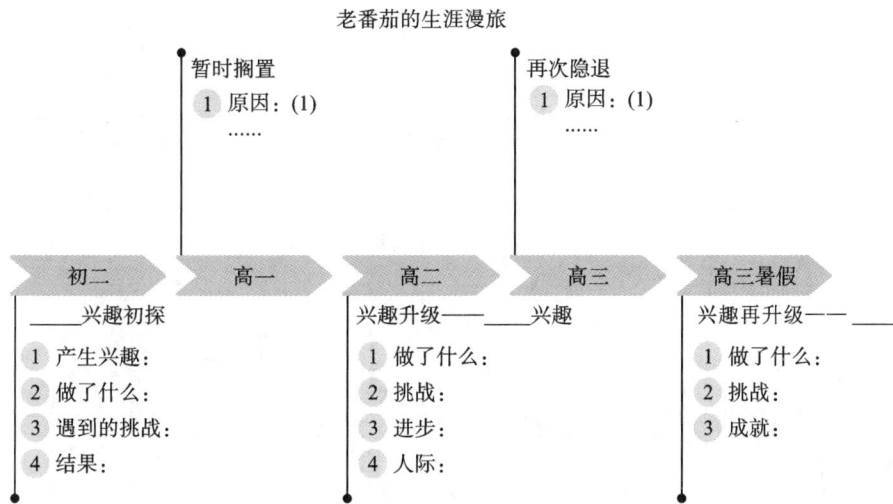

图 5-21 "我的兴趣升级之旅"课程组图 2

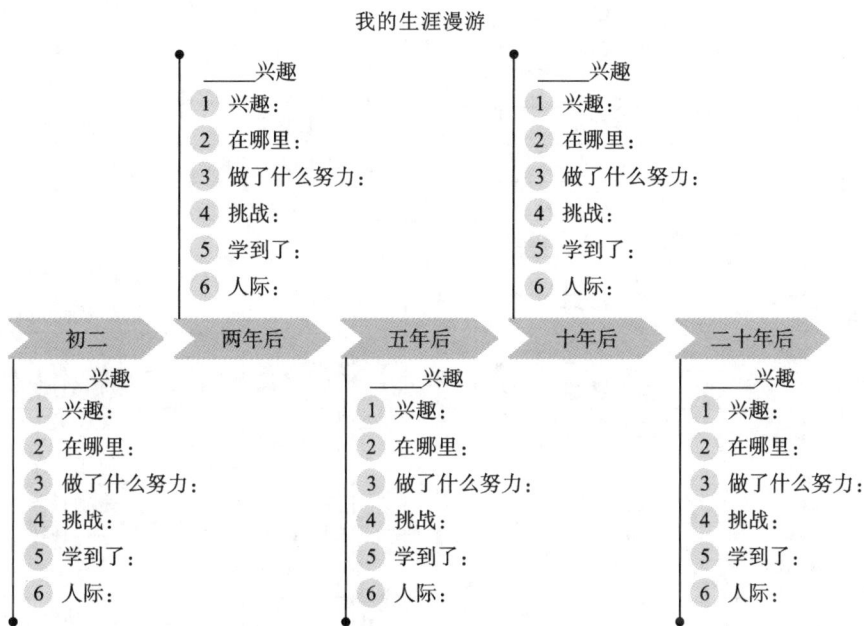

我的生涯漫游

_____兴趣
① 兴趣：
② 在哪里：
③ 做了什么努力：
④ 挑战：
⑤ 学到了：
⑥ 人际：

_____兴趣
① 兴趣：
② 在哪里：
③ 做了什么努力：
④ 挑战：
⑤ 学到了：
⑥ 人际：

| 初二 | 两年后 | 五年后 | 十年后 | 二十年后 |

_____兴趣
① 兴趣：
② 在哪里：
③ 做了什么努力：
④ 挑战：
⑤ 学到了：
⑥ 人际：

_____兴趣
① 兴趣：
② 在哪里：
③ 做了什么努力：
④ 挑战：
⑤ 学到了：
⑥ 人际：

_____兴趣
① 兴趣：
② 在哪里：
③ 做了什么努力：
④ 挑战：
⑤ 学到了：
⑥ 人际：

图 5-22 "我的兴趣升级之旅"课程组图 3

课外拓展

学科前沿

中国大学专业分类见表 5-2。

185

表 5-2　中国大学专业分类

学科	门类	专业名称	学科	门类	专业名称
哲学	哲学类	哲学	经济学	经济学类	经济学
		逻辑学			国际经济与贸易
		宗教学			财政学
					金融学
法学	法学类	法学	教育学	教育学类	教育学
	马克思主义理论类	科学社会主义与国际共产主义运动			学前教育
		中国革命史与中国共产党党史			特殊教育
	社会学类	社会学			教育技术学
		社会工作		体育学类	体育教育
	政治学类	政治学与行政学			运动训练
		国际政治			社会体育
		外交学			运动人体科学
		思想政治教育			民族传统体育
	公安学类	治安学	历史学	历史学类	历史学
		侦查学			世界历史
		边防管理			考古学
文学	中国语言文学类	汉语言文学			博物馆学
		汉语言			民族学
		对外汉语	理学	数学类	数学与应用数学
		中国少数民族语言文学			信息与计算科学
		古典文献		物理学类	物理学
	外国语言文学类	外语			应用物理学
	新闻传播学类	新闻学		化学类	化学
		广播电视新闻学			应用化学
		广告学		生物科学类	生物科学
		编辑出版学			生物技术
	艺术类	音乐学		天文学类	天文学
		作曲与作曲技术理论		地质学类	地质学
		音乐表演			地球化学
		绘画		地理科学类	地理科学
		雕塑			资源环境与城市规划管理
		美术学			地理信息系统
		艺术设计学		地球物理学类	地球物理学
		艺术设计			
		舞蹈学		大气科学类	大气科学
		舞蹈编导			应用气象学
		戏剧学			

学科	门类	专业名称	学科	门类	专业名称
文学	艺术类	表演	理学	海洋科学类	海洋科学
		导演			海洋技术
		戏剧影视文学		力学	理论与应用力学
		戏剧影视美术设计		电子信息科学类	电子信息科学与技术
		摄影			微电子学
		录音艺术			光信息科学与技术
		动画		材料科学类	材料物理
		播音与主持艺术			材料化学
		广播电视编导		环境科学类	环境科学
工学	地矿类	采矿工程			生态学
		石油工程		心理学类	心理学
		矿物加工工程			应用心理学
		勘察技术与工程		统计学类	统计学
		资源勘察工程	农学	植物生产类	农学
	材料类	冶金工程			园艺
		金属材料工程			植物保护
		无机非金属材料工程			茶学
		高分子材料与工程		草业科学类	草业科学
	机械类	机械设计制造及其自动化		森林资源类	林学
		材料成型及控制工程			森林资源保护与游憩
		工业设计			野生动物与自然保护区管理
		过程装备与控制工程		森林生产类	园林
	仪器仪表类	测控技术与仪器			水土保持与荒漠化防治
	能源动力类	热能与动力工程			农业资源与环境
		核工程与核技术		动物生产类	动物科学
	电气信息类	电气工程及其自动化			蚕学
		自动化		动物医学类	动物医学
		电子信息工程		水产类	水产养殖学
		通信工程			海洋渔业科学与技术
		计算机科学与技术	医学	基础医学类	基础医学
		电子科学与技术		预防医学类	预防医学
		生物医学工程			
	土建类	建筑学			
		城市规划			
		土木工程			
		建筑环境与设备工程			

续表

学科	门类	专业名称	学科	门类	专业名称
工学	土建类	给水排水工程	医学	临床医学与医学技术类	临床医学
	水利类	水利水电工程			麻醉学
		水文与水资源工程			医学影像学
		港口航道与海岸工程			医学检验
	测绘类	测绘工程		口腔医学类	口腔医学
	环境与安全类	环境工程		中医学类	中医学
		安全工程			针灸推拿学
	化学与制药类	化学工程与工艺			蒙医学
		制药工程			藏医学
	交通运输类	交通运输		法医学类	法医学
		交通工程		护理学类	护理学
		油气储运工程		药学类	药学
		飞行技术			中药学
		航海技术			药物制剂
		轮机工程			
	海洋工程类	船舶与海洋工程	管理学	管理科学与工程类	管理科学
	轻工纺织食品类	食品科学与工程			信息管理与信息系统
		轻化工程			工业工程
		包装工程			工程管理
		印刷工程		工商管理类	工商管理
		纺织工程			市场营销
		服装设计与工程			会计学
	航空航天类	飞行器设计与工程			财务管理
		飞行器动力工程			人力资源管理
		飞行器制造与工程			旅游管理
		飞行器环境与生命保障工程		公共管理类	行政管理
	武器	武器系统与发射工程			公共事业管理
		探测指导与控制技术			劳动与社会保障
		弹药工程与爆炸技术			土地资源管理
		特种能源工程与烟火技术		农业经济管理类	农林经济管理
		地面武器机动工程			农村区域发展
		信息对抗技术		图书档案学类	图书馆学
	农业工程类	农业机械化及其自动化			档案学
		农业电气化与自动化			
		农业建筑环境与能源工程			
		农业水利工程			

续表

学科	门类	专业名称	学科	门类	专业名称
工学	林业工程类	森林工程			
		木材科学与工程			
		林产化工			
	公安技术类	刑事科学技术			
		消防工程			
	工程力学类	工程力学			
	生物工程类	生物工程			

（知识来源：http://www.360doc.com/content/15/0915/19/27749609_499364816.shtml。）

心理训练

生涯规划目标训练：

(1)请写出你喜欢做的事情。

(2)请写出你的特长和优势。

(3)请写出你喜欢的生活方式。

请你根据以上的答案，探索自己的兴趣，以及自己想要的生活方式。

小 结

本章概述了自控、生命教育、情绪调节、生涯规划的基本内涵，详细介绍了培养自控力的视角与方法、生命教育的维度、情绪调节能力的培养、生涯规划的培养等，并以上述理论为依托，分享了围绕这些主题在初中阶段开展的具体教学案例。

本章推荐阅读书目

[1] 凯利·麦格尼格尔.自控力[M].王岑卉,译.北京:文化发展出版社,2012.

[2] 刘学兰,曾彦莹,何锦颖.中学生心理健康教育[M].广州:暨南大学出版社,2012.

[3] 许思安.学校心理学[M].武汉:华中科技大学出版社,2015.

第六章

心理健康教育课程案例分享之高中篇

本章结构

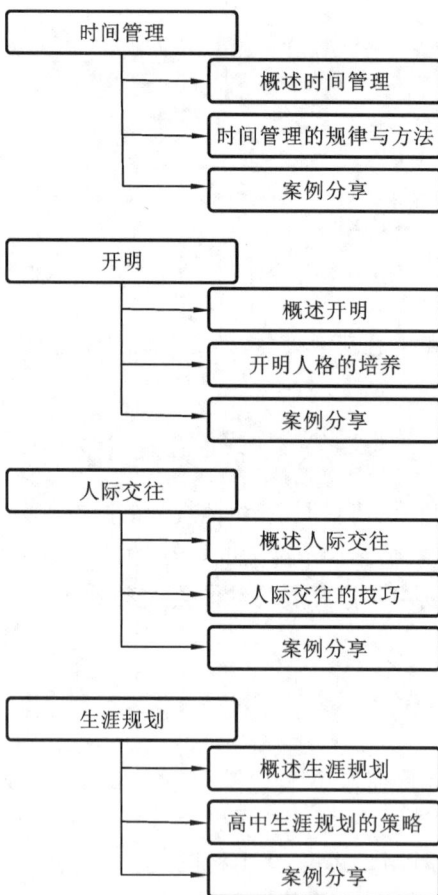

第一节 时间管理

案例分享

　　某高中课程指向了学习与生活中的一种常见现象:拖延症。导入环节设计组图,对拖延症的危害有形象的认知,如图 6-1 所示。

任务堆积,直到根本就没有完成的希望和勇气

自我感觉很糟糕,从愤怒、后悔到强烈的自我谴责和对自己深感失望乃至绝望……

压力山大!始终处于不安和焦虑中……

拖延症导致我们与周围的人关系紧张,同时对个人形象损害非常严重……

图 6-1 "拖延症的危害"课程组图

　　也许我们都有过类似的经历:明天就要考试了,可是书还没有背完;又或许是上学的时间马上就要到了,可是早餐还没有吃……人们总是说,时间是公平的,你我的一天都是 24 小时,你我的每个小时也都只有 60 分钟,但是为什么有些人整日生活在"时间不够用"的焦虑与惶恐之中,而有些人却能生活得游刃有余且总能按时完成任务?本章将以此为契机,探讨时间管理及其在高中课程教学中的应用。

学习导航

　　时间管理一直是 EMBA(高级管理人员工商管理硕士)、MBA(工商管理硕士)等主流商业管理教育的主要教学内容。时间管理不仅对于成年人很重要,对于尚未成年和刚刚成年的高中生更为重要。提前学会规划和管理时间,将会使高中生在学习、生活中更有效率,既有助于提升他们的学习成绩,又能让他们的生活更为充实。本节先介绍心理学中时间管理的相关知识,然后介绍在学生群体中被经常提及的拖延症,最后与大家分享一些高中时间管理的课程设计。

一、时间管理概述

(一)时间管理

时间管理在管理学、心理学等诸多学科中均有研究,不同领域的学者对其有不同的解释。在管理学上,时间是一个很重要的管理对象,借助时间管理手段可以优化时效,提高生产率。也有研究学者指出,时间管理是一种过程控制,包括事前预测、事中控制和事后评价三个部分,从而减少时间浪费,提高效能,完成目标。

而在《心理学大辞典》中,关于时间管理的解释是:为了更合理高效地利用时间资源,实现目标,个体主动地、系统地、有目的地进行的时间计划和控制的活动。心理学家认为,时间管理是人对时间价值和意义的认识,是时间监控和评价中所呈现的心理以及行为特征,其中包含时间价值感、时间监控感和时间效能感三个方面的认识。

有关时间管理的研究已有相当长的历史,相关的理论可以分为四代。①第一代理论着重利用便条与备忘录,在忙碌中调配时间和精力。②第二代理论强调行事日历与日程表,反映出研究者已注意到规划未来的重要性。③第三代理论讲求优先顺序的观念,也就是依据轻重缓急设定短、中、长期目标,逐日设定实现目标的计划,将有限的时间、精力加以分配,争取获得最高的效率。这种做法有可取的地方,但也有人发现,过分强调效率,把时间管得死死的,反而会产生反效果,使人失去增进感情、满足个人需要以及享受意外之喜的机会。于是许多人放弃这种过于死板的时间管理法,恢复前两代的做法,以便更好地维护生活品质。④第四代理论从根本上否定了"时间管理"这个名词,主张关键不在于时间管理,而在于个人管理,与其把重心放在时间与事务的安排上,不如把重心放在维持产出与产能的平衡上。有学者据此提出将时间划分成常态时间、动态时间、黄金时间、碎片时间、暗时间、其他无效时间共六种时间类型,人们可以根据每种时间类型的特点,选择相对应的时间管理办法,从而有效提高时间利用率。

总的来说,时间管理就是为了实现一定的目标,对各项活动进行合理的时间分配、计划和控制,提高时间利用率的自我管理的过程。

优秀的时间管理者表现为:他们能够安排好自己的生活和工作,能够迅速适应工作上的重大变革,并能灵活调整、重新确定工作的优先次序;他们善于根据不同时间类型的特点选择合适的管理策略,这样既能够充分利用时间,提高工作效率,又能够据此提高生活的满意度和幸福感。而不擅长时间管理的人表现为:几乎很少将时间进行系统统筹和规划,对时间和任务没有科学的把握,缺乏远见,总在最后期限匆忙完成任务。

（二）拖延症

说到"时间管理"或者"珍惜时间"的话题,很多人会立刻想到"拖延症"这个词。在学生群体中,这更是大家常常用于嘲讽自己不懂得时间管理、拖拉、无法按时完成任务或作业的一个词。无疑,拖延症是时间管理的头号敌人,因为无论你将时间安排得多么好,计划做得多么周详,但如果你有拖延症,一直不着手开始的话,那么一切都是空谈。因此,如果能"治好"拖延症,就意味着时间管理成功了一大半。那么,究竟什么是拖延症呢? 我们是怎么患上拖延症的?

1. 拖延怪圈

学者蒂姆·皮切尔(Tim Pychy)曾提出,拖延症与其说是时间管理问题,倒不如说是情绪调节问题。如果我们不理解自己为什么拖延,就很难真正克服拖延。拖延者往往都有一套标准的内在运行模式,我们称之为"拖延怪圈"。

(1)"事情还没开始,却已经有了一个完美预期。"

当刚接到一个新任务时,拖延者往往会信心满满,想着自己一定提早开始做准备,自己这次一定会有条不紊地把任务完成得漂漂亮亮。他们对任务完成度提出非常高的预期,而这个高预期又会增加拖延者的内在压力,导致行动拖延。

(2)"这次我想早点开始,好好做准备。"

拖延者大多会停留在准备工作的"脑补阶段",没有做出任何的目标和计划,当他开始脑补时就有一种"我已经在努力"的错觉。当一段时间过后,他发现已经没有机会提前好好准备了,就会慢慢变得焦虑,总觉得自己应该做些什么。

(3)"时间不够,我已经来不及做到事事完美,怎么办?"

当一段时间过后,拖延者发现已经没有机会提前好好准备了,焦虑加深,压力加大。平日里无论做什么,都有可能突然想到这件拖着的事情,一种不祥的预感来袭,拖延者的脑海中不禁闪现这件事情没有做好的可怕后果。吃饭的时候可能会突然想到,刚睡醒的时候也会突然想到,但还是不想付诸行动。同时,一连串的想法开始在大脑中打转。

①"我应该早点开始。"

回顾自己浪费的时间,拖延者意识到已经无法挽回,于是不停责备自己,愧疚感涌上心头,许多负面的自我评价开始出现。

②"我可以做任何事情,除了这一件……"

在这个阶段,除了手头上这件被避开的事,拖延者什么事情都愿意做,比如整理书桌、收拾房间,甚至去看本来一点都不感兴趣的综艺,但就是不做拖着的这件事,并在心中不断安慰自己:"起码我做成了别的事",借此转移自己的注意力,但是最终,最该做的事情仍旧没有完成。

③"这件事情做不完,其他事情也不能让我开心。"

许多拖延者想要通过一些愉快的、立竿见影的活动让自己分散注意力,他们可能会去看电影、逛街、和朋友聚会。虽然他们努力让自己开心,但总会时常想到还有事情没有做完,无法真正享受当下的愉快活动,取而代之的是内疚、担忧和烦躁,心理压力进一步加大。即便想要开始,内心对任务的完美预期又会浮现,他们意识到自己无法做得尽善尽美,于是继续搁置计划。

(4)"我怎么这样，真是有毛病。"

当最后的行动时间已经完全不够用时，拖延者会陷入绝望，想起之前拖着不做的时候，他们悔不当初，不停责怪自己为什么不早早开始，最后，他们不得不在"做和不做"之间做出选择：要么通宵赶工，火急火燎地完成，要么干脆直接放弃。无论最后这个任务是被放弃了还是被完成了，拖延者通常都会如释重负并感到筋疲力尽。他们毅然决定以后再也不拖延，一定早早开始，但直到下个任务出现，他们又开始陷入这个循环之中。

拖延者身处拖延怪圈中，日复一日，没有尽头，想要逃离却总深陷其中无法自拔。这样的拖延带来一个很不利的外在后果：拖延者很难高质量地按时完成一项任务，因此很可能错失机会，导致最终的外部评价降低。同时还带来一个严重的内在后果：拖延者一直处于极度负面的情绪之中，例如烦躁、恼怒、焦虑、懊悔以及强烈的自我谴责，长此以往，整个人不仅变得做事拖拉，可能对自我、对他人等外部世界的评价会更加消极，整个人越拖越丧。

2. 拖延者的内在信念

(1)害怕失败：害怕失败会造成个人形象受损，他人对自己的评价会降低。

一部分拖延者的内心会存在这样一个等式：个人的价值＝个人的能力＝他在每一件事情上的表现。他们内心会认为：如果早早开始准备，但最终还是不如人意的话，就说明他们能力不足，能力不足就说明他们没有价值。但是，如果选择拖延，导致最后失败，他们还能这样安慰自己："我之所以失败不是因为我能力不行，而是因为时间不够。"如果他们背水一战成功了，他们就会开心很久，因为这会造成一种"即便我不那么认真也一样能完成，我很厉害"的错觉，这是对他们能力的最好证明。通过拖延，他们永远可以给自己的个人价值和形象留一条后路，永远都可以将失败原因归结给时间不足和拖延，反正不会是自己的能力问题。

(2)害怕成功：害怕成功会让他人对自己赋予更高的期待，让自己在下一次准备时要付出更多。

有些人担心获得成功需要付出太多，远超他们能承受的程度。他们认为自己达不到那样的要求，还是站在原地比较安全。所以一些拖延者对竞争毫无兴趣，对胜利的回报也颇为冷淡。他们会担心，如果这一次成功了，那么下一次挑战来临时，人们会期待他做得更好、更有创意、更加高效。因此，他不得不给自己施加新的压力，"这就像是一个跳得很高的跳高运动员，你训练了几个月，在身体和心态上调整好了自己，一遍又一遍地尝试跳过横杆并打破纪录，当你终于跳得比以前高了，别人会怎么做？他们会把横杆进一步升高"，这也是拖延者的焦虑所在，于是拖延变成了自己的刹车装置。

(3)害怕被束缚：害怕任务来临时，会失去掌控感，感到被束缚。

很大一部分拖延者都曾有过"高光时刻"，当任务来临时会让他们有一种"要去完成某事""被他人要求去做某事""好像我没有自由，我要听从他人的指令"的感觉。而拖延则成为争夺控制权来捍卫自己、获得控制感的一种工具。比如，有些学生拖延完成作业，有些孩子拖延完成家务，因为他们觉得这是家长/老师要求的任务，不是他们自己愿意的，也不觉得这对提升自己有什么好处。他们潜意识中把"拖延"当成反抗权威、捍卫自己的工具。

总体来说，拖延者的内在存在一种阻止自己取得进展的思维方式。这些自责、害怕以及灾难性的想法会让拖延者担心如果做得不好会失去他人的高评价,他们不愿意冒着失败的风险去尝试,他们会通过拖延来保护自己。

(4)拖延者的个人信条:

- 我必须要做到完美。
- 我做每件事都应该轻而易举,不费力气。
- 什么都不做比冒着失败的风险去做更为安全。
- 没有什么是我做不到的。
- 如果不能把事情做好,那就不做。
- 我必须避开会让自己失败的挑战。
- 如果我这一次做得很好,那么我接下来次次都应该做得更好。
- 按照别人的规定做事,意味着屈服和失去掌控。
- 我不能承受他人对我失望的目光。
- 如果我展现真实的自己,就会有人不喜欢我,对我失望。
- 要么极尽完美,要么全部放弃。

二、时间管理的规律与方法

(一)常见规律与方法

帕累托法则是时间管理中常用的原则,该法则认为:在任何一组事情中,最重要的只占其中一小部分,约20%,其余约80%尽管是多数,却是次要的,因此又称“二八定律”。这一原则要求我们对要做的事情分清轻重缓急,结合时间管理中常用的时间四象限法,其划分如下:①重要且紧急,即必须立刻做的事情。②紧急但不重要,即只有在优先考虑了重要的事情后,再来考虑这类事情,比如,有人因为打麻将“三缺一”而紧急约你或有人突然约你看电影;人们常犯的毛病是把“紧急”当成优先,其实,许多看似很紧急的事,拖一拖,甚至不办,也无伤大局。③重要但不紧急,即比如学习、计划完成的工作或任务,此类事件没有“紧急但不重要”事件的压力,但应该当成重要的事去做,而不是拖延。④既不紧急也不重要,比如娱乐、消遣等事情,这类事情应该最后再考虑。

“六点优先工作制”也是人们常用来提升管理时间能力的方法,它是效率大师艾维利在向美国一家钢铁公司提供咨询时提出的。因为使用了这套时间管理方法,这家钢铁公司用了5年的时间,从一家濒临破产的企业一跃成为当时全美最大的私营钢铁企业。此种方法较为灵活,要求人们把每天所要做的事情按重要性排序,分别从“1”到“6”,标出六件最重要的事情。每一天开始,先全力以赴做好标号为“1”的事情,直到它被完成或被完全准备好,然后再全力以赴地做标号为“2”的事,依此类推……艾维利认为,如果一个人每天能尽全力完成6件最重要的大事,那么他一定是一位高效率人士。

还有学者认为,时间管理能力不足的人可以从以下小技巧着手来提升时间管理能力:①迫使自己每天至少花几分钟写出一天或一星期中要完成的重要任务;②确信你每天或每星期计划内和计划外的活动总是被列入时间日程,并且有必要的话,重新进行时间安排;

③建立一个体系,确保你能够容易地找出你需要做的事情,仔细考虑计划的目标和最后期限;④在你已经确认总工作量并且计算出在多大程度上可以重新组织之前,不要轻易做出承诺;⑤要认识到自己的能力有限,你可能需要其他人的帮助来达到目标或完成任务。

(二)根据时间类型选择时间管理方法

(1)常态时间。如上下班通勤时间、上学放学路上的时间、午休时间等每天较为稳定、固定的时间。这类时间可以根据时间值、场景形式找到定向的精进方式。比如,搭乘20分钟以上的公交车上班,车上又比较安静,那么可以提前准备好时长合适、内容合适的音频资料,在内容上,建议选择相对简单、不"烧脑"的内容。

(2)动态时间。指至少由2个人以上共同参与,因为别人的变动而导致计划变动的时间。当这类情况发生时,我们可以启用B计划,计划变动不要紧,同样的时间和环境,我们可以转变状态去做另一件事。比如和朋友约好喝下午茶,朋友临时来不了,那我们可以转变心态,自己去看看书或看看电影,或随机处理工作上未完成的事情。

(3)黄金时间:如课堂上、自习课上、晚睡前等可以进行大量工作的(至少能保持30分钟以上的)黄金专注时间。在这个时间里只专注一件事,可以从自己感兴趣的事情开始做起,避免被打扰,让自己的注意力完全集中在手头上的事。同时,可以以"周"为时间阶段,逐渐增加每次专注的时长或增加每天学习的任务量。这个阶段特别考验专注力,因此可以在平时生活中刻意练习专注力。

(4)碎片化时间:如等车、等朋友、排队的时间。有研究表明,有61%以上的用户在等车、等朋友时会打开10次以上的微信,有55%以上的用户累计使用手机超过1小时。你可以在手机上直观地看到过去一天甚至过去七天里,在每个App上花了多少时间。碎片化时间有长有短,要利用好自己的碎片化时间,我们可以根据闭环式学习原则来增强自控力,提升自己的思维模式。

闭环式学习原则即从碎片化时间中分出2/3用于学习,其余1/3用于总结。比如,你拥有15分钟的碎片化时间,你可以选择听10分钟的演讲音频,你也可以选择听10分钟的音频,并利用5分钟时间做好总结和回顾,简要记下几个关键词;如果你有5分钟,你可以写一下明天的学习计划,或检查当天计划的完成情况,并迅速调整对当天剩余时间的安排;或者你也可以用5分钟快速处理邮件;如果你有3分钟,也可以伸个懒腰,活动筋骨,喝一杯水,听一首歌。

(5)暗时间。指你从前没有觉察到,觉察到后可以被有效利用的时间,也可以将其称为没有直接产生成果的思维时间,比如一个人走路、买菜、洗脸洗手、吹头发、坐车、逛街、出游等,这些时间都可以称为暗时间。暗时间也可以是从A工作切换到B工作的时间。暗时间内可以进行多任务工作,你可以充分利用这些时间思考、反刍和消化平时看的和读的东西,比如,你在洗漱的同时还可以戴上耳机听音频/构思明日工作计划等。在平时的学习和工作中,我们也可以有目的地训练自己快速进入状态的能力,训练我们的注意力,让它能集中在当下的事件中,一件一件地完成。

(6)其他无效时间。情绪化的时间(如莫名其妙被领导骂了,整个人极度不爽,无法自拔)、无所事事的时间(如工作一天很累了,回到家什么都不想做)、刷屏时间。允许、接纳自己有这样的时间,不自责、不愧疚,但这些时间不应该太久,在适当的时候和自己说:"够了。"

(三)时间管理的十一条金律

1. 要和你的价值观吻合

你一定要确立个人的价值观,假如价值观不明确,你就很难知道什么对你最重要;价值观不明确,时间管理一定做不好。时间管理的重点不在于管理时间,而在于如何分配时间。你永远没有时间同时做所有的事,但你永远有时间做对你来说最重要的事。

2. 设立明确的目标

成功等于目标达成,时间管理的目的是让你在最短时间内实现更多想要实现的目标。你可以写下 4～10 个目标,找出一个核心目标并将其他目标按重要性高低依次排列,然后依照你的目标设定一些详细的计划,你的关键任务就是依照计划进行。

3. 改变你的思想

美国心理学家威廉·詹姆士有关时间行为学的研究,发现了两种对待时间的态度:①这件工作必须完成,它实在讨厌,所以我能拖便尽量拖;②这不是件令人愉快的工作,但它必须完成,所以我得马上动手,好让自己能早些摆脱它。当你有了动机时,迅速踏出第一步是很重要的,不要想立刻推翻自己的整个习惯,只需要强迫自己现在就去做你所拖延的某件事,所以每天你都应该从你的日程表中选出最不想做的事情优先做。

4. 遵循二八定律

将要做的事情根据优先程度分先后顺序。80％的事情只需要 20％的努力,而只有 20％的事情是最值得做的,它们应当享有优先权。因此,我们要善于区分这 20％的有价值的事情,然后根据价值大小分配时间。生活中肯定会有一些突发和迫切需要解决的问题,如果你发现自己天天都在处理这些事情,那表示你的时间管理并不理想。成功者花最多的时间在做最重要的 20％的事,而不是最重要的事,然而一般人都是做紧急但不重要的 80％的事。

5. 安排"不被干扰"的时间

每天至少要有半个小时到一个小时的"不被干扰"的时间。假如你能有一个小时完全不受任何人干扰,把自己关在房间里思考、学习或工作,这一个小时可以抵过你一天的工作效率,甚至有时候一小时比你三天的效率还要高。

6. 严格规定完成期限

帕金森曾在著作中写道:"你有多少时间完成工作,工作就会自动变成需要那么多时间。"如果你有一整天的时间可以做某项工作,你就会花一整天的时间去做它;而如果你只有一个小时完成这项工作,你就会更迅速、有效地在一个小时内完成它。

7. 做好时间日志

你花了多少时间在做哪些事情,把它们详细地记录下来。例如午餐花了多少时间,自习花了多少时间,逛超市花了多少时间,等等。把你在每件事上花的时间一一记录下来,你会清晰地发现浪费了哪些时间。这和记账是一个道理,只有当你找到浪费时间的根源,你才有办法改变它。

8. 理解时间大于金钱

一定要抓住一切机会向顶尖人士学习,换取别人的成功经验。仔细选择你接触的对象,因为这会节省很多获得成功的时间。

9. 学会列清单

把自己要做的每一件事情都写下来,这样做首先能让你随时明确自己手上的任务。不要轻信自己可以用脑子把每件事情都记住,而当你看到自己长长的清单时,也会因为产生紧迫感而抓紧时间并积极管理时间。

10. 同一类的事情最好一次做完

当你重复做一类事情时,你会熟能生巧,效率也会有所提高。

11. 每分每秒做最有效率的事情

你必须思考要做好一份工作,其中哪几件事情是重要的,将其列下来,分配时间把它们高效地完成。

时间管理是一个概念,更是一种方法,每一个人都需要对自己进行时间管理。对于学生群体,尤其是高中生,时间管理更为重要,因为他们不仅学习压力大,学习内容多,而且自己能安排的学习时间非常有限,如果能将这珍贵的自我安排的学习时间利用好,那么一定能让学习事半功倍。但是时间管理是一个虚拟的概念,很多人对时间管理的内容没有很明确的了解,并且时间管理不仅仅是个人安排一下自己的时间这么简单。因此,学校有必要让学生有学习时间管理相关内容的机会,而不是一味地对学生进行"珍惜时间"这种较为无力的说教,学生需要的是科学系统的时间管理手段和方法。

(四)干预拖延行为

1. 记录拖延行为背后的"心理小剧场"

直面自己的内心,想想你拖延/逃避的时候究竟在回避什么。仔细察觉你内心是否有声音在说"我害怕失败。我不想承认自己有弱点和缺点""我不想成功,我害怕早晚无法满足别人的期待"。坦诚面对自己,当你觉察你的担心,任务带来的焦虑感就会降低。一旦认清了拖延背后的焦虑,你就可以在实践中主动地改变。

首先,拿出一个星期的时间,尽量按照平常拖延的状态进行学习、工作、生活。客观地观察自己并进行记录,不要批判自己,也不要分析自己的行为,暂时只需要觉察自己目前的行为模式就可以了。观察自己的时间都花在什么地方了:当你效率很高的时候,你是在做什么? 这与你忙而无果的时候有什么不同? 记录你拖延的事情,以及当你拖延时你感受到的情绪和思维,记录你最终无法完成任务的原因或坚持完成这个任务的重要意义。

当你对目前的行为和思想有了一些记录之后,你会知道要在哪些地方进行纠正。要知道没有记录的话,从过去的错误中吸取教训,基本上是不可能的。回想过去的一周,你知道你做了哪些事情吗? 有多少时间是被浪费掉的? 对于那些导致你拖延的事情,你又有过什么样的感受? 这些你恐怕都已经不记得了。所以你应该记录自己的活动和想法,这样能为你提供一套更利于把握自己的时间与行为模式的机制。

2. 通过自我减负,改变拖延行为

完美主义者总会对事情结果有很高的预设,结果越想越觉得自己做不到,往往很难开始。所以,不如跟自己说:"我先做到 60 分再说! 完成比完美更重要。"

3. 通过发布"我很忙"信号,降低干扰

向别人传递出自己很忙的信息,比如可以在朋友圈发布"闭关信息",或是跟朋友聊天时透露你接下来要很忙,向别人传递"非必要不打扰"的信息,减少外在干扰。

4. 明确任务优先次序,分配精力依次完成

如上文的二八定律指出的,在任何一组事情中,最重要的只占其中一小部分,约20%,其余80%尽管是多数,却是次要的。所以,如果我们能把有限的精力集中在关键的20%上,就能得到80%的收益,这能极大提升我们的效率。以高中学习为例,我们可以把众多学习任务分成非常重要的(需要完成得尽善尽美)、一般重要的(做完即可)、比较次要的(可做可不做,可以先放一边的),并分配精力完成。按照学科来说,非常重要的是指最薄弱的知识点或已经落下很多的科目,需要下大力气去学习,一旦学好,提分很明显;一般重要的是指比较薄弱的,但学起来没有那么吃力的知识,这种类型只需要完成老师的练习就行;比较次要的是指比较有优势的科目,稍稍学习一点就可以保持较好的成绩。

唯有更多地了解拖延症及其背后的心理,我们才有可能更好地运用时间管理的各种技巧和方法。当你的内心明白你为什么要改变以及你要改变什么时,时间管理的各种技巧和方法才能真正起到作用。

案例分享

案例1~2的设计者是黄籍毅。

案例1:拯救分心,提高你的注意力

1. 设计理念

传统时间管理理论认为,个体要通过事先的规划,决定什么事情该做,什么事情不该做,从而有效利用时间,提高工作、学习效率,因此传统时间管理理论将重点放在如何做规划以及对重要事项进行排序上。而新一代的时间管理理论认为,我们的时间可以分为以下几种:黄金专注时间、常态时间、碎片时间、动态时间、暗时间、无效时间。黄金专注时间通常在30分钟以上,如果能在黄金专注时间中,真正地全身心投入做一件事,那么学习、工作效率就会有极大提升,也会增加生活的幸福感。相较于传统时间管理中极度重视规划、排序,新一代的时间管理理论更注重弹性与专注。

有研究显示,影响学生学习成绩的,除了智力外,更多的是学习能力,这里的学习能力就包括注意力、学习动机、学习兴趣、意志力等。在现阶段的高中生学习里,学生每天的时间、每个时间段要完成的任务都被划分得清清楚楚,相比传统时间管理理论强调规划和排序,新一代的时间管理理论认为注意力才是影响学习效率的重要因素。近几年,新冠疫情打乱了许多人的生活,很多学生不得不居家学习,注意力不集中成了网课学习的"拦路虎",许多同学学着学着就开始挂机打游戏,学习效率一落千丈。

基于以上内容,本人设计了提高注意力的课程,选取学生都感兴趣的小游戏,通过小游戏检验注意力、提高注意力。本堂课基于疫情期间居家学习而设计,所用的游戏和素材适合线上操作,若要改编成线下课,则适合有多媒体电脑设备的课堂使用。若不具备相应设备,则需要印制成学习单,让学生在纸上完成。

2.教学目标

(1)认知目标：了解注意力的功能、注意力的连续性等特性，清楚注意力的公式。

(2)情感目标：感受到自己能掌控注意力的愉悦感。

(3)技能目标：学会用降低干扰刺激、加强目标刺激、提高主观注意力等方法来提高自己的注意力。

3.教学时间

1课时。

4.教学对象

高一、高二学生。

5.教学重点

(1)让学生清楚理解注意力的几大特性。

(2)让学生掌握注意力的公式，从中选择适合自己的方法以提高注意力。

6.教学难点

让学生掌握注意力的公式，从中选择适合自己的方法。

7.教学过程

活动准备：①"大家来找茬"的小游戏；②舒尔特方格小程序。

第一环节：热身游戏——"大家来找茬"

教师导入：燃烧你的学习力，不当学霸不放弃。最近有同学给老师写信，吐槽自己网课学习效率不高，怎么也集中不了注意力，听着网课或在家做作业很容易就神游天外，问我有没有什么方法能让自己24小时，365天专心致志地学习。所以，今天我们就来聊聊怎样集中我们的注意力，怎么样让我们的网课学习更有效率。

首先，老师先请同学们来做一个小游戏，屏幕上即将分批出现相似的两张图（见图6-2），请在有限时间内找出它们的不同之处。准备好了吗？现在开始！

图6-2 "大家来找茬"

在刚才短短的几分钟时间里，你的注意力是不是快速集中了呢？为什么我们对于这类活动能够快速集中注意力，却在写作业、上课时总是走神，不由自主地分心呢？

在回答这些问题之前，我们先要搞清楚注意力是什么。

第二环节：知识讲解——解密注意力

让我们先从一个简单的现象来理解注意力到底是怎么一回事，大家请看图6-3。请大家准确快速地识别出图里的诗句。

图 6-3　注意力测试 1

那么再看图 6-4。同样，你要将图中的内容看懂，是不是没那么容易了？

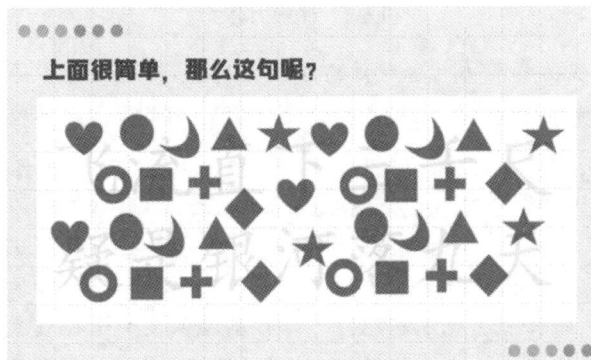

图 6-4　注意力测试 2

这两张图就告诉了我们注意力的功能。

（1）筛选功能，也叫过滤器功能。

大脑的额区负责人类的高级认知功能，其功能就像过滤器一样，确保大脑从人们正在关注的任务中获取信息，同时阻止大脑从被忽略的任务中获取信息。就像图 6-3，我们大脑的过滤器让我们把注意力集中在图中的文字上，而忽略图形对我们的干扰。

（2）注意力的连续性。

注意力呈一个连续的阶段，从相当长一段时间内无法集中到容易集中，是会波动的，就像图 6-4，乍一看，看不出哪里有字，但当你把注意力集中时，你就慢慢能辨认出第一个字、第二个字，后面就辨认得越来越快。你可以把注意力集中的过程想象成骑自行车，刚开始蹬起来一定是磕磕巴巴、不太顺畅的，慢慢地，只要你坚持，就会越来越顺畅。这就是注意力的连续性。任何人都会分心，且任何人都能在一定程度上集中注意力。

从上面的游戏中，我们不难发现，有两个重要因素影响注意力的效果，一是目标刺激的强度，二是干扰刺激的强度。简单来说，我们的目标是识别诗句，诗句深而图形浅，则容易识别，诗句浅而图形深，干扰刺激太强，则很难识别。

当然，还有第三个重要的因素就是每个人主观上具有掌控自己注意力的能力。我们就通俗一点，将第三个因素叫主观注意能力，而将前两个因素统称为客观注意难度。

所以，我们可以得出这样的注意力公式（如图6-5所示）：

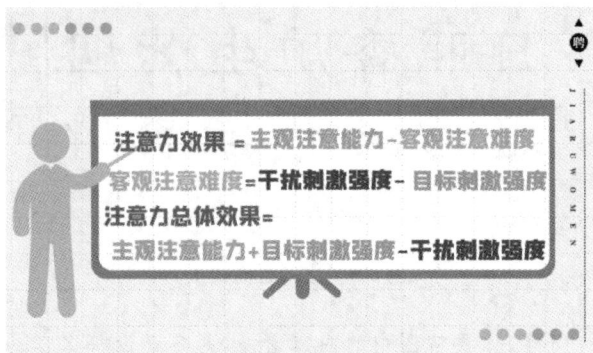

图6-5　注意力公式

注意力效果＝主观注意能力－客观注意难度。比如，你是一个做事挺专注的人，但如果要求你在嘈杂的环境中学习，你的注意力也会受影响。这里嘈杂的环境就是客观注意难度。

而客观注意难度也是可以细分的。

客观注意难度＝干扰刺激强度－目标刺激强度。比如，当你偶然听了一场励志演讲，希望立刻动起来去学习。刚开始进入状态的时候，你的好朋友私聊你打一局王者荣耀，一直给你发信息，连续不断的信息提示声以及好朋友的邀约请求，就是很强的干扰刺激。

所以，注意力总体效果＝主观注意能力＋目标刺激强度－干扰刺激强度。

换句话说，你调控注意力的能力越强，目标刺激的强度越强，周围干扰刺激的强度越弱，你专注的时间就越持久，越学越能学。

所以，从这个公式中，我们知道提升注意力的效果有三个途径。一是减弱干扰刺激强度，二是加强目标刺激强度，三是提高主观注意能力。大多时候，前面两个途径比最后一个途径要容易得多，即强化目标刺激和减弱干扰刺激，都比较容易实现，效果也立竿见影，而增强主观注意能力是一个相对困难，需要长期训练的过程。但如果同学们能静下心来每天练习，长此以往，你的注意力效果会大大胜过其他同学。

第三环节：拯救分心

1）降低干扰刺激强度

首先，要塑造一个整洁安静的外部环境。尽量减少外部刺激对人脑额区的影响，让额区少做一些筛选过滤的工作。简单来说，当你在学习的时候，同学发来的私聊消息，微博、抖音更新弹出的小红点，房间里时不时有人进出……这些都会成为你专注学习的干扰。

所以，要减少环境干扰，就要找一个安静、不容易被打扰的地方，或者跟家人约定，在某个时间点之前不要打扰你；把水杯装满水，以免自己想喝时需要多次起身；保持干净整洁的桌面等。这样，注意力也就更容易集中，不会被各种花式刺激转移了。

2）增强目标刺激强度

（1）即时贴法。减少学习动机和学习行动之间的距离，增加想与做的即时性。你可以把今天要做的事情写在大一点的便利贴上,贴在书桌上容易看到的地方,做完一件就划掉一个,来积累成就感。保持这个习惯。如果这个事情有点复杂,我们就利用 SMART 技巧进行任务拆分,把大任务拆成小任务。同时,这个技巧还可以升级为 2.0 版本,运用心理学中积极强化的方法,每做完一件事就给自己一个小奖励,完成的任务从少到多、从简到难,得到的奖励也从小变大,这种以小增量的方式强化行为的过程,可以帮助你提高做任务时的注意力。久而久之,即使以后没有了奖励,注意力也会很集中。

(2)单程任务法。我们的大脑就像一台精密的仪器,当我们全身心投入去做一件事情时,所有的认知资源都会调动起来。如果我们要同时做不同的事情,或是快速在不同任务中切换,那认知资源就会在这些切换过程中白白消耗掉。因此我们要调动全身心,一次就做一件事。

有一项面向 1000 名上班族的调查显示,当他们在做 A 任务时,如果切换去做 B 任务,进入状态需要 10～25 分钟,等到切换回 A 任务,需要再花 10～25 分钟才能进入状态。因此,在听网课时,手边的笔记不要停,用心记,动脑子,动笔。不要相信自己"反正可以回听,我现在走神下次再回听"的心理,相信我,当你抱着这种心态学习时,回听的概率很小。

3)提高主观注意能力

之前说过,前两种途径的效果是比较立竿见影的,但如果同学们能够持续训练主观注意能力,那么在今后的嘈杂环境中,大家仍然可以迅速集中注意力,这是需要长期训练但受益终生的。

(1)舒尔特方格训练法。舒尔特方格训练法是心理学中最常用来训练注意力的方法。它可以帮助同学们将注意力集中在当前任务上,提高注意力的稳定性。

操作方法很简单,请同学们事先准备好铅笔、尺子、秒表、若干张 A4 纸。

步骤一:制作舒尔特方格,用铅笔在每张纸上画出 1 cm×1 cm 的 25 个方格。格子内随机填写 1～25 的数字。

步骤二:用秒表计时,同时用手指依次指出所填 1～25 的数字顺序,诵读出声,你用的时间越短,代表你的注意力越集中。建议同学们每天都练习 5 分钟,或者在你写作业过程当中发现注意力不集中时,可以拿出来练习几分钟。这样做作业时就事半功倍啦!

舒尔特方格训练法是目前为止世界上最普及的、行之有效的注意力训练法之一,训练航天飞行员的时候也用了这个方法,操作简单。还可以自己制作! 好玩又有效!

我们现在用一个小程序来试试看。请同学们准备好接受挑战!

(点开小程序,实际操作)

(2)正念冥想法。正念冥想法(如图 6-6 所示)是近二十年来兴起的。有大量研究表明,以正念为基础的治疗方法能有效地缓解人们学习或工作的焦虑、紧张,长期练习能够提高注意力,增加幸福感。

正念冥想练习是对当下不加评判地觉察,无论发生什么,都把关注点聚焦于当下的一种冥想法。事实上,也只有在当下,你才能够做出改变。当你觉察到自己的失衡,并逐渐了解到一些无意识的习惯倾向时,你就能够做出一些新的选择来促进你的心理健康和身心平衡。

下面举一个日常生活中的例子。

当你遇到交通拥堵,并且很快就要迟到时,你就很难意识到压力对身体和心理的影响,

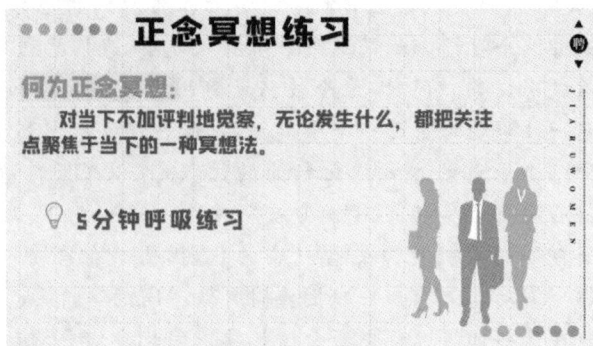

图 6-6　正念冥想

所以你可能注意不到身体上的紧张,急促或不规则的呼吸,或者你正紧紧握住手指,你的指关节都变白了,你更不可能注意到其他方面,如心率加快、血压或体温升高,以及焦虑和愤怒的潜在影响。然而,你一旦觉察到了身体的紧张,就已经回到了当下这个时刻,你就可以放松紧握的手,并通过正念呼吸法来稳定你急促而不规则的呼吸,这也能够对体内其他的压力症状逐渐产生调节作用。

下面,我们就用 5 分钟时间来尝试练习正念冥想。

第四环节:总结 & 回顾

让我们通过一个总结来看看今天我们讲到哪些小技巧(如图 6-7 所示)。

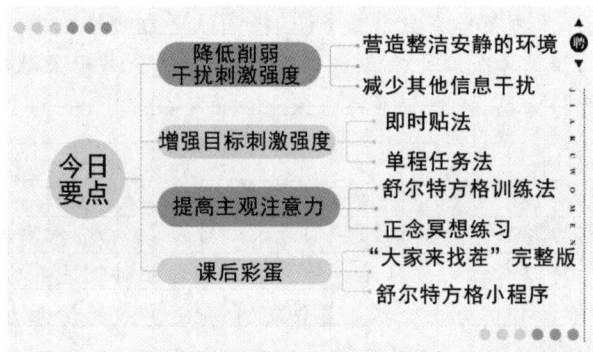

图 6-7　要点总结

教师结语:在当下信息爆炸的时代,专注力变成一种越来越稀缺的品质。从现在开始行动。种下一棵树,最好的时间是十年前,其次就是现在。本节课讲到的几种方法,不仅能锻炼注意力,提高对当前任务的关注,同时还能锻炼大脑额区的过滤功能。想要让注意力更集中,光听课是不够的,光思考也是不够的,行动才是最重要的。从现在开始,拯救分心,提高你的注意力吧!

案例 2:和拖延说再见——时间管理之拯救你的完美主义

1.设计理念

埃里克森心理发展阶段理论认为,高中阶段学生的主要任务是建立自我同一性以及解决角色混乱危机。这一阶段的学生会开始思考自我、思考未来,同时他们对于未来的思考会指导其当前的行为。而学业拖延多发生在学生的学习活动中,指的是个体意识到拖延会带来消极后果,但依旧自愿推迟完成学习任务或生活任务的行为。学业拖延会对高中生的学习带来严重消极影响——拖延行为导致学习效率低下,学习成绩不理想,进而自我否定,对自我的价值、能力产生怀疑。学生摆脱学业拖延才可能会有更高的学习效率和更为理想的学习成绩,这对他们追求更好的个人发展具有非常重要的现实意义。

以往研究发现,完美主义水平越高,拖延越严重。完美主义的人会在任务开始前就对自己的能力有较高的预期,并脑补事情完成之后获得的赞许和肯定。但他们越沉浸其中,就越难真正开始行动。有些人会将拖延等同于懒散,认为这是品行问题。但最新研究显示,完美主义者的拖延背后有几个恐惧:①对失败的恐惧;②对成功的恐惧;③对被束缚的恐惧。在高中阶段,比较常见的是第一种。

基于以上理论,设计者根据真实案例设计了本堂心理课。课程内容分为:热身活动、拖延众生相、概念引入、拯救拖延、课后练习。

2.教学目标

(1)认知目标:让学生了解完美主义拖延症背后的因素。

(2)情感目标:通过活动来体验拖延给身心带来的负面影响。

(3)技能目标:学会用拖延小剧场记录表、紧急红绿灯等技巧打破完美主义拖延症。

3.教学时间

1课时。

4.教学对象

高一、高二学生。

5.教学重点

(1)让学生意识到自己的拖延不是品行问题,而是完美主义作祟,以减少自我批判。

(2)学会用技巧打破完美主义拖延症。

6.教学难点

学生能否认真讨论解决方法。

7.教学过程

(1)热身活动:同学请起立!

活动规则:教师喊口号,学生回应。教师说出某种特质、经历、行为,符合条件的学生起立(类似大风吹)。

教师:同学请起立。

学生:老师请谁起立?

教师:有过以下类似感受或经历的同学请起立。

①觉得自己有拖延行为的同学;

②经常拖到最后一刻才开始写作业的同学;

③经常忍受拖延带来的煎熬还继续拖延的同学;

④经常拖延导致任务草草完成或干脆放弃的同学。

教师:请同学们前后左右看一看,有多少同学在拖延的旋涡里不可自拔呢?通过这次小游戏,我们发现,许多同学都有拖延的苦恼。明明知道事情很重要,明明期限就在眼前,就是不能及时完成,问题到底在哪里呢? 今天,我们就来学习如何摆脱拖延症。

（2）拖延众生相:静怡的苦恼。

教师过渡:说到拖延症,最近,我们心理辅导室也来了一个饱受拖延症困扰的同学。

故事梗概:

静怡是我校高二年级的同学。暑假前,她领到了暑期"大礼包"——作业清单! 静怡拿到清单后算了算开学的时间,觉得时间还长,很有安全感,自己一定能做完的! 所以,先玩几天再说。

就这样,开开心心过了一个月。她再一算,距离开学只有两周了,作业还一点儿都没有写。她开始有些焦虑。她想,或许,我先起个头,开始做点什么吧。但她又是一个对自己有很高要求的人,她希望把一切都规划好,争取交上一份满意的作业。可是,那么多科作业,要先做哪一科呢? 每一科好像内容都很多,全部做完,时间又不够,所以,她纠结来纠结去,迟迟没有动笔……

距离开学还剩一周,时间越来越紧迫了,她开始意识到仅凭现在这些时间,要完成得很好,难度很大。她更加焦虑了,越是焦虑,她越不想做,她想:灵感很重要,我不如现在休息一下,等状态好了,再一口气写完! 那个时候肯定文思泉涌,下笔如有神!

静怡迟迟无法开始,最终,离开学只有三天了。面对还没有开始写的作业和练习,她觉得好崩溃。现在,摆在她面前的只有两个选择:一是草草完成;二是干脆放弃。

教师提问:同学们,你们觉得,她最有可能选择哪一种呢? 为什么?

设计意图:这个故事来自真实案例,也是很多学生的写照。可以让学生有代入感,学生们借由静怡的苦恼,来抒发自己的看法,也能帮助教师了解学生真实的想法,为后续的课程教学做好铺垫。

教师过渡:同学们,你们发现了吗? 静怡陷入了一个拖延的怪圈（图6-8）。

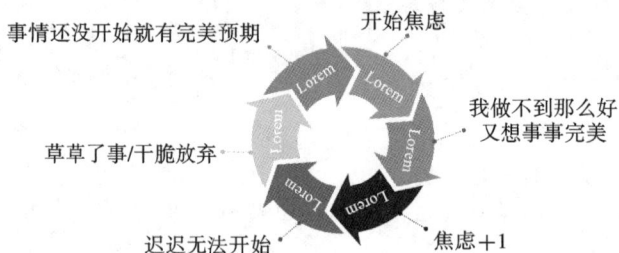

图6-8 完美主义拖延行为怪圈

这个怪圈,老师把它总结为:完美主义拖延行为怪圈。老师相信,大家都有过和静怡类似的经历。之前有人把拖延等同于懒,认为只有懒的人才会拖延。你们认可这种看法吗?

（学生摇头）

还有人认为拖延的人就是意志力不坚定,只要意志力坚定,就不会拖延了。你们认可这种看法吗?

（学生摇头）

还有同学认为,拖延的人就是缺乏时间管理技巧,只要把时间规划好了,就不会拖延了,你们觉得这种看法合理吗?

其实,很多同学像静怡一样,都想把事情做好,没有谁天生就喜欢敷衍了事,拖延不是意志力不坚定,也不是品行问题,而是他们的完美主义在作怪。那到底什么是完美主义呢?

(3)概念引入:完美主义症候群。

完美主义最开始指的是想要把事情做得尽善尽美。但如果事事都要求完美,那就很容易出现完美主义症候群。患上完美主义症候群的人有这样的特点:他们经常把学习、生活中很多事的目标定得很高,高到远超自己的能力水平,并且想要完成得特别出色,无懈可击。因为他们要求事事尽善尽美,事情太多了,他们又缺乏对事情的优先排序,很容易在不重要的事情上斤斤计较。他们还会把事情完成的程度视作对自己能力的评价,因此不习惯求助他人,通常自己默默完成。

患上完美主义症候群的人,背后有什么样的动机呢?如果你是静怡,时间快要来不及了,事情却还有很多没做。你会担心什么呢?

- 学生1:我会担心事情做不完,到时候开学交不上作业,被别人嘲笑……
- 老师:对,我们都很在意别人的评价。
- 学生2:我会觉得,别人肯定都做完了,只有我做不完。
- 老师:那如果你是静怡,你会去问别人的完成程度吗?
- 学生2:不敢问,怕他们都做完了……
- 老师:所以,我们经常会觉得别人可能都做得比我们好,担心自己做得不好。

静怡的内心小剧场如图6-9所示。

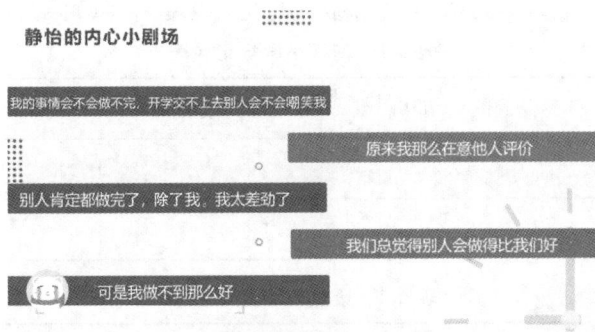

图6-9　静怡的内心小剧场

教师总结:就像刚才几位同学说的,完美主义者在面对许多任务时都会拖延,也会有很多心理活动。他们会担心他人的评价和眼光,会担心让父母失望,会觉得别人都完成得比他们好,而反衬出他们更差。拖延症者的心理活动真复杂啊!

有研究者认为,完美主义者之所以拖延,是因为他们内心害怕。他们把完美主义者的担心害怕总结成三点。

①害怕失败:如果我某件事情做不到,其他人会对我失望。

②害怕成功:如果我成功了,以后他们就会对我有更高要求。

③害怕被束缚：在赶着最后期限做事的时候，我会回想起小时候被父母要求完成作业或某件任务时的感受。所以他抵触去做能让他产生这种联想的事。

那么静怡的拖延是以上哪类担心呢？害怕失败，担心失败后别人异样的眼神和负面的评价。要帮助静怡摆脱拖延，就必须对症下药！

（4）拯救拖延：打破完美主义怪圈。

①预热阶段（想法酝酿，降低焦虑）。

锦囊1：直面自己的内心。想想你逃避的时候究竟在逃避什么，你内心是否有声音在说："我害怕失败，我不想承认自己有弱点和缺点。""我不想成功，因为能者多劳，我早晚会无法满足别人的期待。"坦诚面对自己，当你觉察你的担心，焦虑感就会减少。

②启动阶段（明确方向，立刻行动）。

锦囊2：给自己找台阶下，为自己减负。完美主义者总会对事情结果有很高的预设。结果越想越觉得自己做不到，往往很难开始。所以，不如跟自己说：我先做到60分再说！完成比完美更重要！

锦囊3：向别人传递出自己很忙的信息。可以在朋友圈发布"闭关信息"，或是跟朋友聊天时透露你接下来要很忙，向别人传递"非必要不打扰"的信息，减少外在干扰。

锦囊4：二八定律。这是19世纪末20世纪初，由意大利经济学家帕累托发现的。他认为，在任何事物中，最重要的只占其中一小部分，约20%，其余80%尽管是多数，却是次要的。所以如果能把有限的精力集中在关键的20%上，就能得到80%的收益，这能极大地提升我们的效率。

（5）课后练习。

结合今天所学，完成两个记录：写下你最近的几次拖延行为，用表6-1、表6-2来分析。

表6-1　拖延小剧场记录表

你拖延的事	你感受到的情绪和思维	无法完成的原因	值得坚持的理由

表6-2　紧急红绿灯分析表

重要程度	推荐完成程度	按学科分类	按题型分类（当某科目有许多作业无从下手时，在学科内部善用二八定律）	按学习需要分类
非常重要的事情（红色）	尽善尽美	最薄弱的知识点，已经落下很多的科目知识，需要下大力气去学习的科目	英语完形填空（最薄弱的，需要非常认真地思考才能拿到分的，就要好好做，优先做）	改错题（基础比较差，如果改错题能有较大进步，那就优先做改错题）

续表

重要程度	推荐完成程度	按学科分类	按题型分类(当某科目有许多作业无从下手时,在学科内部善用二八定律)	按学习需要分类
一般重要的事情(黄色)	做完即可	也很重要,且比较薄弱,但学起来没有特别吃力的科目。只需要完成练习就行的	英语写作(比较重要的,写完就行的)	做新题(做得差不多就可以,如果不清楚可以及时间别人)
比较次要的事情(绿色)	先放一边	比较有优势的科目,稍稍做一点就可以保持一定的优势的科目	英语听说(如果不是目前的核心,也不是你的难点,那么可以灵活调整)	复习上节课的内容(如果上课认真,那么复习学过的内容是比较快速的)

课外拓展

心理训练

番茄工作法

番茄工作法是一种简单易行的时间管理方法。选择一个待完成的任务,将番茄时钟设为 25 分钟,这段时间里专心工作,中途不允许做任何与该任务无关的事,直到番茄时钟响起,然后在纸上画一个"×",短暂休息一下(5 分钟)。每 4 个番茄时间之后多休息一会儿。

番茄工作法的目的:减轻焦虑,提升注意力,减少中断,增强决策意识,唤醒持久的激励,巩固达成目标的决心,保质保量完成工作和任务,改进工作、学习流程。

番茄工作法的具体做法:①提前规划今天要完成的几项任务,将任务逐项写在列表里(或记在软件的清单里);②设定你的番茄时钟(定时器、软件、闹钟等),时间是 25 分钟;③开始完成第一项任务,直到番茄时钟响铃或提醒(25 分钟到);④停止工作,休息 3～5 分钟,活动、喝水、方便,等等;⑤开始下一个番茄时钟,继续该任务,一直循环下去,直到完成该任务,并在列表里将该任务划掉;⑥每 4 个番茄时钟后,休息 25 分钟。

需要注意的是:①中间有事,非得马上做不可的话,停止这个番茄时钟并宣告它作废(哪怕还剩 5 分钟就结束了),去完成这件事情,之后再重新开始同一个番茄时钟;②不是必须马上去做的话,在列表里该项任务后面标记一个逗号(表示打扰),并将这件事记在另一个列表里(比如叫"计划外事件"),然后接着完成这个番茄时钟。

(资料来源:http://baike. baidu. com/link? url＝tbsaU2iG-EKEPJhyGgjuqwNClbrNSWQCCDImQUiBK95e3ATy2MCdsjgqPODMOQNKdaCxG384NSVLmFUpJW_HPq。)

第二节 开 明

案例分享

高一某课程设计的导入环节设计如下。

1. 辩论经典话题"先有鸡还是先有蛋"（见图 6-10）。

2. 从不同角度看"鸡、蛋之争"（见图 6-11）。

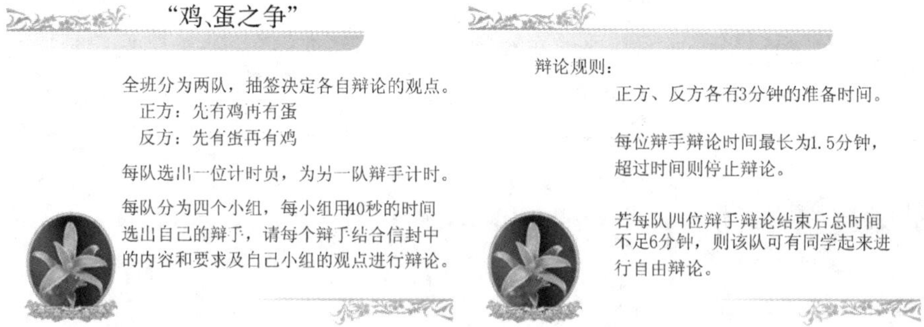

"鸡、蛋之争"

全班分为两队，抽签决定各自辩论的观点。
正方：先有鸡再有蛋
反方：先有蛋再有鸡

每队选出一位计时员，为另一队辩手计时。

每队分为四个小组，每小组用40秒的时间选出自己的辩手，请每个辩手结合信封中的内容和要求及自己小组的观点进行辩论。

辩论规则：

正方、反方各有3分钟的准备时间。

每位辩手辩论时间最长为1.5分钟，超过时间则停止辩论。

若每队四位辩手辩论结束后总时间不足6分钟，则该队可有同学起来进行自由辩论。

图 6-10 "鸡、蛋之争"素材

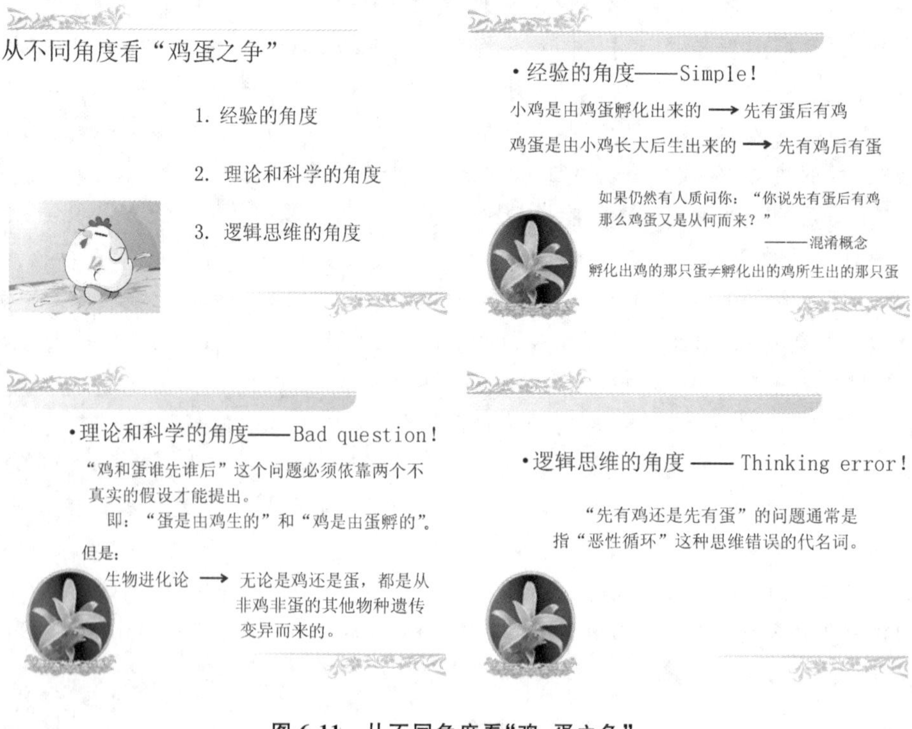

从不同角度看"鸡蛋之争"

1. 经验的角度

2. 理论和科学的角度

3. 逻辑思维的角度

·经验的角度——Simple!

小鸡是由鸡蛋孵化出来的 ➡ 先有蛋后有鸡

鸡蛋是由小鸡长大后生出来的 ➡ 先有鸡后有蛋

如果仍然有人质问你："你说先有蛋后有鸡那么鸡蛋又是从何而来？"
——混淆概念
孵化出鸡的那只蛋≠孵化出的鸡所生出的那只蛋

·理论和科学的角度——Bad question!

"鸡和蛋谁先谁后"这个问题必须依靠两个不真实的假设才能提出。
即："蛋是由鸡生的"和"鸡是由蛋孵的"。
但是：
生物进化论 ➡ 无论是鸡还是蛋，都是从非鸡非蛋的其他物种遗传变异而来的。

·逻辑思维的角度——Thinking error!

"先有鸡还是先有蛋"的问题通常是指"恶性循环"这种思维错误的代名词。

图 6-11 从不同角度看"鸡、蛋之争"

为何要讨论"先有鸡还是先有蛋"这个经典问题？设计者的基本理念是什么？该课程设计中，从不同的角度看问题，对于高中生而言，意义何在？事实上，该设计希望借"鸡蛋之争"，引领学生感悟从不同视角看问题的价值，并由此引出"开明"这一话题。那么，什么是开明？可以从哪些角度进行设计？本章将带领大家展开新的尝试。

学习导航

一、概述

（一）不同视角下的开明

关于"开明"一词，字典中的解释为：原指从野蛮进化到文明，后来指人思想开通，不顽固保守。在我国古代，"开明"一词常伴随"开通"一词出现，解释为"通达、明智，清醒、明白"等。

"开明人"一词最早出现于开明书店成立 20 周年时叶圣陶先生写的一首诗中："堂堂开明人，俯仰两无愧。"20 世纪 30 年代，国内独具特色的一支散文作家队伍，有丰子恺、夏丏尊、叶圣陶等，他们大都是上海立达学园的同事，聚集在开明书店周围，被称为"开明派"。"开明派"是积极的人生派、热切的爱国者，讲究品格、气节和操守，他们的作品平淡如水，却能在平凡中发掘生活的哲理，追求高远的境界。在开明书店成立 20 周年纪念会的答谢辞中，叶圣陶对"开明人格"做出了生动的注解："讲到开明同人的作风，有四句话可作代表：是'有所爱'，爱真理，即爱一切公认为正当的道理。反过来是'有所恨'，因为无恨则爱不坚，恨的是反真理。再则是'有所为，有所不为'，合乎真理的才做，反乎真理的就不做。"开明派眼中的开明人有志气、有追求、爱生活、爱国家，并不断追求真理。

"开明"一词的英文为"open-minded"，开明人格则是"open-mindedness"。在西方，不同的人对"开明"一词有不同的理解。

美国学者杰森·贝尔(Jason Baehr)认为开明与冲突、对立、挑战、争辩等情况有关，特别在与他人的意见观点相冲突的情形下。比如，一个开明的人在面对不一样的观点时，会暂时放下他的个人观点，公平公正地对待对立观点，去搜集证据和理由，而不是忽视、歪曲、讽刺与其不符的观点。开明不是思想封闭、武断或者存在偏见，而是当掌握了足够确切的证据时，也依然客观充分地考虑对立面。美国学者詹姆斯·S.斯皮格尔(James S. Spiegl)总结出解读开明的三种派别。

第一种派别，认为开明就是对所有的观点保持怀疑态度，也就是不停地怀疑，不停地接受新的不同的观点。

第二种派别，对开明持不置可否的态度。如鼓励开明，鼓励接受各种看法，在某种程度上意味着没有坚定的立场，也意味着每一种观点都值得被严肃对待。

第三种派别，认为开明只有在自我信仰的真理中才有可能存在。开明是一种针对信仰的"元态度"。然而，人类的认知存在缺陷，这种描述事实上是在说作为"元态度"的谦卑——以适当的低姿态看待自己，或者直面自身的认知条件。在此基础上，对于某些人而言，"元态度"的谦卑可以帮助人们在开明的前提之下更好地收获知识，因此，开明和谦卑都是理智的美德。同时由于理智的美德是道德生活的一方面,开明和谦卑也属于道德的范畴。

关于开明人格的解释,最著名的应该是积极心理学中的积极人格特质研究。彼得森(Peterson)和塞利格曼(Seligman)在对涉及性格优点和美德的大量文献,从精神病学、青少年发展到哲学、宗教、心理学角度进行梳理的基础上,发现了在文化中普遍存在并受到珍视的六种核心美德:智慧、勇气、人性、正义、节制和超越。他们根据十项标准从众多的候选性格优点中选择了 24 种性格优点分别归类到这六大核心美德中。而这 24 种性格优点中的一种就是开明,这种性格优点属于六种美德之一:智慧和知识(获得和使用知识的认知优点)。开明在这里是指"从各个维度去思考和审查事物,公平权衡所有的证据"。在这里,开明也就是批判性思维。

《独立宣言》的起草人之一本杰明·富兰克林知道自己比同时代的人要聪明,但也清楚认识到自己不可能穷尽万物。他出言谨慎,当不得不下一个论断时,他会说:"如果我没说错的话……",这样的开场白有助于让听者轻松无压力地提出不同意见,同时也促使他为随时采纳新观点做好心理上的准备。有研究表明,大多数人选择领导人时,倾向于选择那些富于创见并灵活多变的领导人,他们希望领导人既有足够的智慧、意志坚定,同时又有足够的弹性进行换位思考并能迅速接纳新事物,当发现自己犯错时能勇于承担并快速适应变化,思想不僵化,不固守成见,善于从多角度看待问题。对于大多数人来说,调整甚至改变自己的思想何其艰难,但在当今社会,面对快速变化的外部环境,能不固守自有观点,能从多个面向看待问题显得异常重要。在学术界,这被称为"认知上的弹性"或"思想开明"。在这里,开明指的是"灵活不僵化,能从多角度看问题"的特点。

2016 年,美国佩珀代因大学的教授针对这样的"思想开明"(又称"智识上的谦逊")进行概念解析,并分成以下维度:①尊重他人的观点;②避免过于自信;③对理智和自我进行严格区分;④愿意随时修正自己的观点;⑤愿意并且有限度地从习惯性的认知模式向新认知模式转变。

综合上述观点,笔者更倾向于把开明人格理解为:一个人愿意去探索、考虑和接受不同于自己的观点,在此基础上愿意并且有能力对自己提出的观点进行反思,并做出判断与调整;可以从多角度去思考和审查事物,并公平权衡所有的证据,不论那些证据是否支持其自身的观点。

(二)批判性思维

学者彼得森和塞利格曼认为,开明等同于批判性思维。而哈维·西格尔(Harvey Siegel)教授则提出批判性思维是学生形成开明品质的基础。他认为头脑开明是指:一个人愿意去接受和考虑别人提出的不同于自己的观点,在此基础上愿意并且有能力对自己提出的观点进行反思,并做出判断与调整。这表明在哈维·西格尔教授看来,一个人拥有超强的理解和解决问题的能力并不代表其具备了头脑开明的品质,具有思考问题反面情况的能力才是最重要的。一个头脑开明的人与他人辩论时,是用具有说服力的证据和材料来支撑自身观点的,而不是贸然地对批判性的争执感到不满。批判性思维是头脑开明的充分不必要条件。一个人变得头脑开明的过程就是批判性思维形成的过程。

1990 年,美国哲学协会针对当时批判性思维定义不统一的局面,运用德尔菲法对批判性思维进行了科学的定义：批判性思维是一种有目的性的,对产生知识的过程、理论、方法、背景、证据和评价知识的标准等正确与否做出自我调节性判断的思维过程。该定义将批判性思维能力分为六个方面:阐明、分析、推论、评价、解析和自我调节。这个定义得到了广泛认同。

而我国学者刘儒德根据国外研究成果指出,批判性思维是由批判性思维能力和批判精神两个方面构成的。批判性思维必须以一般性思维能力(如比较、分类、分析、综合、抽象和概括等)为基础,同时还要具有一些特定的批判性思维能力。他综合国外专家的分析,认为这些能力可以被概括为以下八种:①抓住中心思想和议题;②判断证据的准确性和可靠性;③判断推理的质量和逻辑一致性;④察觉那些已经明说或未加明说的偏见、立场、意图、假设以及观点;⑤从多种角度考察合理性;⑥在更大的背景中检验适用性;⑦评定事物的价值和意义;⑧预测可能的后果。概括地说,进行批判性思维就像评论家和法官那样进行审、查、判、断。批判精神就是有意识地进行评判的心理准备状态、意愿和倾向。它可激活个体的批判性思维意识,促使个体朝某个方向去思考,并用审视的眼光来看待问题。具体来说,它包含下列六大要素:①独立自主;②充满自信;③乐于思考;④不迷信权威;⑤头脑开放;⑥尊重他人。刘儒德在与创造性思维的比较中揭示了批判性思维的本质特征,指出:如果说创造性思维是所谓的多谋,那么,批判性思维就是所谓的善断。

(三)发散性思维

发散性思维,又称求异思维、辐射思维或者扩散思维,是指根据已有信息,从不同的角度和方向思考,从多方面寻求答案的思维方式。其概念最早是由伍德沃斯(Woodworth)于1918年提出来的,但起初只是作为思维的流畅性予以使用,并未对其内涵做出明确界定。1967年,美国南加州大学的心理学家吉尔福特(Guilfurd)创立了著名的智力三维结构模型理论,认为对智力结构应该从操作、内容、产物三个方面去考虑;智力活动就是人在头脑中加工(即操作)客观对象、产生知识(即产物)的过程。智力活动包括认知、记忆、发散性思维、聚合思维、评价五个因素。"发散性思维"被定义为:"为了满足一定的需要,根据个人的记忆储存,以精确的或者修正了的形式,加工出许多备选的信息项目的操作。"吉尔福特认为发散性思维具有流畅性、变通性、独创性三个方面的特点,是可以测量的。发散性思维能够帮助人们摆脱思维定式的束缚,使人们在考虑问题时,不拘一格,从一点出发,向四面八方发散,从而产生更多更新的解决问题的方法。

对于发散性思维,在我国主要存在两种代表性的观点:一是将发散性思维看成是一种思维形式,在对思维进行分类时,根据思维的指向性,可以分为发散性思维和集中性思维;二是将发散性思维看作思维的品质,这种观点认为"思维的灵活性品质也可以叫作发散思维"。

二、开明人格的培养

国内外关于中小学生开明人格的培养实践甚少,针对思维僵化/打破思维定式、激发/拓宽思考维度的思维训练实践相对较多,比如关于学生批判性思维、发散性思维、独立思考能力、发挥个人优势的培养实践。

在国外，开明人格培养主要出现在中小学幸福课中关于发挥、运用个人优势的专题里，如美国亚拉巴马州的高中开设"积极心理学七天入门课程"。其中，第六课"美好生活：运用个人优势"就涉及开明人格教育，或是融合在"批判性思维"的课程设计里。课程设计者认为，应该为学生提供富有难度和挑战性的任务，促使学生在教师的引导下积极思考，主动探究，从而发现真理，形成概念，培养独立思考的能力。

而在我国，前人更加重视的是培养学生的质疑精神。但随着社会发展，越来越多的一线教育者开始以整合批判性思维和发散性思维为基础，进一步拓宽学生视野，使其保持积极思考，学会多角度看问题。

针对上述对开明的定义，结合高中生的思维特点，我们可以设计一系列教学案例，通过各个环节，启发学生看待问题不停留在表面、不片面、不以自我为中心，而是深入、全面、多方位思考问题，促进学生思维品质的发展。

案例分享

案例 3 的设计者是黄籍毅。

案例 3：不灭的烛光——教育戏剧在培养开明人格上的应用

1.设计理念

开明最开始指的是"通达、明智、清醒、明白"。后来学者认为开明与冲突对立、挑战争辩等有关。一个开明的人面对一件有争议的事情，能保持自己独立的思考和判断，当他人意见与自己相左时，也能暂时放下自己的个人观点，公正地对待对立意见，听取别人的意见。同时，开明的人能用更全面的视角去看待事物。

本堂课的灵感来源于一个微博热搜"小伙辞去高薪工作放弃读研支教 11 年"，这位主人公入选"2020 年小康时代新青年"，其经历被拍成了纪录片。网友对此的讨论也很激烈。笔者认为，可以通过对这个故事的探讨提醒学生看待问题可以有更多面向，在这个故事当中，为了让冲突更突显，笔者对故事进行了修改，加入了更多角色。这是一个青年坚守内心的故事，但这个故事也很有争议性，因为在他坚守的背后，也许有亲情的冲突、个人内在需求排序等故事，当我们看到一个楷模背后的故事时，他也会更立体，学生的感受也会更深刻。本堂课旨在用教育戏剧的方法帮助学生，并引导他们从不同的角度看待问题。当他们能为同一件事情产生不同的观点，积极思考表达，并且能听取其他人的观点时，就达到了培养开明人格的目的。

2.教学目标

（1）认知目标：理解做选择时必须要有所取舍。

（2）情感目标：感悟培养开明人格的价值。

（3）技能目标：学会从不同的角度看问题。

3.教学时间

1 课时。

4.教学对象

高一下半学期（选科）、高二年级学生。

5.教学重点

(1)让学生在角色扮演中体验主人公的内在心理活动,了解主人公的纠结和挣扎。

(2)让学生学会从不同的角度看事情。

6.教学难点

(1)学生入戏。

(2)学生能从多角度思考。

7.教学过程

本节课运用教育戏剧的方式,讲述主人公坚守支教11年背后的故事。本节课主要有以下几个环节:

【热身游戏:下陷啦】—【建立情境:暖心烛光】—【抉择与挑战:两两对话】—【讨论＆总结】—【课后练习:专家外衣】

(1)热身游戏:下陷啦。

所有同学围圈,按"1234"报数,之后随着音乐在教室里自由走动。模仿雨天走山路的样子,当老师喊到某个数字,报出该数字的同学就要发出"哎呀!下陷啦"的呼声,模仿山路泥泞,双脚下陷的样子,慢慢蹲下,再难起立。在完全蹲下前,报出其他数字的人要赶紧扶住他。要求蹲下的人要等到3个人来帮忙,他才能重新站起来,否则就要尽力挣扎,说"再来人,再来人"。

设计意图:这个环节模仿的是主人公走泥泞山路的场景,除了能让课堂动起来外,也能让学生更快进入情境。而游戏也要求同学们及时做出反应,及时向别人伸出援助之手,这也与主人公的故事相契合。

教师询问:同学们,从小到大,你们印象最深的一节课是什么?还记得你们最喜欢的一节课吗?是什么课呢?

设计意图:主人公是一位支教老师,他为山区学生上课,为学生带去欢乐和希望。从询问开始,引导学生回忆自己人生中印象最深/最喜欢的一节课,从情感上与此次课题相联结。

(2)建立情境:暖心烛光。

【建立情境:魔法棒】

活动要求:在讲故事时,所有同学围圈坐下,教师讲故事时,可随机指名同学演出故事里的内容,比如模仿故事里的人/道具/变化等。

故事梗概:

2009年,25岁的杭州小伙杨明随爱心支教团队来到贵州省黔西县的一所小学,开启他为期1年的支教生涯。在这之前,名校对外汉语专业毕业的他,曾在迪拜、杭州工作,当时他的月薪已经过万。一下车,小学破败的景象让杨明的心头一震:校舍是一栋两层水泥房;孩子们课间玩的是丢沙包、滚铁环;学校敲钟上课。这一切深深触动了杨明。杨明决定,要在这段时间里多为孩子们做些事情。

真正生活起来却是很艰难。镇上严重缺水。杨明4点就要起床到地下河溶洞去挑水。农户家一间30平方米的小屋子,昏暗潮湿,杨明和另一位支教老师做饭、工作、睡觉都挤在这里。支教的日子里,杨明常常白天上课,晚上再打着手电筒走很远的山路到学生家家访。

1年支教生活很快结束,支教队员纷纷离开了。孩子们含着热泪表达不舍。孩子们的眼泪击中了杨明的内心,他做出了一个决定——参加特岗教师招聘计划,继续在大山里教书。这一教,就是11年。

教师询问:杨明为学生们带来了什么,以至于学生这么不舍得他离开?

• 学生1:可能杨明让学生体验到了被大人关怀的温暖,毕竟山区有很多留守儿童。

……

设计意图:这个环节,通过学生随机扮演,把杨明第1年的支教生活具象化了,启发学生对杨明这个主人公有更立体的理解。通过故事讲述,学生逐渐了解杨明是一个怎样的人,为后面的故事做好铺垫。

【建立情境:时光胶囊】

教师提问:在这11年间,杨明的支教生活发生了怎样的变化?学生4人一组,每组按照时间远近(2010—2021年),演出不同年份杨明的生活剪影,让学生从中观察杨明的变化。比如可以扮演杨明和学生相处的片段、杨明告诉家人自己决定的片段、杨明在工作时的片段……他们会有怎样的对话?

• 2010年组(片段):杨明决定放弃优渥的城市生活和高薪工作,回到山区当一名特岗教师。他致电家人,家人十分不理解,与他在电话里争吵起来……

• 2011年组(片段):杨明正式考上了特岗教师,他每天要4点起来去打水……

• 2015年组(片段):来贵州6年了,生活条件没有太大改善,他经常要打着手电去家访。鞋子很快就磨破了……

• 2018年组(片段):家人的电话又来了,他们在城市给他找了个工作,希望他能常常回家……

……

设计意图:这一段开始让学生渐渐入戏,从最开始的走山路很泥泞的动作扮演,到第一次看到破败学校的触动,再到学生的挽留,再到这11年的生活剪影。入情入景,在这其中,还有许多角色之间的互动,这让学生更了解、贴近主人公,更加能感受到其坚守的不易。如果要降低难度,教师可以事先准备好片段描述小纸条,让学生抽签表演,但这样也限制了学生的思考。

【建立情境:说故事】从考上特岗教师的2010年开始,一晃11年过去。其实2012年他曾考研成功,却因孩子们哭着挽留而再次坚守了下来。11年来,杨明瘦了,头发白了,他却说一切都值得。"哪里需要老师,我就去哪里!"当有机会选择到一所条件相对较好的中学任教时,杨明却毅然选择了比现在的小学更为偏僻穷困的教学点。为了了解学生情况,他不顾山高路远,一家家走访,有时甚至一天要来回走20多里的山路。为了不让孩子放弃学业外出打工,他一遍遍不厌其烦地做家长和学生的思想工作;知道学生家庭条件困难,他自掏腰包给孩子们买各种生活用品和学习用具;学生家长有时干活很晚才回家,杨明便担负起照顾孩子的责任,给他们辅导作业,晚上再一个个送回家。

教师提问:11年的深山支教,杨明收获了什么,又失去了什么呢?这期间他会不会有犹豫、纠结的时候?

• 学生:他失去了更高薪的工作,更舒适的生活……

• 学生:他收获了自己内心的满足吧。

- 学生:我觉得他可能很享受做教师的价值感,但失去了陪伴家人的时间。

……

(3)抉择与挑战:两两对话。

【说故事】

11年来,杨明从微薄的工资中挤出近8万元,资助贫困学生100多人次。牵线结对帮扶贫困户20多户,联系公益组织提供扶贫物资累计100多万元,惠及15所学校。他皮肤黑了,人更瘦了,头发花白了。年近不惑的他看起来比同龄人老了好多。他却说这一切都值得。今年春节前,家人又一次催他回来,说家里爸爸妈妈年纪越来越大,非常惦记他。

来贵州支教后,他便很少回家了。每到过年家里人便催他早点回来。他总是说:再想想吧。春节没待几天就又回山区了。"我放心不下这里的孩子们,走得久了就不安心。"他这么说道。

【两两对话】全体同学2人一组,一人扮演杨明的亲朋好友,一人扮演杨明进行对话。

教师引导:当双方很想说服对方的时候,他们会说什么呢? 会从哪些角度说呢?

小组1:

- 爸爸:儿子,爸妈年纪越来越大了。你妈前些天还念叨着贵州最近暴雨,怕你每天上课家访路上太奔波。我们明白你想多为山区孩子奉献的心,但是你也要考虑父母的感受啊!

- 杨明:爸,我都明白。可是我真的放心不下。孩子们需要我。

- 爸爸:可是我们也需要你啊。我们每次看到贵州的新闻都很担心你。你那里条件那么差,过得那么苦,我们怎么忍心? 我们不求自己的孩子大富大贵,但你起码能过上正常点的生活吧! 你看看你那些同学,他们当年工资都没你高,现在,一个两个都过得很好! 如果你喜欢做老师,就回家附近来做吧,经常给那边的孩子寄点物资,也可以了!

- 杨明:爸爸,你不懂,我要是走了,孩子们会很快辍学的,你不知道他们上学有多难,如果不上学就没有改变的出路!

- 爸爸:出路是人自己找的,不是你给的! 你不是神,你能帮的有限。你为什么一定要舍小家为大家呢?

……

设计意图:本环节是课程的重头戏,学生通过即兴对话,学会看待事物的不同角度并积极表达,也看到光辉楷模背后的不得已和小家庭的牺牲。学生选择的角色是随机的,有可能是杨明的爸爸、妈妈、兄弟姐妹、亲朋好友,每个角色的角度都各不相同。当他们以立体的眼光看待一个人时,他们看待其他人和事也会更立体。

(4)讨论 & 总结。

请同学从2人一组改为7人一组,分享刚才活动中你的感受,并回答:①你怎样看待杨明舍弃高薪,支教11年的行为? ②在刚才的对话中,你的搭档有哪些话让你印象深刻? ③如果你是杨明,你会怎么选?

①你怎样看待杨明舍弃高薪,支教11年的行为?

- 学生1:我觉得这个老师好伟大,舍小家为大家。

- 学生2:我觉得有点可惜,他放弃了高薪工作和读研的机会,最后选择去贵州当老师,有点大材小用。

• 学生1：我不同意你的观点，我觉得人就应该追寻自己的理想。金钱不是衡量成功的唯一标准。他内心也许很充实呢。

• 学生2：我觉得如果要为山区做贡献，也可以有很多方法，不一定要自己去支教啊！而且去那么久，都没有时间陪家人。这样只顾自己的感受不顾家人的感受真的对吗？

• 学生3：他是毕业于名牌大学的对吧？能去迪拜工作，月入过万，能力也不差，如果在其他地方深造说不定能发挥更多光和热。

• 学生1：可是学生也很需要他，比其他地方更需要他，他做其他职业也许可以享受优渥的生活，但是在这里，他也许能为许多孩子送去光，从此改变他们的人生啊。

……

②在刚才的对话中，你的搭档有哪些对话让你印象深刻？

• 学生1：我搭档扮演的是我的妈妈，她说她愿意支持我去追寻自己的理想，只要我好她便好了。那一瞬间我突然觉得自己很自私。

• 学生2：我搭档扮演的是我的好朋友，他也肯定了支教的价值。但他劝我也要多抽时间陪伴爸妈。他说，我已经为山区孩子奉献11年了，我爸妈还能等得起多少个11年呢？实话说，我被他说服了。

• 学生3：我觉得，重新做出人生选择需要足够的勇气和果断，我觉得这句话特别好。

③如果你是杨明，你会怎么选？

• 学生1：我觉得我可以转换角色，比如不再是纯教书的老师，如果我有影响力，许多人了解我，我就可以到外面去给他们拉赞助，让更多好心人注意到我们。让更多青年人来支援这个山区。

• 学生2：我应该会回家，子欲养而亲不待，我已经为山区奉献11年了，再不回去就晚了。

……

设计意图：通过一整节课对杨明的角色扮演，让学生更贴近杨明，明白他的苦衷和纠结。在做选择时体验也更加深刻。从小我们常听各种楷模的光辉事迹，但真正印象深刻的寥寥无几。问题很简单，很多人都能答得出来，但经过一连串的扮演、体验，学生对于做取舍、进行内在价值排序、从多角度看问题会有更深的感悟。

教师总结：今天通过对杨明的角色扮演，我们体会到了他的坚守，看到了他内心的柔软和不舍，同时也看到他背后的牺牲。老师注意到许多同学有不同的观点，我们的观点都是基于我们自身的认识和情感体验，没有绝对的正确和错误之分。通过两两深入对话，有些同学改变了当初的观点，这就是培养开明人格的意义。这个故事让人动容，但如果我们学会了在看到一个故事光亮面时，也能看到故事背后的阴影，相信，我们对事物的理解会越发深刻。

【课后练习：专家外衣】杨明的事迹被报道出来，还被拍成了纪录片，引发网友热议，许多人关注了他。分小组进行角色扮演，并对杨明的这个事例进行评价，想象人们会如何评价。教师提供若干角色（如记者/一个全职妈妈/教育学家/知乎网友），由小组成员自己选择，并将评论写在卡片上。

课外拓展

学科前沿

培养开明人格的策略之一：对人开明

1. 不要评论你不了解的人

许多人想要成为一个开明的人，但他们常常对不了解的人下结论。如果你喜欢在第一次见面的时候就对别人进行判断，甚至在只是听过别人或看到别人从你面前经过的情况下就对别人进行判断，那么你就应该努力在认识一个新朋友时避免对他的背景、外貌、口音产生偏见。

如果你习惯于仅从别人的外貌或刚交往时所进行的谈话就形成对别人的印象，那么上面的做法可能对你来说相当困难。不妨看看镜子里的自己，你觉得别人能仅凭看了你几眼就了解你是个怎样的人吗？不一定吧！

下次你遇到一个新朋友时，试着了解关于他的更全面的信息后，再对他进行判断。你可能是一个容易嫉妒的人，你讨厌那些与你朋友熟络的人，因为你的占有欲很强。但是，你可以这样想，如果你朋友喜欢这个人，那么这个人肯定有一些能够吸引他人的优点，试着去发现这些优点。

2. 多提问

如果你是守旧的人，那么你可能会觉得别人没有什么东西是值得你学习的。如果是这样，下次你遇到一个新朋友或与老朋友交谈时，试着去问他许多关于他的问题，例如周末干了什么或者有没有读到比较好的书之类的，你将会为你能从你朋友那学到如此多的知识而感到惊奇。

如果有人刚旅游回来，你可以问他关于旅游的细节。如果你跟某个人很熟悉，你可以问他关于他童年的经历。你可能会听到一些有趣的细节，学到一些新奇的东西。

3. 结交各行各业的朋友

如果你想要变得更加开明，那么你就不能只是跟那几个在中学或者大学认识的同学交往，因为你们所能分享的信息都是相似的。你应该在工作中、在兴趣班上、在邻居聚会上结交各种朋友。试着去认识不同行业、有各种兴趣、来自各种背景的人们。结交来自各种背景的人们能给你不一样的观察世界的视角。

4. 让一个朋友向你介绍他的爱好

如果你的朋友非常喜欢画画、瑜伽等，你可以让她带你去上一节课，或者向你展示她的爱好。你将会从中学到许多专业知识，欣赏到你以前从没欣赏到的东西。试着去挑战自己，尝试你曾经被嘲笑过的东西，你将会发现挑战生活的乐趣。

观察你朋友对你完全不了解的东西的痴迷，能够让你对他人如何消遣自己的时光有一个更加开明的态度。

5. 接受邀请

这是一种培养开明人格的好方法。当然你无须每次都接受，但你应尽量去参加你从没想过要参加的派对、去你从没想过要去的地方。可能是邻居邀请你吃一顿饭，或亲戚举行的一次烧烤。探索各种活动将使你更加开明。

试着去接受各种邀请，如果只是对派对说"YES"而对其他事件说"NO"的话，可能不会开阔你的视野。

6. 参加友好的辩论

如果你是守旧的人，你可能喜欢参加某个话题辩论，因为你确信你是完全正确的。如果下一次你发现自己正处于一场辩论中，不妨采用一种更加友好、开放的态度，试着不要说别人是错的，而是问他为什么你应该相信他的观点。你无须改变自己的观点，但你无疑会接受一些新的想法。

谁都不愿意成为别人眼中固执、顽固的人，试着让自己更加友好，不要太好斗，无论你对一个话题多么热爱也应该做到这一点。

7. 友好地对待你讨厌的人

如果你讨厌吸烟、讨厌玩游戏，那么你可能从来就没想过和一个吸烟的人、一个喜欢玩游戏的人交朋友，甚至在你的生活圈里很少会出现这些人，但如果有，请友好地对待他们，这有利于你成为一个开明的人，甚至还能与他们成为朋友。

请记住其他人也可能是守旧的，或者对你有着负面的想法。你可以试着通过分享你的观点来帮助别人变得更加开明。

（资料整理者：高宁荣）

🎞 心理训练

激发发散性思维有以下几种训练方法。

(1) 请写出所有你能想到的带有"土"结构的字，写得越多越好。（限时1分钟）

(2) 把热水瓶的体积缩小，就成了保温杯，想一想还有什么东西是靠"缩一缩"而创造出来的呢？（袖珍词典、微电脑、微型胶卷、压缩饼干、儿童自行车等）

(3) 一位节俭的妇女，突然改变了节俭的习惯，变得挥金如土，请你解释发生这一转变的可能情况。

(4) 纸板按顺序排列着，请你把它们拼成最简单的图形。（道具略）

(5) 什么东西打破了以后才能用？

(6) 词语串联接龙比赛。（成语、歇后语、谐音词亦可）

(7) 自编一道激发发散性思维的题目。

[资料来源：邓涵健.谱写思维定势的幸福曲[J].中小学心理健康教育,2006(4).]

第三节　人际交往

案例分享

　　某课堂教学的导入环节中,引入了以下看法:东北人眼中东北以南都是南方,广东人眼中广东以北都是北方。

　　聪明的读者,请你猜一猜,该环节会带出一个怎样的话题? 你会如何利用该素材? 事实上,这是该导入环节中的众多观点之一,而设计的目的,是希望引发学生感受生活中常见的人际交往效应——刻板印象。如果是你,你将如何延续该设计? 进行高中生人际交往的主题设计需要储备哪些知识? 设计的思路如何?

学习导航

　　人际交往是指人与人之间通过各种方式的接触,从而在心理上与行为上发生相互影响的过程。高中生人际交往能力的发展是心理发展的重要组成部分,直接影响到其所建立的人际关系的质量和性质,影响到与父母、教师和同伴间的交往互动,从而间接影响家庭教育、学校教育以及学生自我教育的实施效果。

一、人际交往概述

(一)人际交往能力的定义

　　人际关系是指人与人之间的关系,它是一个人对别人的看法、想法和做法。人际关系反映了人们寻求满足需要的心理状态。人们之间的接近和疏远,就是人们心理距离的反映。人际交往是人际关系建立的基础,通过交往,人们实现了对观念、思想、兴趣、情感、性格等特征的相互交流和相互影响。人们在交往过程中接受来自他人的信息,丰富个体意识和个性品质,形成自己的信念、观念、态度和人生观、价值观。同时,人际交往也是个体个性全面发展的必备条件。不同领域的研究学者对人际交往有不同的解释:一是从心理学角度,注重表达人与人之间心理层面的连接,有学者指出,人际交往是人们为达到彼此理解、促进合作而在心理和行为层面上相互作用和相互影响的过程;二是从社会学角度,着重指人与人之间的相互交流,如马克思认为人际交往本质上是一种社会交换;三是从管理学角度,研究者更倾向于在组织层面进行人际关系的讨论。

　　综合来看,人际交往是有助于推动社会群体间协作和前进的一种人与人之间的基本的社会活动,它以语言或非语言系统为手段,以接触、沟通、传达信息、交流感情为目的。美国心理学家霍华德·加德纳(Howard Gardner)提出了多元智能理论,他认为每个人应该至少具备九种智能,而人际智能(social intelligence)就是其中之一。他认为,人际智能的重点是认识到自己和他人之间存在的差异,观察到他人的情绪、性格、动机以及意向的基础能力。人际智能使人能更了解他人,更好地与他人一起工作。而不同的研究者在此基础上也提出了自己的看法,如刘朝晖等人认为,人际交往能力指的是个体能恰当处理内在与环境的关系的能力,概括起来就是理解能力、认知能力和控制能力;郭晓俊等人认为,人际交往能力代表着对人际关系形成的感知、适应和协调的综合能力,其中的重点是对人际关系的认知、语言交流和情绪控制能力。

综上所述,笔者认为,人际交往能力指的是个体对他人的情绪、行为的感知和理解能力,是个体为满足自身需求而必备的个性心理特征。

(二)人际交往的相关理论

1. 自我表露理论

自我表露(self-disclosure)理论是美国学者朱拉德(Jourard)于1958年首次提出的一种人际交往理论,指的是个人告诉他人自己的信息并真诚分享自身的想法、感受和秘密的过程。自我表露实质上是人际交往的过程,自我表露会使个人与他人的关系变得更加深入。也有研究者认为,自我表露指一个人诚实地向他人揭示过去的经历、观点、想法、态度、个性特征等与自我相关的情况,这能促进人与人之间积极交流,从而培养良性的同伴交往方式。

2. 社会支持理论

社会支持被认为是从其他人那里察觉和感受到的肯定、尊重、关心以及帮助。社会支持是一种个体通过社会联系而缓解心理压力的方式。社会支持跟自我暴露呈倒U形曲线的关系,没有足够社会支持的人会感到孤立无援,会在群体中感觉不到归属感。个体的人际交往状况越佳,则其感受到的社会支持越足,个体的心理健康越能有积极的发展。

(三)人际交往问题在高中阶段的重要性

《中小学心理健康教育指导纲要(2012年修订)》中明确指出,正确认识自己的人际关系状况,培养人际沟通能力,促进人与人之间的积极情感反应和体验是高中阶段重要的心理健康教育内容之一。人际交往状况不仅影响学生在校的学习和生活状况,同时也影响他们未来的健康成长。对于心理处在发展阶段的高中生来说,其社会技巧的养成、自我意识的构建、学业成就和心理健康的发展在很大程度上受到人际交往质量的影响。良好的人际交往能保证高中生社会技能的提高、正态自我意识的构建、学业成绩的提高和心理健康的积极发展。但目前,我国高中生的人际交往普遍存在一些问题,大多数高中生在面临人际交往中的矛盾和冲突时显得被动、消极、盲目并缺乏技巧。

不仅如此,高中阶段的人际交往问题也因年级的变化而存在相应差异。比如高一年级学生的人际交往问题大部分在于如何尽快打破人际坚冰,初步结识新朋友并稳固新的人际关系;高二年级学生的人际交往问题在于,如何看待个体之间的差异,如何保持适当距离;高三年级学生的人际交往问题在于,在高考备考阶段,如何看待同伴竞争,激发来自同伴间的社会支持。

（四）高中生人际交往特点

(1)在对人际关系的重视方面,高中生的自尊心逐渐成熟,开始重视自己在集体中的地位和形象。

(2)小团体增多,个人活动能力增强,开始充分表现自己的独立能力。

(3)在交友上,由一般性的普遍交友演变为个别性的交友,出现了挚友。

(4)在择友标准上,显示出明显的成人倾向。由受功利、恩惠和情感影响转变为开始有意识地强调思想认识和追求目标的一致性,强调志趣相投、坦诚相待,以个性、脾气、兴趣、爱好作为相互接近的条件。

二、人际交往的技巧

（一）不能处处以自我为中心

一些高中生在生活中,以自我为中心,对于集体生活没有充分的思想准备,沿袭着在家中当"小皇帝""小公主"的习惯,觉得周围的人让着自己是应该的;在学习中,以自我为中心,因为自己是班上的尖子,就觉得自己在学习上占有较大的优势,看不起一般的同学,不愿与他人共同探讨、相互学习,总认为自己是最好的;在社会活动、集体活动中,以自我为中心,听不进别人的建议和想法,总希望别人依照自己的"吩咐"去做……这样的交往方式最易导致孤立、不受欢迎的局面,给自己、他人带来不必要的烦恼,给集体带来不必要的损失。以自我为中心的人应该学习谦虚的美德,从他人身上汲取养分。

（二）友谊需要经常维护,要真诚相待

维护友谊,不等于迁就对方、附和对方。靠一团和气来调和矛盾,虽然表面上不伤情感,但实际上拉大了彼此的心理距离。交朋友必须坚持原则,有时不妨做诤友,给予他人真心的批评与建议,建立真正互帮互助的、和谐的人际关系。

（三）尊重别人的价值观

人是复杂的,各人的价值取向也会各不相同,所以很难也没有必要千人一律。尊重对方的价值观是交友中很重要的一个方面。学会理解他人,在人际交往中一定要提醒自己不要做让人反感的人。

（四）站在对方的角度来考虑,努力理解对方的苦心

当跟同学观点不一致时,应想办法心平气和地向对方讲明你的想法,增进相互理解,使彼此的感情融洽。切记不可粗鲁、否定,那样会伤害朋友的自尊心。凡事多从他人角度着想,自己有错时应主动承认、道歉,对同学的缺点也要给予宽容。平时多参加集体活动,多和同学交往。

（五）交往的方式要及时调整

我国著名心理学家丁瓒认为："人类的心理适应，最主要的就是对人际关系的适应。"进入一个崭新的学习和生活环境，意味着进入了一种新的人际关系之中。对高中生来说，新的人际关系适应起来要远比学习和生活环境的适应困难。有的同学还像上小学、初中时那样，只跟自己喜欢的人交往，对自己看不惯的人根本不理。也有的同学还是动不动就"我不爱理他"，在交往中显得十分幼稚。这些较为情绪化的交往方式很容易造成交往障碍，增加自己的心理压力。所以，高中生要调整自己的交往方式，多和不同的人接触，多看别人的优点，这样才能有更多的朋友。

案例分享

案例 4～5 的设计者是黄籍毅。

案例4：有你有我，bingo 相连——人际交往之破冰

1.设计理念

人际关系中的自我表露理论认为，个体在与他人交往时，自愿在他人面前将自己内心的感觉和信息真实地表现出来，良好的人际关系是在交往双方的自我表露逐渐增加的过程中发展起来的。社会交换的过程也包含情感的交流。自我表露可以增加他人对你的喜欢。因为它给了对方一个强有力的信号：你对他相当信任，愿意有进一步的交往。自我表露可以增进相互理解、相互信任。研究者认为，自我表露不仅增加了自我觉察的能力，还能增加双方了解彼此的相似与不同之处的机会，这也是健康人格的体现。自我表露理论倡导个体在人际交往过程中，积极主动地自我呈现，以真诚来换取别人的信任。

高中生的人际交往以感情的共鸣和体验的分享为基础，大部分高中生会选择性情相投的同伴作为朋友。高一刚开学，高中生迫切想建立新的人际关系，但又缺乏主动性，担心别人的眼光，不敢迈出第一步。

基于以上内容，我设计了这堂人际交往体验课，少讲理论，多开展体验。通过 bingo 信息卡先让学生学习自我觉察，并根据自己的兴趣爱好去寻找同伴，帮助他们在新的班集体中主动分享，找到有同样爱好的伙伴，增加彼此间的链接，减少他们在新集体中的陌生感，让他们快速融入，构建和谐班级氛围。

2.教学目标

（1）认知目标：让学生了解自我表露理论。

（2）情感目标：让学生体会到主动自我表露、邀请并得到他人帮助、找到兴趣相投的小伙伴的快乐。

（3）技能目标：让学生初步掌握人际交往三法宝，即主动表达/邀请、真诚分享、互帮互助。

3.教学时间

1课时。

4.教学对象

高一年级学生(刚入学或高一后期选科分班)。

5.教学重点

(1)让学生感受到找到同伴的喜悦,增加彼此的链接。

(2)让学生掌握人际交往三法宝:主动表达/邀请、真诚分享、互帮互助。

6.教学难点

(1)bingo寻人环节学生一对一邀请,互相分享、介绍自己。

(2)游戏总结环节,根据学生的发言总结出本堂课的教学重点。

7.教学过程

活动准备如下。

(1)将学生分成8组。

(2)包含寻人信息的bingo学习单。

(3)准备好欢快的音乐。

(4)包含全班同学姓名签的抽签桶。

第一环节:分组游戏——青春纪念册

活动介绍:(1)教师准备8首关于友谊的歌,每首歌曲挑出6句,共48句。(2)打乱歌词卡片顺序,随机发给学生。要求学生在限定时间内根据歌词找到相应的组(图6-12)。

(班里有几组就选几首歌,歌曲要是学生熟悉的,看到歌词能唱出来的,如果要降低难度,可以把歌曲名和歌手名也算一句。如果担心学生不了解歌曲,可将歌曲换成相关主题的脍炙人口的诗词,如《送别》。)

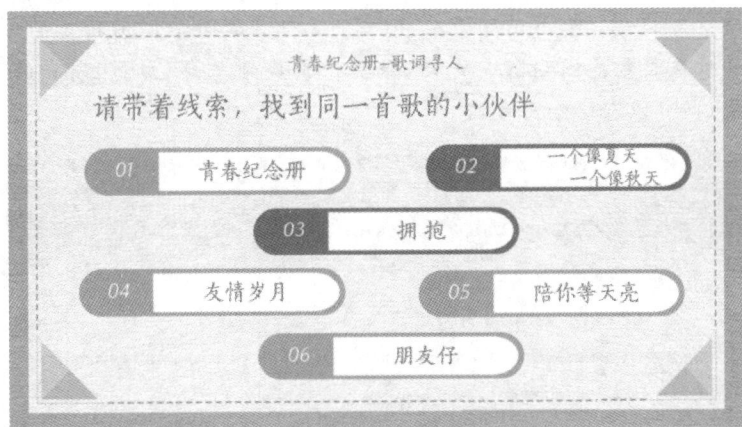

图6-12 限定时间找歌词

教师导入:今天老师为大家带来了见面礼。现在你们手上是随机发放的某首歌的歌词,请你在限定时间内,在教室范围内随意走动,根据手上的歌词找到持有同一首歌词卡的队员组成小组,将歌词拼好,老师会下来检查的哟!(欢快的音乐响起。)

(每个小组都找到了队伍/当音乐结束。)请问,你们小组的歌是哪首呢?(6组依次回答,若还有同学找不到小组,可以请他把歌词念出来,大家帮他。)这几首歌都跟我们今天的主题相关,请大家猜猜看。没错,我们今天的主题就是:人际交往。

第二环节：主体游戏——猜拳寻人

（1）活动 1.0 介绍。

①教师下发空白的专属名片（图 6-13）。让学生按照要求写下自己的星座、血型、最喜欢的事（简略写即可，写太详细会对后面的活动有影响。如喜欢睡懒觉/喜欢喝奶茶/喜欢打游戏/喜欢追番……），以及最想尝试的事等。

②在小组内部向大家介绍自己，尽量让大家记住你。

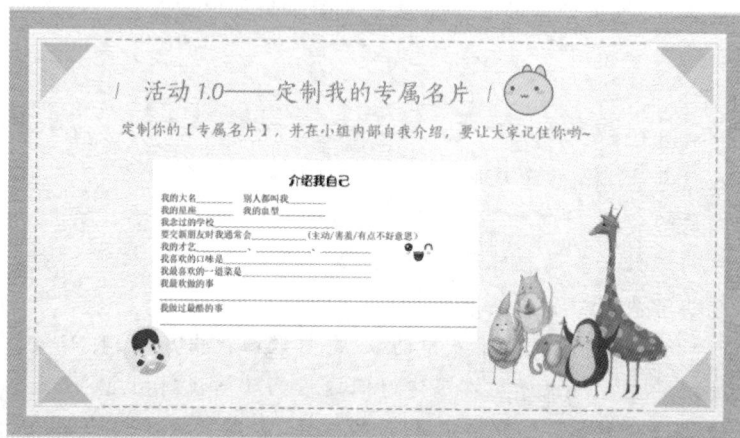

图 6-13　专属名片

（2）活动 2.0 介绍。

①教师下发空白的九宫格 bingo 寻人卡（图 6-14）。请同学们用猜拳的方式寻人：起身离开座位随着音乐在教室范围内随意走动，根据信息找到与自己有相同点的同学签名。可以在小组内部找，也可以在小组外部找。

图 6-14　寻人卡

②若找到的人正好与自己有相同点，则可以邀请别人猜拳。输家给赢家在相应格子里签名，赢家要为输家捶背。

③若找到的人与自己没有相同点，要对对方说："谢谢你帮忙。"再寻找下一个人。

④教师可限定时间或当大部分同学的 bingo 卡签完时,此环节结束。

设计意图:活动 2.0 能让学生初步了解小组内部成员,通过介绍自己的星座、血型、喜欢做的事等让彼此相互了解,同时也为后面的游戏提供帮助。因为只有九宫格,按照以往经验,如果只是单纯提供信息要求来寻人,学生会迅速扎堆互相帮忙写,起不到两两交流的目的,游戏会很快结束。因此这个环节设置了猜拳,且有输赢,只有一方能签名,这就为游戏增加了难度,学生需要和更多人交流才能完成填写 bingo 寻人卡。通过邀请他人、互相帮助、道谢说再见、继续寻人的模式让学生加强互动。多了输赢的元素,现场气氛会更加热烈。这样一来,无论 bingo 卡有没有写满,学生都能增强对班级的归属感,减少在新环境中的陌生感。

(3)活动 3.0 介绍。

①教师拿出有全班姓名签的抽签桶随机抽签(或随机按日期等抽取学号),抽到的同学站起来做自我介绍(图 6-15)。

图 6-15　相见欢卡

②其余同学检查自己的 bingo 卡上有无这位同学的名字,若有,则可以在该格子上打"√"。

③教师重复抽取 6 名同学,若台下同学的 bingo 卡打"√"能连成两条直线,则大声喊"bingo"。

④前 3 位完成 bingo 卡的同学、bingo 卡上签名最少的同学有奖励。

第三环节:我的交友秘诀

请同学回到小组,分享与讨论下列问题。

①活动中你印象最深刻的是什么?

②在认识新朋友前,你有哪些顾虑?

③你是怎样收集签名的呢?

概念介绍:人际交往理论中的自我表露理论。

人际关系理论中的自我表露理论认为,个体在与他人交往时,自愿地在他人面前将自己内心的感觉和信息真实地表现出来,良好的人际关系是在交往双方的自我表露逐渐增加的过程中发展起来的。社会交往的过程也包含情感的交流。自我表露可以增加他人对自己的喜欢。

第四环节:我的颁奖礼

颁奖环节:为前3位完成bingo卡的同学、bingo卡上签名最少的同学颁发奖品,邀请他们上台领奖并发表获奖感言。

教师:让我们恭喜以下获奖的同学。老师想请这些同学依次上台领奖,同时很想采访下这些同学。

①活动中,让你感受最深的一点是什么?

②你的bingo卡都完成了吗? 你是怎么完成的呢?

③邀请别人帮你签名也是一个技术活,在新的群体中,我们怎么做才能让别人来帮忙呢?

④当发现他人与我们有共同点时,我们的心情是怎样的?

分享一:

学生1:(兴奋)哇,我居然是第一个,我觉得这个bingo卡像集赞卡一样,收集签名的过程很有成就感。天知道我到底猜了多少次呢! 不过我找到了很多跟我有共同爱好的同学,我觉得好有缘! 很开心!

老师:那你获胜的秘诀是什么? 给大家分享一下吧!

学生1:我获胜的秘诀就是,我大声问有没有人跟我有一样的爱好,结果没想到真的有,我就先去找他猜拳。其他格子也是这样填的,我一下子就完成了!

老师:所以,这位同学的交友秘诀是,主动展示自己。很好!

分享二:

学生2:(腼腆)我好像没有什么获胜秘诀,我就先猜猜哪些人可能会跟我有相同点,然后去找,没想到一找就找到了! 虽然刚开始我赢了,我要替他写,但我就很想要他也帮我签,所以我们一直在猜拳。然后其他人也会来找我猜拳。

老师:所以,这位同学的交友秘诀是,坚持不懈!

分享三:

学生3:我的bingo卡也完成了,我还是手气王,我要感谢我的好运气。运气也是实力的一种! 哈哈!

老师:你是怎么找到和你有相同点的人的呢?

学生3:我会先去看其他人在写什么,在他们写的时候找到和我有相同点的,等他们猜完拳,我再请他们跟我猜拳。

老师:所以,这位同学的交友秘诀是,先观察,再主动出击!

分享四:

学生4:我们组其他同学都完成了,我没有,还差两个,总也找不到人,可能是我的爱好太冷门了吧!

老师:但是你也帮助了很多同学,对不对?

学生4:对,我一直帮别人签名。

老师:帮到别人,感受怎么样?

学生4:还挺开心的吧,虽然我找不全,但可以帮别人啊!

老师:是的,在人际交往中,为别人付出也会感到幸福哦!

第五环节:总结 & 提升

教师总结:在今天的游戏中,老师看到大家都非常投入,很积极主动地去完成签名卡。在人际交往初期,许多同学心里都有些忐忑,不知道怎么迈出第一步,跟别人开口似乎需要很大的勇气。有同学曾跟我说,在新班级里主动开口太尴尬了。但今天,我们用自己的体验证实了,迈出第一步也没有那么难,对不对?同时,当我们和别人介绍自己,分享爱好,并且发现有同样爱好的同学的时候,我们会很开心,觉得没有那么孤单了。

今天的游戏,让我们明白人际交往三法宝:主动邀请、真诚分享、互帮互助。希望同学们在以后的学习生活中,能够巧用这三件法宝,丰富你的高中生活!

课后练习:请课下去找找你签名卡的小伙伴,相约一起去做一件你们都感兴趣的事。

案例5:打破人际孤独,恢复心理弹性

（本案例设计获2020学年度佛山市顺德区教学论文一等奖）

1.设计理念

有多项针对高三生人际交往的研究显示,高三生的人际状况不容乐观,人际关系处于一般以下的占总人数的34%,有9%的学生自述人际关系很差或极差。高三生的人际交往有如下特点:①学生对自己有不切实际的过高期望,进入高三,大多学生都希望在高考中取得优异成绩,但相当一部分学生不能正确进行自我评价,当一次次的月考成绩不理想时,就会灰心丧气,甚至敌对比自己成绩好的学生,使自己在处理人际关系中越来越糟糕;②一些学生性格内向,或缺乏人际交往技巧,不能恰当处理来自学习生活中的矛盾;③竞争压力大,集体活动开展少,过分强调竞争会让同学关系产生负面影响,导致同学关系淡化,交往频率减少,让一些学生只顾自己不顾别人,真诚的相互帮助减少,相互嫉妒增加;④来自家长的过高期望与压力,考试焦虑在家长身上体现得更加明显。

基于以上理论,本堂课以教育戏剧为媒介,通过简单的象征性表达、创设情境使参与者借助主人公的故事来感受高三备考中的人际孤独感。进入高三后期,高三生的知识学习通常进入饱和状态,成绩提高速度变慢,甚至不进反退。常有人因考试失利而自我否定,高三的竞争学习让学生不由自主地将其他同学视为对手,不愿示弱,因此在人际交往上他们会越发孤立无援、矛盾、纠结、煎熬。他们内心有许多不确定的声音,这些声音都有可能阻挡他们前行的脚步。本堂课运用创造性教育戏剧的表达性疗愈方法,利用戏剧所蕴含的生命潜能来反映和转化生命经验,帮助参与者深入探索内在,表达并改善他们所遭遇的困境。

2.教学目标

(1)认知目标:让学生了解高三后期人际关系常出现的困境。

(2)情感目标:让学生在游戏中体验他人困境,感受人际支持。

(3)技能目标:让学生学会换位思考,勇于打破人际交往瓶颈,学会主动求助。

3.教学时间

1课时。

4.教学对象

高三生（后半期）。

5.教学重点

(1)在游戏中体验他人困境,体验高三生备考后半段常出现的人际困境。

(2)在角色扮演阶段,能切实换位思考,帮助主人公想出适合他的解决方法。

6.教学难点

(1)学生难以入戏。

(2)学生因经历过于相似而代入感过强,易崩溃。

7.教学过程

本堂课运用教育戏剧的形式,讲述主人公如何打破人际孤独感的故事。本节课的教学环节主要有以下几个流程:

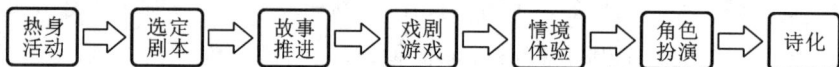

热身活动 ⇒ 选定剧本 ⇒ 故事推进 ⇒ 戏剧游戏 ⇒ 情境体验 ⇒ 角色扮演 ⇒ 诗化

(1)热身活动:高三关键词。

教师导入:听到"高三"你们会想到什么? 你们会用什么动作表现出来呢?

• 学生1:想到"赶作业"(疯狂书写)。

• 学生2:想到"匆忙",因为每天早饭都吃得很匆忙(嘴上咬着面包狂奔的样子)。

• 学生3:想到"背书",每天都有复习不完的资料、背不完的知识点(举着书本摇头晃脑的样子)。

教师让说出关键词的学生想一个相应动作,全班跟着模仿一次。

设计意图:这个环节通过对高三关键词的联想,能让学生的思维"动起来",也让身体"动起来",慢慢进入今天的故事情节。

(2)选定剧本:主轴人物背景介绍。

晓晨是高三备考大军的一员,他性格敏感内向。他人缘不错,常和大家有说有笑,但当独处时,他时常思虑很多。他的成绩处于中上水平,高一、高二时也考过挺不错的成绩,高三第一次月考还考到了全班前五,老师说他的基础挺好的。父母期待他能考个重本,他虽然嘴上不说,但在心里给自己定下了"一定要考上重本"的目标。他希望自己能实现父母的愿望,成为光宗耀祖的那个人。他一改之前的漫不经心,变得更加勤奋,但是再也没有像第一次月考那样的"高光时刻",他的成绩不但不见起色,反而下滑了十多名。

他内心很着急,总觉得其他同学都在暗暗努力,他把其他人都视作对手,一心想着要在考试时超过他们。别人一有进步他就开始紧张,生怕被超过。他开始失眠,每次考试之前都很焦虑。但生性要强的他,从未向老师、同学们表露他的压力。

介绍完主人公的人物背景,教师引导学生思考:晓晨为什么从未表达过他的压力? 他在担心什么? 鼓励学生代入主人公的人物角色,体验人物的内心活动。

• A同学说:"因为他有些敏感。可能他担心考不好别人瞧不起他。"

• B同学说:"我认为,他太想超越别人了,把注意力都放在别人身上。"

• C同学说:"他可能担心别人会超过他。"

• D 同学说："我觉得他不太自信,可能他把别人都看得太厉害了。"

在这个环节,同学们逐步代入主轴人物角色,为后面的人物故事体验打下基础。

(3)故事推进:主轴故事情景体验。

人物故事有新的进展:这一次月考,晓晨又失利了。他考前很紧张,总在想"我都这么努力了,要是还没考好,别人笑我怎么办"。果然,这一次他又没有考出理想的成绩,他很灰心,自己明明已经很努力了,可还是没有考好。下一次考试不久又要来了。他越发焦虑、烦躁,晚上睡不好,白天学习也没精神。夜深人静时,他脑海中会闪现一些声音,这些声音都在批评他、指责他,怪他不够好、不够努力。

这个环节,教师将学生分成若干小组,思考不同角色对晓晨会说什么,教师扮演晓晨,坐在教室中的空椅子上复习,由同学们扮演脑海中的声音,上前对主人公说出那些话。这个环节意在让学生代入主人公的角色,体会来自各个方面的压力。

• A 同学说:你真笨!

• B 同学说:都这么内卷了还不行,看来是不太聪明……

• 父母用不赞许的眼光看着他说:为什么别人都能做到,就你做不到? 你太让我们失望了!

• 老师用惋惜的眼神看着他说:你一定是上课没有用心听! 你可是老师心中的种子选手啊!

• 晓晨对自己说:我真傻,总是学不会。我像个笑话。

……

表演结束,教师询问大家听到晓晨脑海中的不同声音的感受。这些都是晓晨想要进步却没有成效而衍生出的对自我的指责,当一个人听到这么多指责声时,他会发生什么变化呢? 他会向外求助吗?

(4)戏剧游戏:惊涛骇浪。

这个环节,教师邀请全体同学参与戏剧游戏——惊涛骇浪,为的是让大家在游戏中体验主人公内心想冲破但无法突破而孤立无援的感受。

教师解释游戏规则:全体同学分为 3 组,A、B、C 组轮流,由两组扮演海浪,一组扮演想乘风破浪的帆船。"海浪"组需要面对面站立,两组中只留下一条宽为 0.5 米的通道,并伸出双手组成"浪潮",阻挡"帆船"行进。"帆船"组排成一列纵队,从"海浪"中穿过。当"帆船"穿过"海浪"时,"海浪"需要对"帆船"施加"魔法",每当"海浪"开口说话,"帆船"则只能原地等候,"海浪"会把"帆船"往回推。"海浪"说完一句,"帆船"才能继续往前走。三组依次轮流,让三组都能感受到前进的巨大阻力,体会主人公在困境中的感受。每组限时 1 分钟,1 分钟内需要全员穿过"海浪",否则挑战失败。

引导语:此时此刻,你们每一个人就是晓晨。他孤立无援,我们脱口而出的每一句话都很重。每一句萦绕在心头的批评话语,都会变成一股阻挡他向前进的"浪"。高三生活本就如同万里长征,非常不易。这个游戏,除了"海浪"能说话以外,其他同学务必保持安静。

这个很难开口向外求助的主人公,其实也是很多同学的缩影。他们在团体中,总希望被人喜爱,被人欣赏,无法允许自己受到他人的轻视和怠慢,无法容忍成绩不再提高甚至下滑,他们不能允许自己出现这样的失误。他们情绪敏感,把别人都视作对手,不允许自己轻易露出脆弱一面。面对别人的进步又十分焦虑，生怕自己被超过。这些情绪在高三很容易被放大。"海浪"每说一句话，"帆船"队伍就被用力往回推一次，总也到不了尽头，同学们逐渐感受遥遥无期、不进反退的焦灼和煎熬。

游戏结束后，教师邀请同学分享游戏体会。

• A同学说：我一直努力往前，很不容易前进了一点，又被"海浪"推回来，一来一去比原来还要远！

• B同学说：我浑身都很紧绷。幸好还有同伴帮忙，在后面推我，我才能突破海浪。

• C同学说：我觉得根本无法完成，所以我早早就放弃了。

……

根据学生的分享，教师做总结与引申，比如"如果困境得不到重视和解决，困在里面的人会越来越难受""面对困境，朋友的帮助很有力量""随着难度逐渐加大，看不到希望的人有可能会自我放弃"，增强学生帮助主人公的动机。

（5）情境体验：主轴故事发展。

剧情进入高潮：晓晨越来越焦虑，越来越难受，长期的失眠让他身体越来越差。他很怕别人看出他的压力，又不知道找谁求助。慢慢地，他不再跟朋友聊天，笑容也少了许多。终于有一天，又一次考试失利后，他没跟任何人打招呼，什么都没带地逃回了家，闭门不出，消息也不回。班级微信群里再也看不到他活跃的身影。班主任老师多次去家访，晓晨也避而不见。

人物的境地再次恶化，教师引导学生思考：你们觉得此刻晓晨最需要什么？他为什么不敢再出门？为什么要断掉和同学、老师之间所有的联系？并以小组为单位，让每个小组代表晓晨周围的一个重要角色（爸爸/妈妈/班主任/科任老师/舍友/同桌……）思考如何帮助晓晨打破人际孤独感。每个小组有1次与晓晨沟通的机会，你们会如何帮助他重返学校，重新回到我们中间？

这个环节是主轴人物的关键事件节点，经过一系列的挫折遭遇后，主人公选择了逃避。这在高三备考中也不少见，这个环节主要让同学们感受主人公的无力、挫败，感受到"抬眼望去，没有出路"的困境感，激发同学们思考主人公目前最需要什么，从哪些角度可以帮助他。教师设定不同小组代表不同身份，意在让之后的角色扮演有更多视角。

（6）角色扮演：破茧成蝶，向阳而生。

该环节，由教师扮演晓晨。全体成员围成圈坐下，教师坐在圆心处，身上披上了黑色的布来扮演"遭遇打击，毫无斗志"的晓晨。由不同的小组派代表上前，扮演相应角色与晓晨互动交流。他们将听到晓晨的种种担忧、焦虑，为了帮助晓晨打破人际孤独感，重新找回回归学校的勇气，小组成员们需要将心比心、换位思考，只有这样才有可能打动主人公，帮他破除内心阻碍。

这个环节是开放的，学生们需要根据晓晨的回答即兴表演，如果晓晨没有被说动，那么他将继续盖着布，困在家里。如果小组成员的话打动了晓晨，那么他将会抛开布，站起来，重回课堂。

本环节是整堂课的重头戏，不同成员将会以不同角色和身份出发，思考为高三生打破人际孤独感的方法。这个环节也是代入感最强的环节。这个环节之所以设计让教师扮演主轴人物,一方面是为了能更灵活地与不同角色的成员对话,让他们了解主人公内心的焦灼、无力等各种挫折体验;另一方面,是为了创造更多的机会让所有小组成员都能发言。如果这个环节选择由学生扮演主轴人物,就有中途笑场、削弱课堂氛围和真实感的风险。

以下是学生即兴表演节选。

- 好朋友 & 晓晨

好朋友:(轻轻敲了敲门,走了进来,坐在晓晨身边)晓晨,你已经回家一个多月了。你想我们了吗?我们都很想你。你还记得以前我也考试失败的时候,你是怎么安慰我的?你说"千难万险都不怕,你还有我",今天,我也想把这句话再送给你。我也跟你一样,感觉复习很没成效,大家都是这样的! 我可以陪你一起复习、一起找老师、一起刷题、一起K歌。我们一定能克服的!

晓晨:可是,我这么差,这么简单的知识我怎么都学不会。我明明已经很努力了。每次看到你们在用功,我却像个傻子一样干着急,我一到考试就紧张! 我真笨!

好朋友:怎么会呢,你忘记了吗? 以前都是你最先学会,再教我们的,我想,你是不是太紧张了,你有什么担心,可以说给我听吗?

好朋友:你刚才说的这些担心,我也都有过,不瞒你说,每次考试前,我也像你一样紧张,不过我每次都可以用冥想放松法来放松,来,我来教你。

……

这个环节,每个小组都能从指定的角色内容中思考突破困境的方法,很多同学在表达时自己也是热泪盈眶。这些针对"内在批评"的辩驳声,看起来是说给坐在中央的主人公听的,其实是说给在座每一位成员听的。高三备考路上,大家都有共同的困境、焦虑和期许。期许着"用考试证明自己",期许着"用成绩回报父母",期许着"在群体当中能被看见",害怕被群体抛下,所以,大家的焦虑都是类似的。因此,帮助晓晨"破茧"的话同样也打破了其他同学内心的墙。这是对全体同学赋能的过程。在体验的最后,晓晨成功抛开头上黑色的布,和同学一起返回学校,重新回到备战高考的教室。在场的成员都纷纷起立,为这一刻鼓掌。这一刻,每个成员都是破茧重生的主人公,每个人内心的力量都增强了。

(7)诗化:总结回顾,升华主题。

先由同学分享自己在本次课程中印象最深刻的内容和感受,再由主人公扮演者向成员们分享扮演时的心路历程,尤其着重分享最打动自己的某个瞬间和某一句话,并给予每个小组以正向反馈。教师需要站在主人公的角度,分享当他面对不同角色的劝说时,哪一句话、哪一个举动都是非常有力量的。这对其他同学而言,也是一次珍贵的人际互动的体验。

最后,由教师引导学生总结:面对高三备考带来的压力,我们应该明白,大家的困难、感受都是相似的,我们会遇到学习的困境、人际的困境,但我们不要作茧自缚,这些感受是高三生的必经之路,我们要保持平稳心态,主动打破人际交往的瓶颈。把视野放大,不把身边的同学当作敌人。客观冷静地看待自己暂时的停滞和退步。高考不仅是知识和技能的比拼,也是心理品质的较量,我们身边有许多支持我们、愿意和我们并肩作战的人,他们都可以成为我们的助力。

(8)延展练习:三张便利贴。

第一张,请你写一段鼓励的话给自己。

第二张,请你写一段鼓励的话送给班里的一位同学。

第三张,空白,请你把它送给你最想要从他那里获得鼓励的人,邀请他给你写一段话。

(9)其他注意事项。

①教师事先和班主任沟通班级同学近期的人际、学习、生活状况。若有同学近期遭遇过类似的重大挫折(如考试失利、友情断裂)等,在活动中需要多加关注。谨防学生代入感过强而情绪崩溃。

②在惊涛骇浪游戏环节,务必要求学生保持安静。若嬉笑玩闹则会削弱真实感,无法进入压力情境。

③游戏时,为了创造更多机会让不同小组上台展示,即便前几个小组动之以情,晓之以理,教师扮演的主人公仍旧端坐中心。在总结时,教师需要向前几个小组成员说明这个原因。明确他们的努力没有白费,给予他们正向反馈。

课外拓展

学科前沿

焦点解决短期心理咨询(SFBT),是在不注重探求问题发生原因的情形下,探寻发掘自己的资源可以做什么让问题不再继续下去,以便使问题在短期内得到解决的咨询方法。焦点解决短期心理咨询的基本主张是用正向的、朝向未来的、朝向目标解决问题的积极观点来促使改变的发生。焦点解决短期心理咨询的流程一般分为三个阶段:第一,建构解决的对话阶段;第二,休息阶段;第三,正向回馈阶段。

目前,各类研究均指出,团体辅导对青少年的人际交往具有不同程度的效应。高中生所呈现的人际交往状况,具有心理健康、动机、情感等取向的问题,而这些问题又可以是由身心发展以及文化冲突等因素引起的。寻求这些问题的解决方案,并不能从解决问题本身进行,而需要通过对问题解决方案的建构,进而循序渐进地使问题得到最终解决,这正符合焦点解决短期心理咨询的方式。而有人认为焦点解决短期心理咨询对高中生人际交往的意义在于建构问题解决方案而引发涟漪式的变化,最后导致行为的改变。而且他们认为,这种变化能产生更持久而有效的改变。

焦点解决短期心理咨询取得成功的主要因素可能基于以下两个方面。

一是焦点解决短期心理咨询属于积极心理学范畴,提倡积极正向的人性观。

二是焦点解决短期心理咨询倾向于让学生形成"问题解决专家"的意识:学生自身就是解决问题的专家;相信例外的力量;具有积极的信念,小进步变大成功;具有明确的目标和改变过程的意识。

◢ 心理训练

人际关系不良之教师辅导策略

层次一

行为层次	生活在自我世界里,失去人际关系学习机会
可能之线索表征	1.沉默寡言,很少与同学交谈 2.面对陌生人会退缩 3.说话紧张,无法完整表达自己的意思 4.独来独往,少有朋友
可能之原因分析	1.缺乏人际交往能力,不知如何应对人际往来 2.自我封闭,不爱说话 3.自信心不足 4.不喜欢与人打交道
辅导策略	1.从活动中有意教导学生养成人际交往的良好方式 2.对学生进行自我肯定训练 3.安排同学主动与其接近 4.通过小组讨论方式,鼓励学生发表意见、表达看法 5.培养兴趣,结交朋友,扩展人际圈

层次二

行为层次	自我意识强烈,坚持己见,不合群,易与人产生误会和争论
可能之线索表征	1.朋友不多 2.遭人排挤 3.意见特别多 4.对事情常持怀疑的态度 5.喜好争辩,常与人针锋相对 6.常挑剔别人或被别人挑剔 7.与人相见经常形同陌路,不点头也不打招呼
可能之原因分析	1.以自我为中心,与同学互动时,不易与人妥协 2.不善于表达意思,缺乏沟通技巧 3.主观意识强烈,强词夺理
辅导策略	1.实施个别辅导,促使学生开放自己,接纳他人 2.落实自治活动,培养领导能力,学习服从的态度 3.培养民主风度,尊重他人看法,接纳不同意见 4.设计活动,让学生学习沟通技巧 5.辅导学生提出建设性意见,减少负面批评 6.辅导其以理性温和的言辞代替辩论

层次三

行为层次	出言不逊,行为偏激,人际关系不和谐,偶有冲突事件发生
可能之线索表征	1. 言行偏激,态度傲慢 2. 不服管教,顶撞师长 3. 以老大自居,欺负弱小
可能之原因分析	1. 人格发展较不健全 ①有强烈的自我中心倾向 ②冲动易怒,缺乏同情心 2. 以抗拒权威作为英雄主义的表现,并以此作为肯定自我的方式 3. 自尊心受到伤害,挫折忍受能力低 4. 疑似精神疾病
辅导策略	1. 培养学生发展出健全人格 ①落实生活伦理教育及公民道德教育,培养知礼善群的美德 ②鼓励学生参加各种社团活动,学习守法、服务的生活态度 ③教导学生学习良好的人际互动方法,学会互相尊重、互相帮助 2. 采用人性化的行为规范准则,以理性民主的态度来指导学生 3. 为学生提供自我表现的机会,使学生从成功的经验中获得自我肯定 4. 请辅导老师或校外资源协助了解学生的问题或联络心理辅导机构、心理医师协助治疗

第四节 生涯规划

案例分享

某教学设计中,教师指导学生使用生命平衡轮进行年度计划安排,具体如图6-16所示。

如果在针对高中学生的生涯规划系列课程中,使用上述案例中的工具,你将如何设计?
你会把该操作放在生涯的觉察阶段,生涯的探索阶段,生涯的决定阶段,生涯的规划阶段,还是……要回应这些问题,需要了解生涯规划的基本内涵以及相应的理论,并根据高中学生的需求、自身的教学风格与习惯等多方面因素,进行综合论证。让我们一起来探索一下吧。

我的生命平衡轮

步骤1:
画一个
圆圈,
将其分
成8等份。

回顾过去一年,你觉得心满意足,很幸福,那是哪8个方面发挥了作用?请写出来。

我的生命平衡轮

步骤2:
确定对你而言非常重要的8个方面。

例如:家庭、友谊、学业、健康、兴趣、社团、娱乐、个人成长、作息管理、阅读、梦想、情绪管理……从中任选8个。

友谊　学业
家庭
健康
社团
梦想
个人成长　娱乐

我的生命平衡轮

步骤3:
评估这8方面的现状得分,如果满分是10分,现在是多少分?

友谊　学业
家庭　健康
梦想　社团
个人成长　娱乐

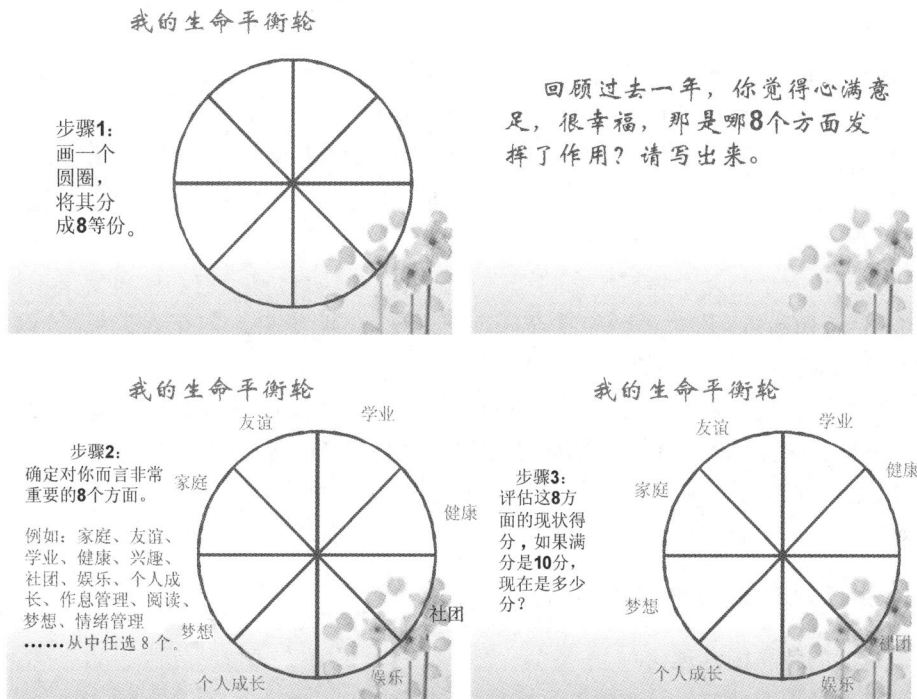

图6-16　"生命平衡轮"课程组图

学习导航

一、概述生涯规划

(一)生涯规划概念

生涯规划是指个体在自我认识和环境分析的基础上,对各种可能发展方向进行评估,并做出生涯决定,而后制定和实施相应的生涯行动方案,并在方案施行的过程中对各个环节进行实时评估和调整,以实现生涯目标。从生涯的含义方面理解,个体在进行生涯规划的时候,生涯规划的内容应该涵盖个体生活的每一个层面。传统的生涯规划指的是职业规划,比如选择更适合个体的职业,以及职业发展的规划。但新时代的生涯规划含义更为广泛,包含的是个体从出生到死亡这一整段人生历程的规划,生涯指人生的边界,也就是人的生命历程,既有广度,也有厚度,包含一个人的学习、工作、业余生活等各个方面。

简单来说,生涯规划就是:认识自己,认识我们生存的这个外部世界,然后做出对我们而言更好的选择并积极行动。

(二)生涯规划的准则

生涯规划是对于人的整体生命过程的设计,因此对于人的生存、发展和幸福至关重要。

个体在进行生涯规划的过程中,需要遵循生涯规划的特定规律,做到按客观规律来办事。

(1)择我所爱:指的是个体要明晰自己的兴趣、喜好、人格特质等自我特点。如果我们在完成学习任务/职业工作时,能选择自己喜欢的,感兴趣的,或是符合我们自己人格特质的,那么就会表现得更加积极,更容易体验到幸福感和成就感。

(2)择己所长:指的是个体要明白自己的能力所在,知道自己擅长做什么,在高中阶段,体现为根据自身优势选择社团或在各类比赛中扬长避短,发挥优势;或是能根据自己的优势选择合适的科目组合,进而选择适合自己的专业、学校。

(3)择人所利:指的是个体要明白自己内在的价值观,明白自己内心中重要事项的排序,当许多选项(比如选科/升学/就业)摆在眼前,如果个体明确自己内在人生观、价值观的排序,就能做出更适合个体发展的选择,避免盲从和跟风。

(4)择世所需:指的是个体要了解外在的环境变化,当我们在考虑未来的职业选择时,就要考虑外部世界的变化,比如宏观政策、人才供需、职业变迁,等等。

比如,如果时光倒回到2020年以前,我们可能都想不到全球会出现如此严重的疫情,而疫情也对职业提出了新要求,许多职业因此衰颓,也有许多新职业就此衍生。

(三)生涯规划的相关理论

1. 帕森斯的特质因素理论

参见第五章第四节。

2. 多元智能理论

多元智能理论是由美国哈佛大学教育研究院的心理发展学家霍华德·加德纳在1983年提出的。加德纳从研究脑部受创伤的病人发觉到他们在学习能力上的差异,从而提出本理论。传统上,学校一直只强调学生在逻辑-数学和语文(主要是读和写)两方面的发展。但这并不是人类智能的全部。不同的人会有不同的智能组合,例如,建筑师及雕塑家的空间感(空间智能)比较强,运动员和芭蕾舞演员的体力(肢体运作智能)较强,公关的人际智能较强,作家的内省智能较强等,具体有以下方面。

(1)语言智能。

这种智能主要是指有效地运用口头语言及文字的能力,即指听说读写能力,表现为个人能够顺利而高效地利用语言描述事件、表达思想并与人交流的能力。这种智能在作家、演说家、记者、编辑、节目主持人、播音员、律师等职业上有更加突出的表现。

(2)逻辑数学智能。

从事与数字有关工作的人特别需要这种有效运用数字和推理的智能。他们学习时靠推理来进行思考,喜欢提出问题并执行实验以寻求答案,寻找事物的规律及逻辑顺序,对科学的新发展有兴趣。即使他人的言谈及行为也成了他们寻找逻辑缺陷的好地方,对可被测量、归类、分析的事物比较容易接受。

(3)空间智能。

空间智能强调人对色彩、线条、形状、形式、空间及它们之间关系的敏感性很高,感受、辨别、记忆、改变物体的空间关系并借此表达思想和情感的能力比较强,表现为对线条、形状、结构、色彩和空间关系的敏感以及通过平面图形和立体造型将它们表现出来的能力。能准确地感觉视觉空间,并把所知觉到的表现出来。这类人在学习时是用意象及图像来思考的。

空间智能可以划分为形象的空间智能和抽象的空间智能两种。形象的空间智能为画家的特长,抽象的空间智能为几何学家的特长,建筑学家形象和抽象的空间智能都擅长。

(4)肢体运作智能。

肢体运作智能是指善于运用整个身体来表达想法和感觉,以及运用双手灵巧地生产或改造事物的能力。这类人很难长时间坐着不动,喜欢动手建造东西,喜欢户外活动,与人谈话时常用手势或其他肢体语言。他们学习时透过身体感觉来思考。

这种智能主要用于人调节身体运动及用巧妙的双手改变物体,表现为能够较好地控制自己的身体,对事件能够做出恰当的身体反应以及善于利用身体语言来表达自己的思想。运动员、舞蹈家、外科医生、手艺人都有这种智能优势。

(5)音乐智能。

这种智能主要是指人敏感地感知音调、旋律、节奏和音色等能力,表现为个人对音乐节奏、音调、音色和旋律的敏感以及通过作曲、演奏和歌唱等表达音乐的能力。这种智能在作曲家、指挥家、歌唱家、乐师、乐器制作者、音乐评论家等人员那里都有出色的表现。

(6)人际智能。

人际智能是指能够有效地理解别人及其关系、与人交往的能力,包括四大要素。①组织能力,包括群体动员与协调的能力;②协商能力,指仲裁与排解纷争的能力;③分析能力,指能够敏锐察知他人的情感动向与想法,易与他人建立密切关系的能力;④人际联系能力,指对他人表现出关心,善体人意,适于团体合作的能力。

(7)内省智能。

内省智能主要是指认识到自己的能力,正确把握自己的长处和短处,把握自己的情绪、意向、动机、欲望,对自己的生活有规划,能自尊、自律,会吸收他人的长处,会从各种回馈途径中了解自己的优势、劣势。常静思,以规划自己的人生目标;爱独处,以深入自我的方式来思考。喜欢独立工作,有自我选择的空间。这种智能在优秀的政治家、哲学家、心理学家、教师等人员那里都有出色的表现。

内省智能可以划分两个长层次:事件层次和价值层次。事件层次的内省指向对于事件成败的总结,价值层次的内省将事件的成败和价值观联系起来自省。

(8)自然智能。

自然智能是指认识植物、动物和其他自然环境(如云和石头)的能力。自然智能强的人,在打猎、耕作、生物科学上的表现较为突出。自然智能应当进一步归结为探索智能,包括对社会的探索和对自然的探索两个方面。

(9)存在智能。

存在智能是指人们表现出的对生命、死亡和终极现实提出问题,并思考这些问题的倾向性的能力。

3. 生涯规划金三角理论

参见第五章第四节。

4. 人格类型理论

人格类型理论是霍兰德在特质因素理论基础上发展起来的。霍兰德对于人格类型与职业的关系提出了一系列的假设。第一，人可以划分为六种人格类型：实际型、研究型、艺术型、社会型、企业型和传统型。每种类型人格的人对相应的职业类型中的工作或学习感兴趣。第二，人会主动寻求那种能充分展现其能力与价值的工作环境，且环境同样可以划分为上述六种类型。第三，个人的行为取决于个体的人格与所处的环境特征间的直接的相互作用，人格类型和工作环境之间的适配和对应，是获得职业满意度、职业稳定性和职业成就的重要基础。

第五章讲过，霍兰德在《职业决策》中描述了六种人格类型的特点及与之相应的职业种类（见图 5-17 和图 6-17）。

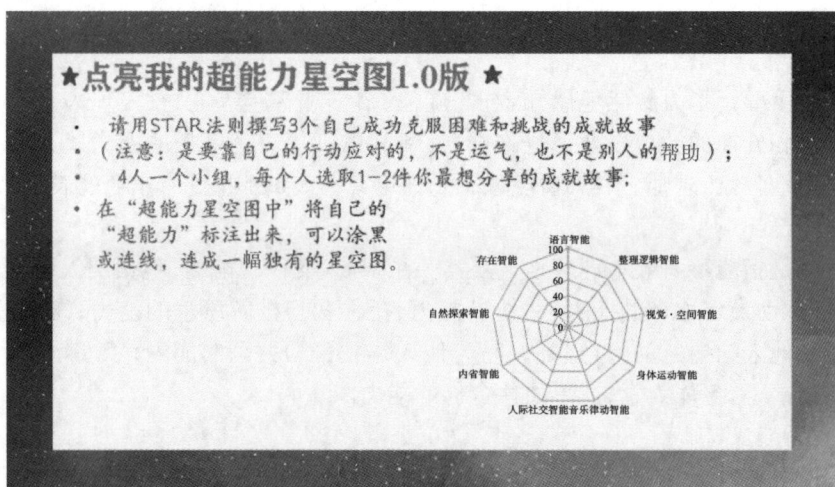

图 6-17　霍兰德人格类型与职业类型的六角模型

霍兰德还提出了三个重要的概念。①一致性，是指人格类型之间在心理上的一致程度。实际型与研究型存在较高的相关性，而传统型与艺术型之间的相关程度低。②区分性，某些人或某些职业环境的界定较为清晰，较为接近某一类型而与其他类型相似性较少，这种情况表示区分性较大；反之，则表示区分性较小。③适配性，不同人格类型的人需要处于不同的生活或工作环境中。

5. 心理动力理论

心理动力理论是心理学家鲍亭、纳奇曼和施加等人于 20 世纪 60 年代以精神分析理论为基础，吸取了特质因素理论和心理咨询的一些概念和技术，而提出的一种以强调个人内在动力和需要等动机因素在个人职业选择过程中的重要性的职业选择和生涯辅导理论。参见第五章第四节。

6. 生涯发展理论

舒伯系统地提出了有关生涯发展的观点，参见第五章第四节。

舒伯将个人的生涯发展划分为五个阶段，每个阶段有自己的次阶段，不同的阶段需要完成不同的任务，具体如表 6-3 所示。

表 6-3　职业生涯发展的五个阶段及发展任务

阶段	年龄		主要任务
成长阶段	出生至 14 岁		经由家庭、学校中重要任务的认同,而发展出自我概念。此阶段的一个重心是生理和心理的成长。经过对现实世界的不断探索,发展自我形象,发展对工作的正确态度,并了解工作的意义,形成关于职业的意识
	次阶段	幻想期(4～10 岁)	需要占决定性因素,幻想中的角色扮演在这一阶段很重要,会有自我职业角色扮演
		兴趣期(11～12 岁)	喜欢是个体抱负和活动的决定性因素,对不同的职业产生好恶评价
		能力期(13～14 岁)	注意到职业有能力等要求
探索阶段	15～24 岁		个体通过自身的实践活动,积极主动地认识自我,对自我能力、角色、职业进行一番探索,使职业偏好逐渐具体化、特定化并实现职业偏好
	次阶段	试探期(15～17 岁)	基于自身的兴趣、能力而关注升学或就业机会,做出暂时性的职业选择。此时的选择会缩小范围,但对自己能力、未来的学习与就业机会还不是很明确,以后也不一定会采用此时的选择
		过渡期(18～21 岁)	进入就业市场或进行专业训练,更重视个人条件与现实因素,并试图实现自我概念,将一般性的选择转变为特定的选择
		试验并稍做承诺期(22～24 岁)	初步确定一个比较适合的领域,找到一份入门的工作后,尝试将它作为维持生活的工作。如果不适合则可能再经历上述各阶段以确定方向
建立阶段	25～44 岁		这个时期个体找到了适合自己的职业领域,并为自己所从事的工作而努力
	次阶段	试验承诺稳定期(25～30 岁)	原本以为适合自己的工作,后来发现可能不太令人满意,于是会有一些改变,进行自我修正或自我调整。但是这个阶段是定向后的探索,不同于探索阶段的尝试
		建立期(31～44 岁)	随着职业的明确化和安定化而尽力发挥潜能并富有创造力

阶段	年龄	主要任务
维持阶段	45～65岁	面对新人员的挑战，维持既有的成就和地位，而对于开拓新的职业领域的兴趣逐渐下降。这个时期的个人容易进入"职业发展的高原期"，职业成就遭遇瓶颈，很难突破
衰退阶段		65岁以上	由于心理和生理机能的日渐衰退，个体不得不面对现实，从积极参与到隐退。这一阶段往往注重发展新的角色，寻求不同的方式以替代和满足需求
	次阶段 减速阶段（65～70岁）	刚刚退休还能做一些自己力所能及的工作
	引退阶段（71岁以上）	完全离开职业工作

舒伯经过长期的跨文化研究之后，提出了生涯彩虹理论(图6-18)。该理论从时间层面和领域层面，融合了角色理论，将生涯发展阶段与角色彼此之间相互影响的状况，描绘成一个多角色生涯发展的综合图形。

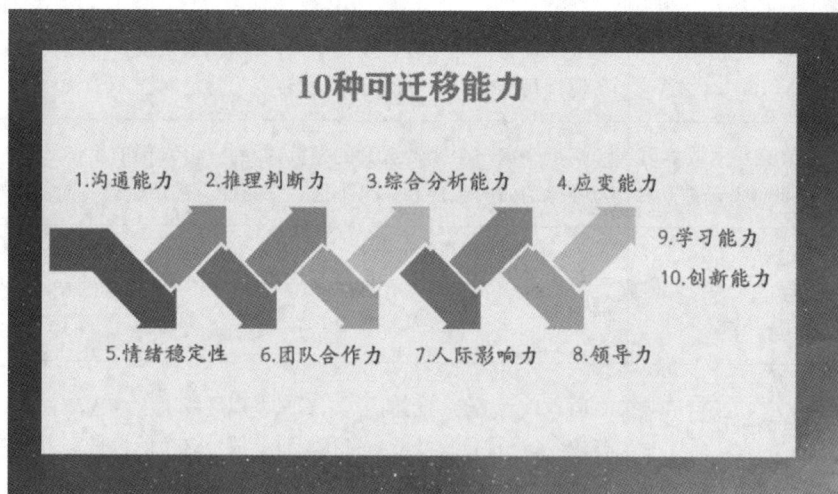

图6-18　生涯彩虹理论

(1)时间层面，即生活广度。生涯彩虹图中的横向层面代表着横跨一生的生活广度，按个体的年龄和生命历程划分为成长、探索、建立、维持和衰退五个阶段。舒伯认为各个阶段的年龄划分有很大的弹性，应根据个体的不同情况而定。

(2)领域层面,即生活空间。生涯彩虹图中的纵向层面代表着纵贯上下的生活空间,由一系列职位和角色组成,包括儿童、学生、休闲者、公民、工作者、夫妻、家长、父母、退休者。这九种角色活跃于三种主要的人生舞台:家庭、社区和工作场所。角色之间是交互作用的:一方面,某一角色的成功可能带动其他角色的成功;另一方面,某一角色的成功也可能由于投入程度过深而导致其他角色的失败。

二、生涯规划的策略

在前面我们已经了解到有关生涯规划的定义以及生涯辅导的相关理论。一般来说,生涯规划的内容涵盖个体生活的每一个层面,包括对身体健康、职业生活、家庭生活、休闲生活和公共生活的规划。在进行生涯规划时需要遵循择我所爱,择己所长,择人所利,择世所需四大准则。在规划的过程中要从客观实际出发,在把握生命发展的整体过程的规律的同时,又考虑到生命活动的多重类型的需要,以制定和实施切实可行的生涯规划。

关于生涯辅导的各种理论,如特质因素理论、人格类型理论、心理动力理论、生涯发展理论、生涯认知理论等,从不同的侧面解释了个体的自我与职业、生活方式之间的关系。生涯规划离不开对自我的探索、职业的认知以及自我与职业之间的适配。在进行生涯规划的时候,要全面考虑到这些内容。

1.自我认识

高中学生在所处的环境中,自我概念的确定会对个体的生涯选择和规划产生重要乃至决定性的影响,同样,生涯的选择与对生涯的投入程度会对高中生的自我认定产生极大影响。"我将会成为怎么样的人""我的将来会是什么样子的"等问题会一直存在于高中生涯,乃至人生发展的每一个阶段。生涯规划是在对自己的认识和了解下做出的决定。因此,高中生在做出自己的生涯规划之前,必须先认识自己,形成明确的自我概念。

生涯规划是在对自我充分认识的基础上进行的。对自我了解和分析得越透彻,生涯规划也就越有针对性。每个人都需要认识自己,并做出实事求是的自我分析和评估。认识自我是生涯规划的前提。

一般来说,认识自我的内容包括:分析自己的性格、兴趣和爱好;透视自己所有的价值观;了解自己的特长领域;了解自己的能力和所拥有的资源等。在生涯辅导理论中,特质理论和人格类型理论对于了解自我的性格类型都有很好的指导作用。

知识链接

周哈里窗

人是一个多方面存在的复合体,一般情况下,除了我们刻意隐瞒的一面和众所周知的一面外,还存在一个只有别人知道而自己却不易察觉的一面和一个无论是谁都不知的潜在的未知的自己。鲁夫特和英格汉根据自己和他人对自己的了解提出了周哈里窗。他们认为普通的窗户分成四个部分,人的内心也是如此,可以将自我认识分成四个部分:开放我、盲目我、隐藏我和未知我。如表6-4所示。

表6-4 周哈里窗

	自己知道	自己不知道
别人知道	自由活动领域 开放我(公众我)	盲目领域 盲目我(脊背我)
别人不知道	隐藏或逃避领域 隐藏我(逃避我)	处女领域 未知我(潜在我)

开放我又称公众我,是自己了解别人也知道的部分。比如,我们的性格、外貌及某些可以公开的信息等。开放我是自我基本的信息,也是认识自我、自我评价的基本依据。开放我的大小取决于自我心灵开放的程度、个性张扬的力度、人际交往的广度、他人的关注度、开放信息的利害关系等。

盲目我又称脊背我,是自己不知道而别人知道的部分,就像我们的后背一样,自己看不到别人却看得清清楚楚。所谓"当局者迷,旁观者清"就是这个道理。如一个不经意的小动作或行为习惯,如一个得意或不耐烦神情的流露。盲目我的大小与个人是否能自我察觉、自我反省有关,通常自己具有深刻内息能力的个体,盲点比较少,盲目我比较少。熟悉并指出盲目我的他人,往往是关爱、欣赏和信任我们的人。所以,个体应当用心聆听,尊重他人的回馈。

隐藏我又称逃避我,是自己知道而别人不知道的部分。缺点、往事、痛苦、愧疚、尴尬、欲望、意念等,都可能成为隐藏我的内容。隐藏我的存在一定程度上能够给自我保留一个私密的心灵空间,避免外界的干扰。没有隐私的人就像在一个透明的房间里面,缺乏控制感与安全感。但是隐藏我太多,就会与外界隔离,无法进行有效的交流与融合,既压抑了自我,也令周围的人感到压抑。一般来说,心理承受能力强的人、隐忍的人、自闭的人、自卑的人、胆怯的人、虚荣的人的隐藏我会多一些。

未知我又称潜在我,是自己和别人都不知道的部分,有待挖掘和发现。通常指一些潜在的能力或特性,比如一个人经过训练或学习后,可能获得的知识与技能,或者在特定的机会里展示出来的才干,也包含个体内心深处的潜意识层面。对未知我进行探索和开发,才能更全面而深入地认识自我、激励自我、发展自我、超越自我。

(资料来源:蒋奖.中学生心理健康教育:心理教师用书[M].北京:中国轻工业出版社,2008.)

2.了解外部世界
高中阶段的生涯规划以选科(如广东地区6选3)、专业选择乃至对未来从事职业的初步设想为导向,结合自我探索的结果,探索相对应的升学途径、专业、高校、职业等外部环境信息,比如,要了解外部环境对不同职业的素质要求和技能要求或让个体能检验职业与自身兴趣和能力的匹配程度。有些同学不了解某些专业,凭字面信息认为某些专业很火、很有"钱途",却并不考虑是否适合自己,盲目跟风的结果只会满盘皆输。在高中阶段,了解外部世界的途径有许多,比如:

①网络媒体:有 B 站、微博等不同的网络媒体,网络上有随处可见的"记录一天生活"的 Vlog、新闻报道和推送,等等。

②研学-高校走访:利用假期参与学校的研学旅行,到不同高校参观。

③社会实践:尝试不同的社会实践,感受真实职场。

④人物访谈:采访从事不同行业的前辈,了解不同行业对职场人的要求等。

3. 生涯决策与实施行动

在充分了解自我与外部世界的基础上,个体才能做出适合自己的决策和选择。比如,在高中选科之前就需要对自我、目标专业、目标职业等进行详细探索。选科依据是什么——"3＋1＋2"。以广东地区 6 选 3 为例,其实你的职业定位和专业方向出来后,"3＋1＋2"中的"1"就已经是确定了的,一个专业大方向对于选科要求其实都是类似的。比如要选择文学方向,当然得选择历史;要选择工学方向,当然得选择物理。而"2"的选择除了参考专业要求外,还要注重考量自己的学科能力、学科排名、目标院校、学校老师和班级的配比情况。

做完决策后,下一步就是行动。比如高中阶段,你要根据你目前的目标学习状况(某大学某专业的分数)以及自己目前现实的学习状况(目前自己各科的学习状况)制订方案和行动计划并且执行,常用的有"SMART 法则"。

①S 代表 specific(具体的),思考为了实现目标,你的行动计划是否清晰。

②M 代表 measurable(可衡量的),思考该用什么衡量是否实现了目标,也就是说,你定的目标最好是可观测的、客观的,而不是主观的。

③A 代表 achievable(可实现的),思考目标实现的可行性有多大。

④R 代表 relevant(相关性),思考目标是否和其他目标有关联。

⑤T 代表 time-related(有时限的),要人为地设置计划时间轴,即什么时间开始,什么时间结束,什么时间是计划的关键节点。

对于一个合格的计划,以上五个方面缺一不可。生涯规划虽然无法事事规划,但它能提升对自我的认识,提升我们对外部环境的认识,让更多的学生从更早的时候开始思考人生,规划未来,避免在人生的旅途中走弯路。

案例分享

案例 6～8 的设计者是黄籍毅。

案例 6:初识生涯,建构未来——生涯探索之生涯导入

1. 设计理念

美国积极心理学之父马丁・塞利格曼曾说:"人类独一无二的卓越智能是计划未来、憧憬未来、想象未来、创造未来的能力。"

几乎所有的中国学生心中都装着一个大学梦,但是,仅仅有梦想是不够的。人们常常问学生们"以后你想成为什么样的人?""你以后想做什么?"并鼓励他们以此为目标进行生涯规划。但很少有学生能坚定地说出答案。生涯对他们而言还很陌生,更别谈生涯规划。因此,本堂课将以"我想要有怎样的高中生活"来引入活动,希望以此唤醒学生从高中阶段开始进行生涯规划的意识,鼓励他们为自己理想的高中生活、理想的人生状态而行动。之后通过知识讲授与小组合作学习,让学生了解生涯规划的必要性和高中阶段生涯规划的主要方法。

生涯规划不仅可以帮助我们更好地度过高中三年,还能为未来选科、选专业、选学校、规划人生发展起到重要的引导作用。

本课致力于让生涯规划在学生心中播下一粒种子,唤醒其生涯意识;让学生编织一个梦想,彩绘未来远景;让学生设立一个目标,坚定前行方向。

2.教学目标

(1)认知目标:让学生了解生涯的概念、生涯规划的准则及探索自我和世界的方法。

(2)情感目标:唤醒学生自我探索意识和生涯规划意识。

(3)技能目标:让学生初步掌握自我探索的方法。

3.教学时间

1课时。

4.教学对象

高一年级学生。

5.教学重点

(1)唤醒学生的生涯规划意识。

(2)让学生了解高中阶段生涯规划的方法。

6.教学难点

(1)卡片人生环节的引导难以深入。

(2)头脑风暴自我探索和探索世界时思考较浅。

7.教学过程

活动准备:包含关键词的人生卡片150个(其中积极词与消极词各占一半,词汇涵盖学习、人际、社团成就等几个维度)。

第一环节:热身游戏——我喜欢的网红饮料

导入:今天老师想和大家分享我很喜欢的一瓶饮料,因为它的外包装上会随机出现一些关键词,比如"升职加薪""身体健康""66大顺""变身白富美"等,我特别喜欢过年的时候去买,希望能选到我喜欢的新年关键词。同学们,新学期开始了,高中生活也正式开始,你们希望能有哪些关键词呢?

学生发言:

• 学生1:"王者"! 希望能有人带我上分! 上王者!

• 学生2:我希望能抽到"万事如意",这样啥事都不用愁了。

• 学生3:我就想要一个"学神附身",考啥啥会。

第二环节:主体活动——卡片人生(10分钟)

过渡:看来每个同学对自己的新学期新生活都有不同的期待。接下来,我们来玩一个游戏,看看你能抽到什么关键词吧。

卡片人生1.0活动要求:

(1)在课前1分钟下发卡片到组长处,将卡片空白的一面朝上。以小组为单位让学生随机抽卡。卡片中有积极词(成绩类:学神、考霸、圆满;情绪类:充实、开心、平静,社团成就类:点亮新技能……)和消极词(丧、挫败、low、人间不值得)等,每人3张。

(2)不准偷看别人的卡,不准换卡,抽到什么就是什么。

师:如果你手中的词卡就是你高中三年的关键词,你满意吗? 为什么?

(有的同学拿到了写有充实、愉悦等较为积极的词卡,很满意;但大部分的同学或多或少都会拿到写有消极词的词卡,很不满意。)

如果再给你一次机会,让你有机会去争取想要的关键词,你愿意吗?

(大部分同学都点点头,跃跃欲试,想去拿更好的词卡。)

卡片人生2.0活动要求:

(1)学生在小组内互相猜拳。

(2)胜利者可以从对方手中拿走一张想要的词卡并把自己的一张词卡换给对方。如果对方手中没有他想要的词卡,也可以不交换。

(3)输的人要换词卡必须找人猜拳,争取置换词卡。

师:如果用你后来拿到的这三个关键词概括你的未来三年,你满意吗? 为什么? 你是怎么拿到的?

生1:我手气也太差了! 拿到的都是差词卡!

生2:我的还好哎,有学习上的"学霸",但还有两个不太好……(盯着别人的词卡。)

生3:我拿到了"随缘",但我不想随缘,我还想换。

(有的同学很机智,紧盯着别人手上的关键词,铆足劲地猜拳,最终拿到了想要的牌;有的同学运气不好,连连输牌,最后到手上的都是自己不满意的牌。)

如果还是不满意,可以怎么做?

(对! 刚刚有同学说得很好,要不断尝试,就有可能拿到自己想要的牌。)

小结:

有些同学拿到了比较满意的关键词,比如"喜悦""充实""天天向上"。甚至有同学拿到了大家都很羡慕的"成为别人的男神/女神""一路躺赢""收获满满""考神"等。不过老师还观察到,有些同学经过一轮"厮杀角逐",手上或多或少会剩下一些不太想要的牌。是的,我们都不希望自己的高中生活是颓废、沮丧和失落的,好在这只是游戏,在游戏中,好牌只有一张,但在现实生活里,我们有很多机会去打造我们想要的高中生活。

第三环节:初始生涯,建构未来

过渡:现在,我们的高中生活才刚刚开始,这就是一次新的机会,同学们不妨想想,我们要怎么做才能拥有我们心目中的高中生活和想要的人生? 这个时候,我们需要来了解一个新的知识——生涯规划。

(1)概念介绍。

①生涯指人生的边界,也就是人的生命历程。它既有广度,也有厚度。

②生涯≠单纯的职业。生涯=我们的学习+生活+业余爱好+……

③生涯规划到底是什么？简单来说，生涯规划就是认识自己，认识我们生存的这个外部世界，然后做出对我们而言更好的选择并积极行动。

（2）生涯规划的必要性。

引出案例：

小A曾是广东省某重点中学的学生。成绩中等，高考发挥正常。高考分数超过当地重点线30多分。整个高中阶段，她自己对将来想要学习什么专业和从事什么职业一无所知，高考后，父母认为女孩子当医生比较好，而且医生的收入也不低。于是小A听从父母的意见填报了医科院校，被南方医科大学录取。她上了大学之后才发现自己根本不能忍受临床中的解剖练习等，甚至连医院里的消毒水味道也很排斥。5年后大学毕业，她坚决不想当医生，付出了很大的努力，重新考了教师资格证，想做一名老师。但是现在的用人单位对第一学历的要求很严格，不是师范院校的不予考虑。因此，她兜兜转转，浪费了很多时间，至今没有找到喜欢的工作。在跟她聊天的过程中，她反复感叹："老师，我那时候根本不懂，也不知道自己喜欢什么，稀里糊涂地听从家长的意见，到了大学才发现不喜欢，为时已晚，现在真是悔死了！"

看了小A的真实例子，我们可以发现，没有生涯规划意识，缺少对自我和专业、大学、职业的认知，让很多学生浪费了不少时间，走了很多弯路。所以，生涯规划要做的，就是从现在开始，帮助大家了解自己的特长、能力、性格、气质、优势品质，帮助大家了解社会发展趋势，提高社会实践能力，在择业时能让大家把特长和社会工作结合起来，做出最有利于我们的选择。

过渡：那我们在进行生涯规划时，到底应该了解哪些内容，遵循哪些准则呢？

（3）生涯规划四准则。

①择我所爱：指的是个体要明晰自己的兴趣、喜好、人格特质。在选择任务的时候就会更加积极，更容易体验到幸福感和成就感。

②择己所长：指的是个体要明白自己的能力所在，知道自己擅长做什么，在中学阶段，在选择社团或参加某种比赛时就能扬长避短。

③择人所利：指的是个体要明白自己内在的价值观，明白自己内心中重要事项的排序，比如，个体更看自我发展还是与家人相伴？

④择世所需：指的是个体要了解外在的环境变化，当我们考虑未来的职业选择时，就要考虑外部世界的变化，比如宏观政策、人才供需、职业变迁等。

比如，如果时光倒回到2020年前，我们可能都想不到全球会出现如此严重的疫情。

请问，经过疫情，哪些行业会兴盛？

生1：医疗产业，比如生产口罩的工厂等。

生2：还有心理咨询师也很火，疫情之后封闭在家的那段时间，很多人心理都出现了问题。

生3：还有电竞行业，居家太久了总是打游戏。

生4：还有外卖一类的配送行业吧！

……

前三个准则是为了了解自己（知己），最后一个准则是为了探索世界（知彼）。我们要在充分了解自身情况的基础上,了解社会上职业的变迁等环境变化,才能更好地未雨绸缪。在了解自己与了解外部世界后,我们才能更好地行动。

(4)高中阶段如何更好地探索自我与外部世界。

小组讨论与分享:

作为高中生,我们可以通过何种方式了解自己?通过何种方式了解外部世界?

头脑风暴:分组讨论,1~4组讨论"高中阶段如何更好地了解自己",5~8组讨论"高中阶段如何更好地探索外部世界"。每个小组讨论5分钟,并将结果写在纸上(要尽可能详细、全面)。5分钟后进行接龙分享和补充。教师可以将此板书在黑板上,方便后续补充。

①了解自己:性格、气质类型、决策倾向、能力、积极心理品质等。

• 自我反思:反思做事情的经验。

• 学科学习:通过不同学科的学习培养自己的核心素养,同时也观察自己对该学科的兴趣。

• 社会实践:积极参加不同工作的社会实践,了解工作内容,探寻职业兴趣。

• 生涯课程:在课堂上了解相关知识,做相关专业测试。

• 社团活动:了解学校有哪些社团,根据自己的兴趣爱好选择加入,通过社团活动不断提升。

• 与人交往:以人为镜,寻求他人反馈。

②了解外部世界:了解外部环境对不同职业的素质要求、技能要求,了解职业的发展前景,检验职业与个体兴趣和能力的匹配程度。可借助以下途径来了解:网络媒体、研学-高校走访、社会实践、人物访谈……

简单来说,生涯规划就是要了解自身的各项优势与了解外部世界相结合,在这个基础上,再加上行动,这样才能实现真正的生涯规划。

(正如我们玩的词卡游戏一样,你必须不停尝试,才有可能扭转落后局面;当你想要某种理想的状态,你就要朝着这个目标坚定地努力;有时候,你以为手上的词卡已经很满意了,但看过其他的状态后,你发现自己更喜欢也更适合那种状态。当然,你也可以不停地调整自己。这就是生涯规划的意义。)

第四环节:人生是一场马拉松?(3分钟)

提出问题:有人说,人生就是一场马拉松,每个人都希望自己比别人跑得快,谁先到达"终点"谁就是赢家。你赞同这句话吗?

播放视频:《人生不是一场马拉松》。

总结:人生不是一场马拉松,每个人都有自己擅长的、想要的、与众不同的方向和目标。不需要强迫自己和他人走一样的路,活出精彩、活出幸福、活出最闪亮的自己!

案例7:点亮我的超能力星空图——生涯探索之能力探索

1.设计理念

能力是一个人进入职业生涯的先决条件,是影响工作效率的重要因素。每个人都有自己擅长的领域和不擅长的领域,我们要用己之长,补己之短,将优势发挥到极致,才能增强竞争力。合理有效地评估自我能力,可以提高学生选择职业的匹配性。

《中小学心理健康教育指导纲要(2012年修订)》指出：要培养全体学生积极乐观、健康向上的心理品质，充分开发学生的心理潜能，提高学生的身心健康水平，促进学生身心和谐可持续发展。其中的具体目标中包括使学生学会正确认识自我。高中生自我意识迅猛发展，探寻的方向也逐渐从外化向内化转变，他们的内心世界会经常围绕"我"进行探索和体验，更加关注如何看待自己、看待他人、看待自己的人际关系，能否正确认识自己、悦纳自己。优势教育观也是鼓励个体自我潜能的开发，帮助学生更好地认识自我的优势项，使个体优势发挥得以最大化。

每个人的能力都有所偏重，大不相同，在自己擅长的领域，通常能够取得更好的表现和成就，获得更高的自信和自我效能感，进而也更容易走得更远。

本课立足于"多元智能理论"，借由不同视角的成就故事分享来帮助学生探索自身特色能力，从多角度挖掘自身潜能。

2.教学目标

(1)认知目标：让学生了解多元智能理论和可迁移技能的定义和内涵。

(2)情感目标：让学生感受挖掘能力、分享成就故事成就感。

(3)技能目标：培养学生进一步挖掘自身优势的能力，使其学会更全面地看待自己。

3.教学时间

2课时。

4.教学对象

高一年级学生。

5.教学重点

让学生明确了解、区分自己的优势能力。

6.教学难点

学生学会积极主动地挖掘自我能力。

7.教学过程

第一环节：最强大脑

(1)热身环节：请同学们快速完成下列任务。

- 快速念出绕口令——反应力、语言表达力。
- 快速推理出正确数字——逻辑推理能力。
- 请快速说出杯子的10种用法——联想力。

教师过渡：同学们，你们发现了吗？上一轮游戏考查的是我们不同的能力。那么你们有什么样的能力呢？

同学发言：

- 同学1：我喜欢唱歌，但是有点跑调，不知道唱歌算不算我的能力呢？
- 同学2：我能打游戏！打游戏特别厉害！
- 同学3：我好像不知道我的能力是什么。

(2)列举迷思。

过渡：我们常常被问到"你有怎样的能力"，但很多同学回答不上来。老师看到有些同学想说好像又不好意思说，我们为什么会说不出自己有哪些能力呢？

- 从未梳理过自己的优势能力,只有模糊的感觉。
- 清楚各种潜能的定义,不知道自己某种模糊的优势代表了哪些潜能。
- 当局者迷,习惯了自己的特点,不觉得是优势。
- 不自信,觉得达不到"出色"就不好意思说出来。

这些问题都可以通过我们今天的能力探索来解决。

第二环节:探索我的超能力星空图

(1)概念介绍。

- 能力:个体完成一项目标或者任务所体现出来的综合素质,因人而异,各有不同。
- 技能:个体运用已有的知识经验,经过练习和模仿而达到"会做"某事或"能够"完成某种工作的水平。
- 自我效能感:当个人面对自己的能力,认为自己运用该能力能够获得某种结果时产生的自信心。
- 多元智能理论(见学习单)。

(2)观看视频并回答。

在日常生活中,我们很熟悉的名人有哪些智能呢? 最近《最强大脑》这个综艺很火,里面的选手有哪些超越常人的能力?

过渡:有同学说,选手们不愧是最强大脑,这么厉害的题目瞬间就解出来了。他们的色彩识别能力、记忆力、逻辑推理能力都特别强,让人印象深刻。无论是明星、专家还是脑力选手,都有自己独特的优势能力,如果把他们的工作换个位置,让他们去负责别人的工作,会发生什么? 正所谓垃圾是放错位置的资源,如果我们没把能力用在合适的位置,不仅不能发挥出我们的实力,还可能会错失许多机会。

现在,让我们一起挖掘优势能力,并用心打磨它吧!

第三环节:撰写我的成就故事集锦

(1)介绍 STAR 法则。

(2)以教师自身为例,让学生明确如何用 STAR 法则讲述自己的成就故事。

(3)小组活动:"点亮我的超能力星空图 1.0 版"。

活动要求:

- 请同学用 STAR 法则撰写自己成功克服困难和挑战的三个成就故事(注意:是要靠自己的行动应对的,不是运气,也不是别人的努力)。
- 4 人为一个小组,每个人选取 1~2 件你最想分享的成就故事,根据 STAR 法则分享,最后谈谈你认为这件事体现哪些多元智能。
- 在"超能力星空图中"将自己的"超能力"标注出来,可以涂黑或连线,连成一副独有的星空图。

过渡:我们的能力探索这就结束了吗? 还没有,我们眼中的自己和别人眼中的你不完全一样。也许,你有很多别人发现但却被你忽略的超能力。在现实生活和学习中,有一种能力能够在不同任务中迁移使用,它们叫可迁移能力。

(4)小组活动:"点亮我的超能力星空图 2.0 版"(见图 6-19)。

活动要求:

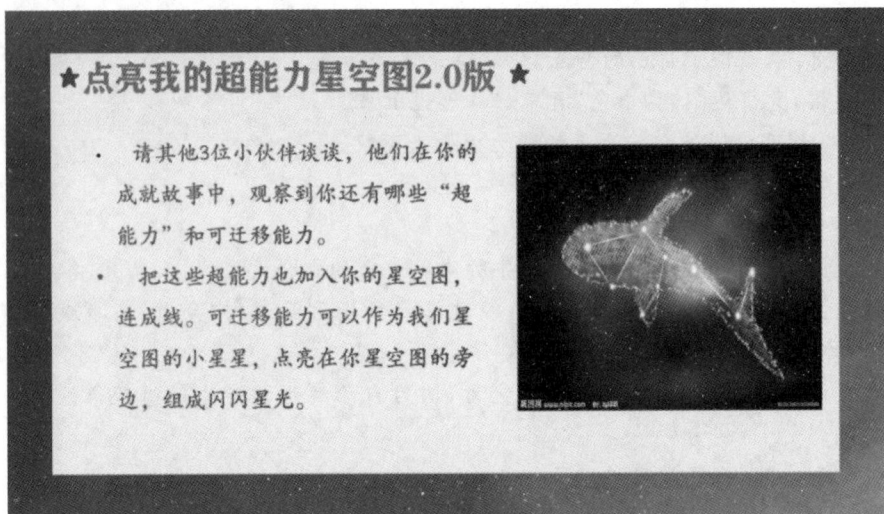

图 6-19　点亮我的超能力星空图 2.0 版

- 请其他 3 位小伙伴谈谈，他们在你的成就故事中，观察到你还有哪些"超能力"和可迁移能力。
- 把这些超能力也加入你的星空图，连成线。可迁移能力可以作为我们星空图的小星星，点亮在你星空图的旁边，组成闪闪星光。

第四环节：总结

总有一些优势能力被我们忽略，今天，我们用星空图和成就故事探索了我们的能力，挖掘出闪闪星光，我们每一位同学都可以从今天开始，有目标有方向地锻炼能力，培养我们的优势竞争力！

案例8：追寻梦想，扬帆起航——生涯探索之生涯决策

1.设计理念

人的一生需要做无数的选择，不同的选择可能带来不同的人生轨迹。可以说，我们的每一个选择，都在创造属于我们自己的人生。选科是高中生在中考后的又一个重大决策，关系到高考志愿填报、大学专业的选择、个人生涯的发展方向及其定位。高中生需要综合考虑自身的兴趣、能力等，再结合家庭条件、家人期待和社会需要等众多因素，做出最适宜的选择。

进行选科决策的依据通常分为四大方面：职业规划、个人兴趣特长、学科实力和现实因素。而现阶段的高中生处于青春期，缺乏一定的生活经验，在选科上通常呈现两个极端状态：①会更多侧重于自身的兴趣特长，以自我感受为核心，缺乏对现实条件的考量；②对自己没有明确的规划，一味听从父母的指导，缺乏对未来和对自身的思考。

本课的设计聚焦于生涯抉择需要综合考虑的各项因素，利用生涯决策平衡单来明晰学生对各项因素的权重，尽可能帮助学生全面考虑，做出合理选择。

教育戏剧是把戏剧的方法与戏剧元素应用到教学或社会文化活动中，让学生在戏剧实

践中体验,并有所感悟,达到教学目的。它不追求艺术上的戏剧表演的完美效果,而是通过戏剧活动,让参与的学生自己创造、自己感悟,借主人公的口说出自己的心声。

本节课借鉴教育戏剧中的"一对对"、专家外衣等方法,引导学生体验做决策时的纠结和拉扯,同时引导学生在体验中感受情绪,进行生涯抉择。

2.教学目标

(1)认知目标:学会多角度看待问题,综合考虑。

(2)情感目标:感受做重大决策时的心理状态,培养换位思考能力,促进开明人格的培养。

(3)技能目标:学会梳理自己的决策影响圈,初步掌握用生涯决策平衡单来做出最适宜的决策。

3.教学时间

1课时。

4.教学对象

高一年级(下学期)学生。

5.教学重点

体验做决策时的内心感受,学会全面思考,做出最适宜的选择。

6.教学难点

学生进入角色,对内心纠结的深入体验。

7.教学准备

生涯决策平衡单、视频《我的选择》、相关音乐。

8.教学过程

(1)第一环节:热身活动。

同学们,在生活中,什么时候你会感到纠结?什么时候你会思前想后决定不了该如何做?你最后是怎么做决策的?

我们常说,你的选择决定了你下一刻的人生。那么你是怎么做选择的呢?

观看视频《我的选择》。

(2)第二环节:主体游戏——选择AB面。

案例导入:

小璐是一个活泼开朗的女生,对班级事务非常热心,喜欢画画,是班里的宣传委员。平时成绩波动较大,有时能进班级前十,有时倒数。快要选科分班了,某一天,小璐找到老师,说自己最近很纠结、很痛苦:她一直喜欢画画,想学艺术走艺考路,以后做一名插画师,创作自己喜欢的作品,就像自己很喜欢的韩国插画师一样。但是家里人觉得学画画经济负担很大,以后选择的路也窄。家里人还是希望她能走普通高考的路子,以后找一份稳定的工作。

教师询问:同学们,如果你们是小璐,一边是自己喜欢的艺术道路,一边是现实中父母的反对,仿佛脑中的两个小人在打架,这两个小人会说什么呢?

A小人(想学艺术):……

B小人(想走普高):……

设计意图:这个部分是为了让学生思维"动"起来,通过学生你一言我一语,补全了主人公内心的纠结,为后面的任务做铺垫(图 6-20)。

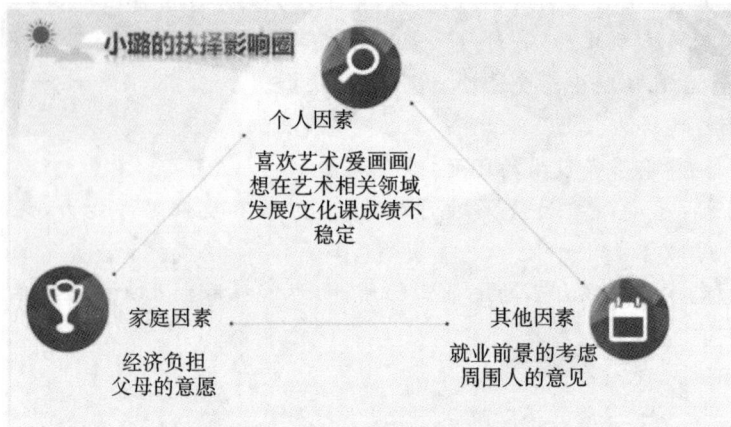

图 6-20　小璐的抉择影响圈

【教师询问】小璐很纠结,她想多问问别人的意见,你们猜,她会听到哪些声音呢?（每人一句。）

- 生 1:父母会说,学艺术也要看看家里的经济情况啊。
- 生 2:亲戚会说,学艺术也要看天赋,不是每个人都能成为著名插画师的。
- 生 3:她的同学应该会挺支持她的吧,告诉她想做就去试试,兴趣是最好的老师。

……

【呈现内心冲突——"一对对"】

想坚持所爱的声音和家人反对的声音在头脑里打架,让小璐越想越纠结。我们现在用一对对即兴戏剧的方式来呈现小璐的纠结。

活动规则:所有同学分成人数相等的两组,如果一组缺人教师可以加入。一组组成内圈,另一组组成外圈。内圈和外圈同学一一对应,同学们用肢体和语言来演出小璐内心的纠结。外圈同学扮演"想要走艺考,不想走普通高考"的声音,内圈同学扮演"艺考不适合,还是普通高考好"的声音。每种声音都要极力说服对方,通过语言、肢体表现出来。按照 ABAB 的方式对话,每人每次只能说一句。当一组成员说话时,另一组不能出声或阻拦。比如:外圈同学做出用力往前的姿势,内圈同学要用力把他往相反方向拽,边说话边做动作,每人一句话,每组 3 个回合。

设计意图:此环节意在让同学们感受小璐内心的冲突。对话没有预演,同学们的表达更有真情实感。

- 生 A1:我要走艺考,我要学画画!（用力往前伸手抓取的样子。）
- 生 B1:不行! 家里没钱,你拿什么学!（抱紧腰往后拽。）
- 生 A2:我相信我是有天赋的,我要做我擅长的事!（往上抓取。）
- 生 B2:其他的事情说不定你也擅长,不试试怎么知道!（往下拽。）

……

【讨论 & 分享】

教师:经过刚才一对对的即兴表演,大家有怎样的感受呢?

• 生1:在刚才的活动中,我很用力地往前冲,但我每往前迈一步,就会被搭档拉回好几步。我觉得没有父母的支持,想要达成目标太难了。

• 生2:我的搭档说,我可以先学一门能养活自己的本领,把画画当作爱好,这样既能生存,又能做自己喜欢的事。我一下子就被搭档说服了。

……

教师:对的,好像脑海中的两种声音都很有道理,它们都在极力说服对方。在感受肢体拉扯的过程中,我们也更能了解小璐的纠结和挣扎。

(3)第三环节:生涯抉择影响圈。

教师总结:新高考让我们把选科从高三提前到了高一,选科决策对我们现阶段而言是一件大事,既要考虑爱好,又要考虑经济基础,还要考虑未来发展空间,真是太难了……与其不停纠结,不如好好厘清到底可以怎么做。

现在小璐面临艺考和普通高考两个选择,你觉得哪些因素会影响她做选择呢?我们要做决策要考虑哪些因素呢?(请同学头脑风暴式发言,教师写在黑板上,见图6-21。)

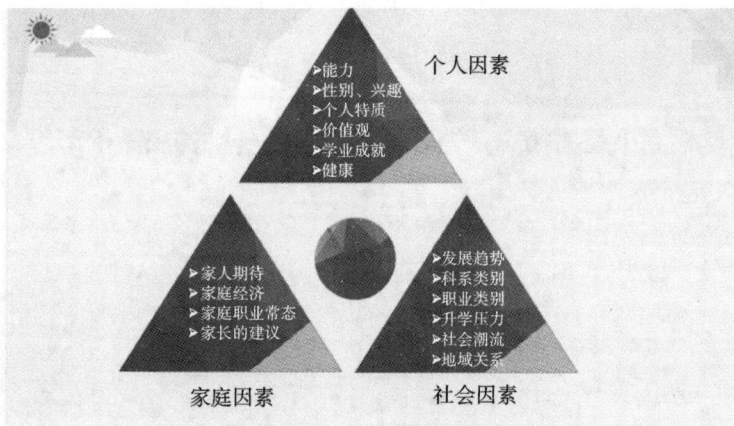

图 6-21　生涯规划影响因素

个人因素:爱好(喜欢艺术/爱画画)

　　　　愿景(想成为知名插画师)

　　　　限制(文化课成绩不稳定)

家庭因素:经济条件不好(家里人认为学艺术特别烧钱)

家里没有从事相关职业的人,不了解这个职业,无法提供帮助

其他因素:就业前景(不清晰,听起来养不活自己)

　　　　学校对艺考生的培养力度

　　　　周围人的意见

……

(4)第四环节:生涯决策平衡单。

决策平衡单的作用就是协助决策。我们在生活中常常面临多重选择,有时会对几个选择举棋不定,不知道哪个才是最优选项。这时,决策平衡单可以帮助我们终结纠结。请你以自己为样本,帮小璐制作一张专属生涯决策平衡单,如图 6-22 和图 6-23 所示。

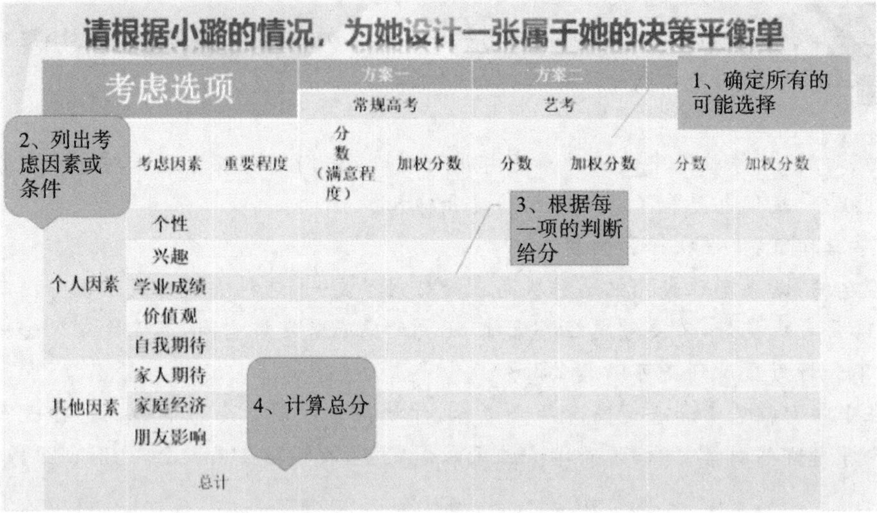

请根据小璐的情况,为她设计一张属于她的决策平衡单

考虑选项			方案一 常规高考		方案二 艺考		……	
类型	考虑因素	重要程度	分数(满意程度)	加权分数	分数	加权分数	分数	加权分数
个人因素	个性							
	兴趣							
	学业成绩							
	价值观							
	自我期待							
其他因素	家人期待							
	家庭经济							
	朋友影响							
	总计							

（标注：1、确定所有的可能选择；2、列出考虑因素或条件；3、根据每一项的判断给分；4、计算总分）

图 6-22　生涯决策平衡单 1

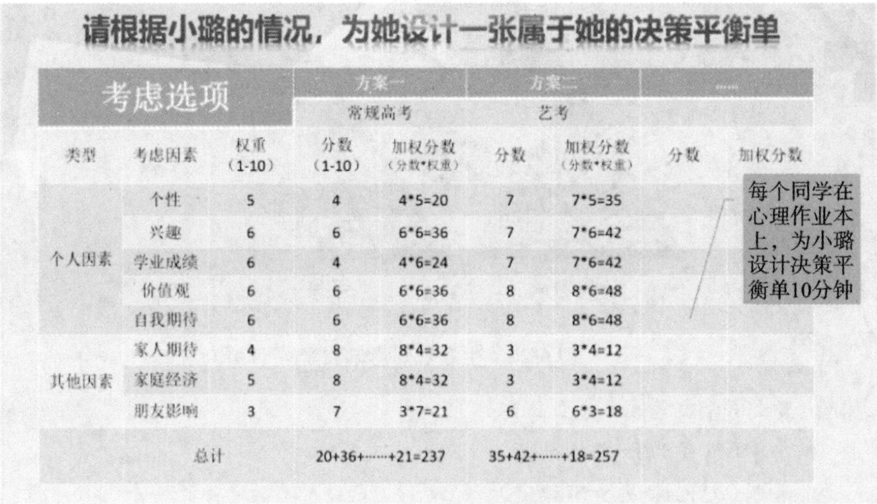

请根据小璐的情况,为她设计一张属于她的决策平衡单

考虑选项			方案一 常规高考		方案二 艺考		……	
类型	考虑因素	权重(1-10)	分数(1-10)	加权分数(分数*权重)	分数	加权分数(分数*权重)	分数	加权分数
个人因素	个性	5	4	4*5=20	7	7*5=35		
	兴趣	6	6	6*6=36	7	7*6=42		
	学业成绩	6	4	4*6=24	7	7*6=42		
	价值观	6	6	6*6=36	8	8*6=48		
	自我期待	6	6	6*6=36	8	8*6=48		
其他因素	家人期待	4	8	8*4=32	3	3*4=12		
	家庭经济	5	8	8*4=32	3	3*4=12		
	朋友影响	3	7	3*7=21	6	6*3=18		
	总计			20+36+……+21=237		35+42+……+18=257		

（标注：每个同学在心理作业本上,为小璐设计决策平衡单10分钟）

图 6-23　生涯决策平衡单 2

（5）第五环节：教师入戏＋专家外衣。

在老师和同学们的帮助下,小璐把可能的方案都一一列举了,不做不知道,原来做这样一个决定要考虑的真的很多。而且有很多信息小璐是完全不清楚的,因此,她决定向周围的人请教。

现在,全体同学分成 6 个小组,每个小组扮演不同角色（教师指定）,请根据之前的讨论总结小璐的困境,给她几点建议。小组先讨论 3 分钟,后由教师扮演小璐,依次走到各小组面前听取建议。

小组角色:参加过艺考的学长/学校的美术老师/其他科任老师/同班同学等。

角色1:参加过艺考的学长。

• 小璐:学长,我想请教你一个问题。我现在很纠结,我想学画画,可是家里人说学艺术特别花钱,我想听听你的看法。

• 学长:学艺术相比走普通高考的确要花费更多,不仅花费金钱,无论是材料还是培训都要花钱,而且花费时间,我们学艺术的有大半年外出集训的要求,每天还要在限定时间内画出作品,所以经常要熬夜。所以,我觉得你可以权衡自己对画画的热爱程度再做决定。

• 小璐:我从小就很喜欢画画,虽然每次画画很累很费时间,但我觉得很开心。学长,我想知道集训和日常训练大概要花费多少呢?

• 学长:具体我忘了,你可以向学校老师了解一下。

……

角色2:同班同学。

• 小璐:小华,我想走艺考,想学画画。可是学艺考要外出集训,我担心文化课会落下很多。我现在很纠结啊,不知道该怎么选。

• 小华:我觉得你感兴趣就可以学画画啊,兴趣是最好的老师,你以为走普通高考就很容易吗? 学艺术能提升你的优势,降低你的劣势。

……

设计意图:这个环节旨在让同学们意识到,面对决策,我们可以寻求外界多方的帮助(专业信息、学业支持、政策补充等),让学生思考求助的方向,但教师入戏和互动能更好地启发学生进一步思考。

教师总结:今天这堂课,我们帮助了一个纠结的女孩,同时也感受到她内心的拉扯。其实在生活中我们经常遇到大大小小的纠结,常常举棋不定。当思绪很多,无法抉择时,我们不妨用决策平衡单来探索不同因素组合的权重,看看对我们而言,什么选择是最适合的。同时,我们也可以向他人求助、请教,他人能为我们提供许多不同的视角。

生涯规划无法细致到方方面面,但我们可以借由工具澄清困惑,厘清纠结,做出最适合自己的选择!

🎬 **心理训练**

生涯规划目标训练:

(1)请写出你喜欢做的事情。

(2)请写出你的特长和优势。

(3)请写出你喜欢的生活方式。

(4)请写出父母对你的期待。

请根据以上答案,查阅大学专业分类表,选择你自己感兴趣的专业,明确自己的目标。

小　结

本章概述了时间管理、开明人格、人际交往、生涯规划的基本内涵,详细介绍了时间管理的规律与方法、开明人格的培养方法、人际交往的技巧、高中生涯规划的策略,并以上述理论为依托,分享了围绕这些主题在高中阶段开展的具体教学案例。

练习与思考

1.练习题

(1)拖延者区别于高效者的五种自我陈述具体有哪些?

(2)运用生命平衡轮的观点与步骤,描绘你的生命平衡轮。

2.思考题

有人说:"引导高中学生进行生涯规划的第一步是进行准确的目标定位。"请谈谈你对该观点的看法。

综合案例

慧 眼 识 人

一、案例背景

本案例选自广东省首届中小学心理教师专业能力大赛教学节段展示模块的一等奖作品(高中组)。

(1)导入阶段(见图 6-24)。

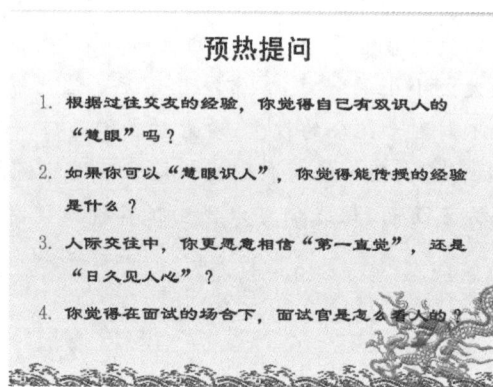

图 6-24　"慧眼识人"导入阶段

(2)展开阶段(见图 6-25)。

(3)深入阶段(见图 6-26)。

(4)升华阶段(见图 6-27)。

(5)结束阶段(见图 6-28)。

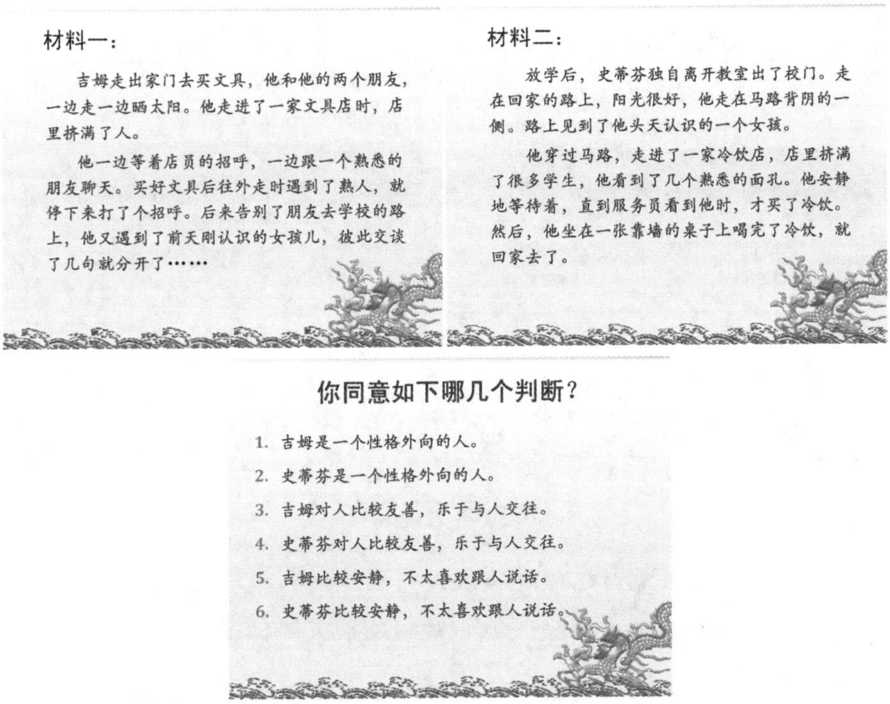

材料一：

吉姆走出家门去买文具，他和他的两个朋友，一边走一边晒太阳。他走进了一家文具店时，店里挤满了人。

他一边等着店员的招呼，一边跟一个熟悉的朋友聊天。买好文具后往外走时遇到了熟人，就停下来打了个招呼。后来告别了朋友去学校的路上，他又遇到了前天刚认识的女孩儿，彼此交谈了几句就分开了……

材料二：

放学后，史蒂芬独自离开教室出了校门。走在回家的路上，阳光很好，他走在马路背阴的一侧。路上见到了他头天认识的一个女孩。

他穿过马路，走进了一家冷饮店，店里挤满了很多学生，他看到了几个熟悉的面孔。他安静地等待着，直到服务员看到他时，才买了冷饮。然后，他坐在一张靠墙的桌子上喝完了冷饮，就回家去了。

你同意如下哪几个判断？

1. 吉姆是一个性格外向的人。
2. 史蒂芬是一个性格外向的人。
3. 吉姆对人比较友善，乐于与人交往。
4. 史蒂芬对人比较友善，乐于与人交往。
5. 吉姆比较安静，不太喜欢跟人说话。
6. 史蒂芬比较安静，不太喜欢跟人说话。

图 6-25 "慧眼识人"展开阶段

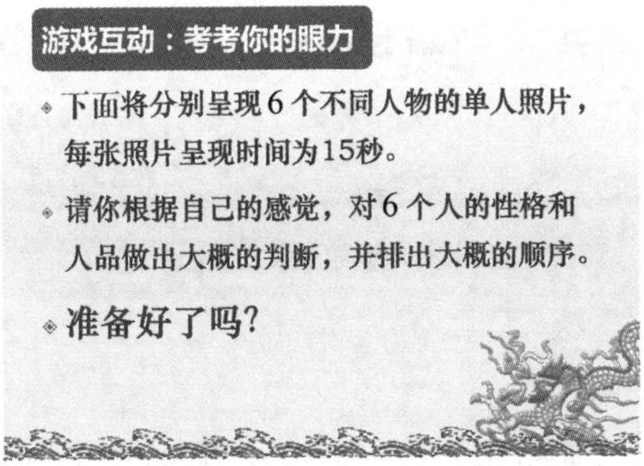

游戏互动：考考你的眼力

- 下面将分别呈现 6 个不同人物的单人照片，每张照片呈现时间为 15 秒。
- 请你根据自己的感觉，对 6 个人的性格和人品做出大概的判断，并排出大概的顺序。
- **准备好了吗？**

图 6-26 "慧眼识人"深入阶段

二、案例讨论

(1) 该教学节段体现了哪些教学理念？

(2) 该教学节段的教学难点在哪里？

（设计者：刘蒙）

心理知识小贴士一

1. 先入为主，在社会心理学中称为"第一印象"。
2. 第一印象，又叫首因效应、优先效应，是指第一次接触某人或某物时所留下的深刻印象。
3. 第一印象会在头脑中形成一种"预判断"的机制，后续的判断更倾向于"证实"自己第一印象的正确性，而非自我否定。人们都有自圆其说的倾向。

心理知识小贴士二

第一印象的四个特征：

➢ 表面性——外貌、服装和仪表等信息。
➢ 片面性——往往失之偏颇，以偏概全。
➢ 类化性——不由自主先归类、贴标签。
➢ 归因模式——总是把表面外部特征归因为内心情感和思想的流露。

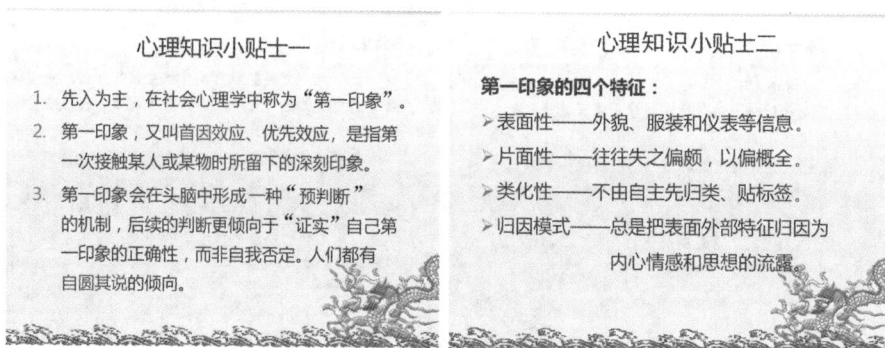

图 6-27　"慧眼识人"升华阶段

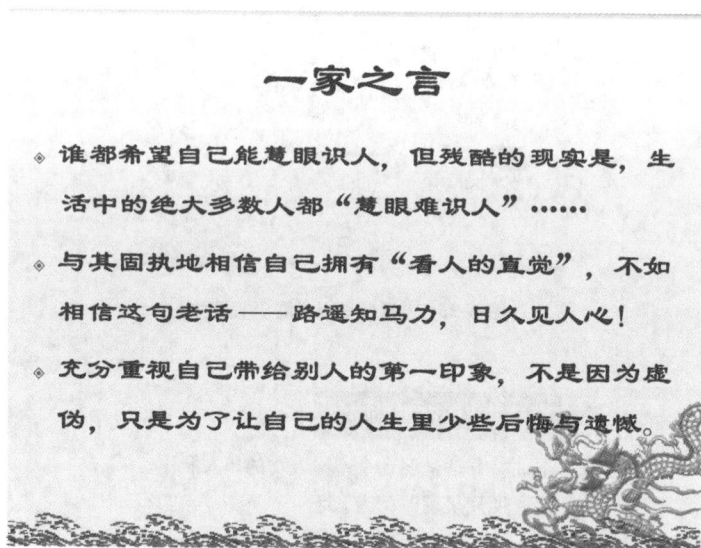

一家之言

◇ 谁都希望自己能慧眼识人，但残酷的现实是，生活中的绝大多数人都"慧眼难识人"……

◇ 与其固执地相信自己拥有"看人的直觉"，不如相信这句老话——路遥知马力，日久见人心！

◇ 充分重视自己带给别人的第一印象，不是因为虚伪，只是为了让自己的人生里少些后悔与遗憾。

图 6-28　"慧眼识人"结束阶段

本章推荐阅读书目

[1] 刘学兰,曾彦莹,何锦颖.中学生心理健康教育[M].广州:暨南大学出版社,2012.
[2] 许思安.学校心理学[M].武汉:华中科技大学出版社,2015.

参 考 文 献

[1] 蒋秋斌.关于小学心理健康课教学设计的几点思考[J].读书文摘,2015(4).

[2] 卢家楣.情感教学心理学研究[J].心理科学,2012,35(3).

[3] 刘桂芬.运用积极心理学理念促进学校心理教师的自我成长[J].学术论坛,2010(5).

[4] 魏运芳.玩转汉诺塔——学习方法探索[J].中小学心理健康教育,2020(27).

[5] 杨延昌.基于人本主义心理学的有效教学策略研究[D].成都:四川师范大学,2010.

[6] 许思安,攸佳宁,陈栩茜.学校心理学[M].武汉:华中科技大学出版社,2015.

[7] 许思安.中学政治学科课堂教学心理[M].广州:广东高等教育出版社,2014.

[8] 托马斯·戈登.T.E.T.教师效能训练:一个已被证明能让所有年龄学生做到最好的培训项目(30周年纪念版)[M].李明霞,译.北京:中国青年出版社,2015.

[9] 鲁冰.上好心理健康课的几点建议[J].教师,2014(10).

[10] 郑雪,王玲,宇斌.中小学心理教育课程设计[M].广州:暨南大学出版社,1997.

[11] 刘学兰.中学生心理健康教育[M].广州:暨南大学出版社,2012.

[12] [美]尼尔·菲奥里.战胜拖拉[M].张心琴,译.北京:东方出版社,2013.

[13] 刘志,朱锐锐,崔海丽,等.情绪调节:中国青少年社会与情感能力测评分报告之二[J].华东师范大学学报(教育科学版),2021(9):47-61.

[14] 蒋奖.中学生心理健康教育:心理教师用书[M].北京:中国轻工业出版社,2008.

与本书配套的二维码资源使用说明

　　本书部分课程及与纸质教材配套数字资源以二维码链接的形式呈现。利用手机微信扫码成功后提示微信登录，授权后进入注册页面，填写注册信息。按照提示输入手机号码，点击获取手机验证码，稍等片刻收到 4 位数的验证码短信，在提示位置输入验证码成功，再设置密码，选择相应专业，点击"立即注册"，注册成功（若手机已经注册，则在"注册"页面底部选择"已有账号立即注册"，进入"账号绑定"页面，直接输入手机号和密码登录），即可查看二维码数字资源。手机第一次登录查看资源成功以后，再次使用二维码资源时，只需在微信端扫码即可登录进入查看。

图书在版编目(CIP)数据

心理健康教育课程设计与组织/攸佳宁,王增建主编.—2版.—武汉:华中科技大学出版社,2023.8
(2025.4重印)

ISBN 978-7-5680-9886-1

Ⅰ.①心… Ⅱ.①攸… ②王… Ⅲ.①心理健康-健康教育-课程设计-高等学校 Ⅳ.①G444

中国国家版本馆 CIP 数据核字(2023)第 152197 号

心理健康教育课程设计与组织(第二版)　　　　　　　　　　攸佳宁　王增建　主编
Xinli Jiankang Jiaoyu Kecheng Sheji yu Zuzhi(Di-er Ban)

策划编辑：周清涛　周晓方
责任编辑：余晓亮
封面设计：原色设计
责任校对：张汇娟
责任监印：周治超
出版发行：华中科技大学出版社(中国·武汉)　　　电话：(027)81321913
　　　　　武汉市东湖新技术开发区华工科技园　　　邮编：430223
录　　排：华中科技大学惠友文印中心
印　　刷：武汉科源印刷设计有限公司
开　　本：787mm×1092mm　1/16
印　　张：16.75　插页:2
字　　数：418 千字
版　　次：2025 年 4 月第 2 版第 3 次印刷
定　　价：58.00 元